U0591338

国家社会科学基金重大项目"中共党史的民族复兴叙事研究"

（项目批准号：24&ZD016）阶段性成果

于作敏 俞祖华 著

Zhongguo Zaoqi Xiandaihua Jincheng Zhong De Xueshu Zhuanxing

中国早期现代化进程中的学术转型

人民出版社

责任编辑：宫　共

封面设计：胡欣欣

图书在版编目（CIP）数据

中国早期现代化进程中的学术转型 / 于作敏，俞祖
华著. -- 北京：人民出版社，2025.7. --ISBN 978-7-
01-027373-0

Ⅰ. B26

中国国家版本馆 CIP 数据核字第 2025BC8845 号

中国早期现代化进程中的学术转型

ZHONGGUO ZAOQI XIANDAIHUA JINCHENG ZHONG DE XUESHU ZHUANXING

于作敏　俞祖华　著

人民出版社 出版发行

（100706　北京市东城区隆福寺街 99 号）

北京建宏印刷有限公司印刷　新华书店经销

2025 年 7 月第 1 版　2025 年 7 月北京第 1 次印刷
开本：710 毫米×1000 毫米 1/16　印张：18
字数：270 千字

ISBN 978-7-01-027373-0　定价：56.00 元

邮购地址 100706　北京市东城区隆福寺街 99 号
人民东方图书销售中心　电话（010）65250042　65289539

目　录

第一章　中国早期现代化与现代学术转型

中国现代化进程从 19 世纪中叶启动，到 21 世纪中叶全面建成社会主义现代化强国，大致经历 200 年时间；其间以 1949 年 10 月 1 日中华人民共和国成立为界分为两个阶段，此前的早期现代化是被动的、依附型的资本主义现代化；其后是由中国共产党领导的社会主义现代化，即中国式现代化。现代化是以工业化为核心的、包括民主化、市场化、科学化、城市化、世俗化与学术文化转型等在内全方位的变迁过程。在早期现代化进程中，各个领域都发生了从传统向现代的深刻转型，其中，包括在早期现代化背景下发生的文化转型、学术转型。

一、中国早期现代化历程与思想研究综述

我们先对学术界对中国早期现代化历程、中国早期现代化思想的研究现状，做些介绍。学术界关于中国早期现代化问题的研究取得了一些成果，其中包括中国早期现代化的概念、内涵，早期现代化的启动、阶段、特点以及早期现代化进程延误的原因等一些有争议的问题。

（一）关于中国早期现代化问题的研究[①]

中国早期现代化问题是近十几年来学术界普遍关注的热点之一。目前

[①] 本节部分内容曾以论文形式发表。见陈会芹、于作敏《中国早期现代化研究述评》，《烟台师范学员学报》2004 年第 1 期。

有关这方面的专著颇多，较有影响的主要有：《比较中的审视：中国早期现代化研究》（章开沅、罗福惠主编，浙江人民出版社1993年版）、《现代化新论——世界与中国的现代化进程》（罗荣渠主编，北京大学出版社1993年版）、《中国现代化史：1800—1949》（许纪霖、陈达凯主编，上海三联书店1995年版）、《中国现代化导论》（刘永佶著，河北大学出版社1995年版）和《中国现代化历程》（虞和平主编，江苏人民出版社2001年版）等；译著有《中国的现代化》（[美]吉尔伯特·罗兹曼主编，江苏人民出版社1988年版）等。另外，还有一批有关中国早期现代化问题的论文问世。据初步统计，仅1990年至2001年公开发表的就有150余篇。如，罗荣渠的《中国早期现代化的延误——一项比较现代化研究》、孙立平的《中国近代史上现代化努力失败原因的动态分析》等等。这里就1840—1949年中国早期现代化中一些争论较多的问题略作评述。

1. 中国早期现代化的概念

在中国近代史研究领域，使用"近代化"或"现代化"还是"早期现代化"概念，是史学界争论较多的问题之一，目前尚无定论。

罗荣渠提出应先对"现代化"还是"近代化"正名。他认为，近年来我国报刊发表的论述西方国家从封建主义向资本主义过渡、工业革命、日本明治维新、中国洋务运动等问题的史学论著中，有人使用了"近代化"这个术语。其中有的用法显然是借自日本史，有的用法则是把西文的"现代化"误译为"近代化"，这是一个新的外来语译名尚未定型时常有的现象。他强调"近代化"概念不适用于中国史，应当统称为"现代化"。①针对罗荣渠的见解，乔志强、行龙认为"现代"或"近代"总是相对于"传统"而言的。没有与传统的比较，现代即无从谈起，现代社会与传统社会的基本分野是理解现代化最重要的两项变量。因此，结合国内史学研究的实际情况，为避免词汇理解上的异义，称之为"近代化"更为妥帖和符合实际。②

① 罗荣渠：《现代化新论——世界与中国的现代化进程》，北京大学出版社1993年版，第7—8页。
② 乔志强、行龙：《中国近代社会史研究中的几个问题》，《史林》1998年第3期。

孙占元则认为无论是使用"近代化"或"现代化"还是"早期现代化",其所揭示的内涵基本上是一致的。不少学者也正是使用了"近代化"或"现代化"等术语来探讨中国近代由传统农业社会向近代资本主义工业社会的转型这一近代化的过程,以至于有的学者在同一篇或不同篇的文章中交替使用"近代化"或"现代化"的概念,说明这两个概念的同一内涵是指中国近代的资本主义化。① 目前,有关这一问题的争论仍在继续。

2. 中国早期现代化的内涵

中国近代化或早期现代化,是指近代中国社会资本主义化的历史进程。这是史学界较为普遍的看法。但具体到如何表述,其核心内容是什么?史学界见仁见智。

徐泰来在其主编的《中国近代史记》一书"绪论"中指出,近代化是表示向近代文明变化、向近代文明过渡的概念。它是人类社会各个方面综合变化的历史过程,不能单纯理解为工业化。近代化的主要表现有三个方面:一是在生产力发展方面,由手工操作向机器生产的变化;二是在生产方式方面,由封建主义向资本主义的变化;三是在政治方面,由封建专制向资产阶级民主共和的变化。它的核心是资本主义,简言之即资本主义化。

林家有也认为,中国的近代化,亦称之为"现代化,或称为中国早期现代化",是指从1840—1949年间的资本主义现代化。无论是现代化还是近代化,归根到底在近代中国决定承担现代化任务的主要载体都是中国的资产阶级,因此现代化实际上也是资本主义化。②

苑书义则认为应把从鸦片战争到新中国成立前110年的中国近代化历程分为前后两个时期以区别其内涵的不同。他指出前80年近代化的主角是民族资产阶级,内涵是资本主义化;后30年无产阶级跃居近代化主角,近代化的内涵也随之而变成为社会主义开辟道路的新民主主义化。③

---

① 孙占元:《近代中国社会发展脉络纵论》,《江西社会科学》1995年第5期。
② 林家有:《孙中山的革命观——兼论辛亥革命对中国近代化的影响》,《孙中山振兴中华思想研究》,广东人民出版社1996年版,第229页。
③ 苑书义:《中国近代化历程述略》,《近代史研究》1990年第3期。

　　罗荣渠在《现代化新论——世界与中国的现代化进程》一书中对现代化的含义作了界定，概括为四个方面：一是现代化是指在近代资本主义兴起后的特定国际关系格局下，经济上落后的国家通过大搞技术革命，在经济和技术上赶上世界先进水平的历史过程；二是现代化实质上就是工业化，更确切地说，是经济落后国家实现工业化的进程，即现代化就是指人类社会从传统的农业社会向现代工业社会转变的历史过程；三是现代化是自科学革命以来人类急剧变动的过程的统称；四是现代化主要是一种心理态度、价值观和生活方式的改变过程。

　　乔志强、行龙认为，由传统社会向现代社会变迁的过程就是现代化的过程。就中国历史而言，1840 年发生的鸦片战争可视为由传统社会向现代社会过渡的界标，因为自此以后传统受到了现实的严峻挑战，中国人对现代化的探索已经开始。①

　　此外，还有部分学者就现代化的核心是经济问题或说工业化，还是把现代化视为经济、政治、思想、文化的综合产物这一问题展开了激烈争论。

　　孙占元认为近代化即近代资本主义化，它包括近代观念的转换、近代企业的创办和近代民主制度的吸纳三个方面对近代文明的追求和实践活动。②

　　刘高葆也认为，近代化是传统生产力和生产关系、经济基础和上层建筑、社会意识形态的全面变革与转化的历史过程。就近代中国而言，现代化就是资本主义化。资本主义近代化包括经济上的工业化、政治上的民主化和思想文化上的科学化。③

　　李文海则指出，始于晚清的近代化或现代化并不仅仅是一个经济问题，它从来就是一个经济、政治、思想、文化等各种因素综合作用的产物。从 19 世纪后期到 20 世纪初期的中国，近代化或现代化就是资本主义化，这无疑是对的。但资本主义化绝不是仅指资本主义经济的发展，而是常常要以政

---

① 乔志强、行龙：《中国近代社会史研究中的几个问题》，《史林》1998 年第 3 期。
② 孙占元：《近代中国社会发展脉络纵论》，《江西社会科学》1995 年第 5 期。
③ 刘高葆：《八十年代以来中国近代工业史研究综述》，《历史教学》1996 年第 4 期。

治、军事、文化、思想等多种手段为其开辟道路。①

虞和平指出，所谓"中国早期现代化"，是指新中国成立前近代中国人争取民族独立和国家富强的努力过程，包括：洋务运动时期的探索，以师夷造器为纲；清末有识之士的探索，以康有为、梁启超为首的维新派及其维新之道，孙中山为首的革命派及其革命之道，转向以变法改制为纲；民国成立后孙中山的新探索，晚年其三民主义也在苏联和中共的帮助下发展成为新三民主义；中国共产党的探索，唯有经过中国共产党坚持不懈地探索和奋斗，才成功走上社会主义现代化的康庄大道。②

由此可见，现代化是一个社会全面的综合性变化的历史过程，它是多层面、多方位的。我们不应仅强调一面而忽视另一些方面。

3. 中国早期现代化的启动

如前所述，由于对近代化或现代化内涵的理解莫衷一是，因而对中国近代化或现代化启动时间也众说不一。大多数中外学者认为洋务运动是中国近代化启动的标志。他们认为"中国工业化基本依靠政权的力量，以官办军事工业为起点"，"中国社会毕竟在 19 世纪 60 年代开始了近代化的进程"。③"洋务运动的兴起成为中国从手工业生产进步到机器大工业生产的转折点，成为中国社会内部生产关系变化的转折点，成为把科学技术从经学迷信中解放出来的转折点，起着划时代的作用，是中国近代化的里程碑。"④

但近几年，随着现代化问题研究的不断深入，一些学者又将现代化的起点上溯至清初。高翔认为，清前期的中国社会在事实上已经形成了从传统向近代转型的态势，研究中国近代化史，不能置鸦片战争以前的发展成就于不顾，不能将 1840 年前后的中国历史截然割裂。⑤

---

① 李文海：《对中国近代化历史进程的一点看法》，《清史研究》1997 年第 1 期。
② 虞和平：《全球史视域中的中国式现代化》，《历史研究》2023 年第 2 期。
③ 胡滨：《从洋务运动看中国早期近代化的特点》，《人文杂志》1990 年第 1 期。
④ 李平生、李岫：《全国第五届洋务运动史学术讨论会综述》，《历史研究》1990 年第 2 期。
⑤ 高翔：《论清前期中国社会的近代化趋势》，《中国社会科学》2000 年第 4 期。

此外，一些学者又从重大事件与现代化的关系研究入手，对现代化的启动时间提出新的见解。

戚其章认为鸦片战争是中国近代化启动的标志，主要表现形式即林则徐倡导的海防运动，但因中英《南京条约》的签订而被迫中断，到60年代中期再次启动。因此说，中国的近代化有两次启动。①

方之光、周衍发认为，太平天国是中国近代化的先驱。太平天国领导人不仅较早提出向西方学习，并规划了中国近代化的蓝图，而且首先把救国救民与中国近代化的实现紧密结合起来。②

张江明认为，戊戌维新才是中国资本主义近代化的首次尝试。这表现在政治上以君主立宪为目标，经济上"以商立国""尚工"等全面的社会经济改革，思想文化上倡导自然人性、人权平等的新观念。③

丁三青则认为，一部中国近代史就是中国社会意识不断趋于现代化的历史，如果从历史的横断面考察，辛亥革命才真正开启了中国社会意识现代化的闸门。④

此外，也有部分学者坚持中国的现代化始于五四。因为五四时期提出了反帝反封建的口号，由是中国历史掀开了新的一页。因此五四是中国现代史的开端，也是中国现代化的开端。

4. 中国早期现代化进程的阶段或层次

近代化或现代化是一个连续不断的社会变革过程，在这个过程中，因其面临和所要解决的问题不同，这个总进程就表现为特点各不相同的若干个阶段。目前学术界就阶段划分问题存有不同的观点。大体说来，主要有三阶段（层次）说和二阶段（层次）说。

三阶段（层次）说。孙立平将中国的现代化进程分为三个阶段。第一阶段是18世纪到19世纪上半期；第二阶段从1840年的鸦片战争到1898年

---

① 戚其章：《〈南京条约〉与中国近代化的启动》，《东岳论丛》1997年第2期。
② 方之光、周衍发：《太平天国与中国近代化》，《南京大学学报》1991年第1期。
③ 张江明：《戊戌维新是中国资本主义近代化的首次尝试》，《近代史研究》1989年第2期。
④ 丁三青：《辛亥革命与中国近代化》，《史学月刊》1996年第5期。

的戊戌变法；第三阶段是戊戌变法失败后至 20 世纪 20 年代。① 薛其林将中国的近代化进程划分为三个彼此相连又相互递进的阶段或层面：(1) 1861—1895 年以"坚船利炮""自强""求富"为目标的经济近代化（器物层面）；(2) 1898—1911 年以三权分立、"宪政"为目标的制度维新、改良和革命的政治近代化（政治层面）；(3) 1915—1919 年以"民主""自由""科学"为目标的思想近代化（思想文化层面）。按照在不同时期所起作用的主次而划分的上述三个层面并不是彼此孤立、互不相干的，也不是齐头并进的；它们相辅相成，共存于中国近代化这个统一体中。② 李德征把洋务运动的发动作为中国近代化起步的标志，并把洋务运动时期作为中国近代化的第一阶段；把 1895 年《马关条约》的签订到 1919 年五四运动爆发前作为中国近代化的第二阶段；把 1919 年五四运动爆发到 1949 年中华人民共和国成立作为中国近代化的第三阶段。③ 沈嘉荣将中国近代化分为三个台阶：第一个台阶以洪秀全为代表的太平天国农民运动；第二个台阶以孙中山为代表的辛亥革命；第三个台阶以毛泽东为代表的新民主主义革命。这三个台阶相互关联，依次递进。三大阶级依次登上历史舞台，其形式、内容、结局都反映出不同的时代性和阶级性。④

二阶段（层次）说。罗荣渠从中国现代化的领导力量与运作方式的角度入手分析了中国现代化的历史进程。他指出中国现代化运动可以划分为两大阶段：1860—1911 年即清王朝最后 50 年试图挽救其衰亡命运而从事的现代化努力，是第一阶段；1912—1949 年即共和时代为争取按西方资本主义模式建立现代国家的独立、统一与经济发展所作的努力，是第二阶段。⑤ 苑书义通过对中国与英法等国近代化的比较，指出了中国近代化的特点，并把

---

① 孙立平：《中国近代史上现代化努力失败原因的动态分析》，《学习与探索》1991 年第 5 期。
② 薛其林：《船炮·宪政·民主：百年巨变的中国近代化进程》，《益阳师专学报》1997 年第 1 期。
③ 李德征：《中外学者对洋务运动与中国近代化关系的几点看法》，《文史哲》1990 年第 1 期。
④ 沈嘉荣：《论太平天国推进中国近代化的历史功绩》，《历史教学》1992 年第 11 期。
⑤ 罗荣渠：《现代化新论——世界与中国的现代化进程》，第 271 页。

从 1840—1949 年间的中国近代化历程以五四运动为界标分为前后两个时期。前 80 年近代化的主角是民族资产阶级，内涵是资本主义化；后 30 年无产阶级是近代化主角，近代化的内涵也随之而变成为社会主义开辟道路的新民主主义化。① 俞祖华、季翠兰认为，中国早期现代化从经济层面的变革开始启动，大致经历了以下两个阶段：（1）经济技术层面的现代化（1840—1895）。主要表现为传统社会的两大阶级——地主阶级和农民阶级的代表人物对西方的挑战所作出的回应。如魏源的"师夷长技以制夷"思想，洪仁玕的《资政新篇》以及洋务派官僚主持的洋务运动等。（2）体制层面、心理层面的现代化（1895—1949）。主要表现为资产阶级和无产阶级对现代化的追求。其中体制层面的变革取得明显成效是在 1927 年以后，一次是国民党的努力，一次是共产党的努力；文化心理层面的变革影响最显著的是五四新文化运动。其两大口号——民主与科学，相当准确地揭示了现代文化的基本走势和中心主题。但要真正告别封建主义，实现现代化所必需的思想意识、社会心理前提恐怕还要经历漫漫征途。②

马敏指出，就中国现代化历史的全过程看，以 1949 年为界，实际包含两个既有本质区别又有内在联系的历史发展阶段：一是从 19 世纪 60 年代洋务运动到 1949 年新中国成立前的早期现代化（或称近代化）阶段，前后约 90 年；一是从 1949 年至今的社会主义现代化阶段，70 余年。我们今天所说的"中国式现代化"，并非指 1949 年以前的中国早期现代化，而是特指 1949 年之后逐渐展开的社会主义现代化。③

5. 中国早期现代化的特点

中国的近代化或早期现代化植根于半殖民地半封建社会，这一特殊的社会性质决定了其进程必然有其鲜明的时代和阶级特色。苑书义通过对中国与英法等国近代化的比较，指出了中国近代化的四个特点：（1）英法等国的

---

① 苑书义：《中国近代化历程述略》，《近代史研究》1990 年第 3 期。

② 俞祖华、季翠兰：《关于中国早期现代化的几个问题》，《烟台师范学院学报》1998 年第 4 期。

③ 马敏：《历史视角下的"中国式现代化"》，《江汉论坛》2023 年第 5 期。

近代化主角是资产阶级，内涵是资本主义化。而中国的近代化却随着时代的变迁，两易主角和内涵。前 80 年近代化的主角是民族资产阶级，内涵是资本主义化；后 30 年无产阶级成为近代化主角，近代化的内涵也随之而变成新民主主义化。（2）英法等国的近代化是以思想革命为先导的。从文艺复兴到启蒙运动一脉相承。而中国的近代化进程虽然伴随着一次次的启蒙运动，但是这些启蒙运动的内容、性质和结局，在五四前后却有明显的不同。（3）英法等国的近代化是社会内部矛盾自然演化的结果。而中国的近代化则是在早期资本主义化国家的威胁和侵凌之下，被迫中断自己历史的正常发展进程，移入资本主义生产方式的结果。（4）英法等国的工业化是同农业近代化互为促进的。而中国工业化和农业近代化的进程是严重脱节的。① 虞和平指出，现代化是全人类社会发展的一个过程，有基本的共性，但也有不同时空所限定的特性，从时间上来说不同阶段的现代化有不同的内涵，从空间上来说不同国家和地区的现代化有不同的特性；以此而论，中国早期现代化既有阶段的不同内涵，也有国度的不同特性，主要三种特性，即以自强、救国为主要动力，以官商共进为工业化的主要力量结构，以为民谋利为最高目标。②

　　胡滨通过对洋务运动的考察论述了中国近代化不同于西方近代化的三个特点：第一，在西方国家中，实现近代化的任务始终是由资产阶级承担的；在中国情况则不然，直到 19 世纪 60 年代，中国社会还没有出现资产阶级，这个任务落到了地主阶级开明派身上。第二，与西方资本主义国家发展工业的先后顺序不同，洋务派创办近代工业是先从军事工业开始，然后扩展到民用企业；先从重工业开始，然后扩展到轻工业。第三，与西方资本主义国家通过"民办"方式发展工业不同，洋务派通过"官办""官督商办"的方式创办近代工业。洋务运动虽然没使中国真正富强起来，但却使中国在近代化的道路上迈出了可喜的一步。③

① 苑书义：《中国近代化历程述略》，《近代史研究》1990 年第 3 期。
② 虞和平：《中国早期现代化道路的三大特性》，《近代史研究》2023 年第 1 期。
③ 胡滨：《从洋务运动看中国早期近代化的特点》，《人文杂志》1990 年第 1 期。

而日本学者依田家通过对中日两国的历史文化传统、政治形态和经济制度的对比分析阐明了两国早期现代化的不同特点：（1）日本的传统文化形态较之中国更易于吸收外来文化。（2）日本以血统制和世袭制为基础的政治形态导致了统治阶级内部出现分裂，下层武士背叛了传统统治；而中国以科举制为基础的政治形态较易使统治阶级整体保持对传统体制的认同，不易使社会发生变革。（3）日本较早脱离了官督商办的经济发展阶段，形成了民间资本主义，而中国则长期坚持官办传统，难以形成民间资本。这就使得中日两国的现代化虽同时起步，但却有不同的历史命运。① 田毅鹏则通过对中日两国现代化的起点、路径及下层呼应力量的比较，说明了中国现代化的三个特点：（1）中日两国的现代化进程不是同步的，早在现代化的启动发轫阶段，两国即存在 80 余年的"时间差"。（2）与日本早期现代化"先难后易"的推进路径相比，中国早期现代化是循着"先易后难"的路径向前推进的。（3）与日本相比，中国早期现代化缺乏一种"自下而上"的现代化的"承载者"和呼应力量。而这些正是两国现代化出现不同命运的重要原因。② 此外，还有一部分学者通过对中日两国的社会环境、对外关系等方面的对比分析，点明了中国现代化的特点。

6. 中国早期现代化延误的原因

中国的现代化是被延误了的现代化。对中国现代化延误的探索，长期以来是中外学术界都关注的热点。近几十年来学术界就这一问题提出了诸多看法。

一部分外国学者持外因论，即认为中国现代化的延误主要是由于外来的西方资本主义渗透和帝国主义侵略。"侵略—反侵略"，是这一研究趋向的基本分析框架。这是战后苏联、西方和日本的激进史学的主流倾向。③ 也有一部分外国学者持内因论，即认为中国现代化延误的主要症结在于中国传

---

① [日] 依田憙家：《日中两国现代化比较研究》，北京大学出版社 1997 年版，第 2 页。

② 田毅鹏：《中日早期现代化比较》，《光明日报》2001 年 2 月 20 日。

③ 罗荣渠：《现代化新论——世界与中国的现代化进程》，第 235—236 页。

统文明的落后性、制度的独特性、中国历史发展的停滞性等内在弱点。"传统—现代性"的对立是这种解释的分析框架。这代表当代西方的中国研究的主流派。[①] 但是以上两种研究趋向，不论是外因论还是内因论，都是各执一端从其善，对中国近代的历史发展都有独到的见解，但都带有一定的片面性。

有鉴于此，国内一些学者提出不同看法。孙立平认为，现代化是个连续不断的社会变革过程，主张对现代化延误原因作动态分析，并把中国的现代化过程分为三个阶段。第一阶段是 18 世纪到 19 世纪上半期，现代化延误的原因是当时统治者出现一种惊人的麻木、迟钝和固执的态度。第二阶段是 1840 年到 1898 年，现代化推进者形成的困难，特别是官员型现代化推进者的缺乏，民间现代化推进力量的弱小以及现代化推进者自身的不成熟，是造成 19 世纪下半期中国现代化努力最终没有成功的一个基本原因。第三阶段是戊戌变法失败后至 20 世纪 20 年代，工业化延误的原因是政治腐败。[②] 马敏从社会转型角度分析了中国早期现代化始终难以克成的谜底。他指出，在中国近代社会结构转型过程中，国家与社会的关系始终是一个最为核心的问题，可以这样说，国家（政府力量）与社会（民间力量）是构成推动现代化进程最有力量的杠杆，而能否在二者之间形成一种良性互动关系，遂成为各国现代化成败的关键。而在当时的中国，既缺乏一个相对独立、充满活力的民间社会，也缺乏一个强大的有经济指导和运作能力的政府，因而无法解决现代化所面临的一系列问题。这是中国迟迟走不上现代化轨道的重要原因。[③] 朱英从市民社会的角度论述了近代中国现代化失败的原因。他指出市民社会的软弱以及发展不充分，也是近代中国的现代化未能取得成功的一个重要的原因。另外，近代中国现代化的有限发展，同样也与市民社会的萌生存在着不可分割的联系，因而应该进一步加强从市民社会的角度探讨近代中

---

① 罗荣渠：《现代化新论——世界与中国的现代化进程》，第 236 页。
② 孙立平：《中国近代史上现代化努力失败原因的动态分析》，《学习与探索》1991 年第 5 期。
③ 马敏：《有关中国近代社会转型的几点思考》，《天津社会科学》1997 年第 4 期。

国现代化的成败，从中找出值得借鉴的经验与教训。① 吴毅从现代化与农村社会的互动入手分析了晚清现代化受挫的深层原因。他指出晚清现代化一启动即以遗弃与牺牲农村为代价，这种遗弃与牺牲给农村造成了灾难，最终通过饱经创伤的农村对现代化的逆反应，使现代化自身陷入了困境，并且加速了清王朝的崩溃。这一历史事实在中国现代化进程中第一次昭示出：农村的地位及其扮演的角色对于现代化具有至关重要的意义。② 许纪霖、陈达凯从启动现代化的动力群体角度入手，分析了中国早期现代化导致悲剧结局的内在原因。他们认为，从启动现代化的动力群体来看，中国可称之为知识分子主导型。由于知识分子天然是观念人物而非行动人物，天然是思想多歧的分裂群体而非行动一致的整合群体，天然具有浪漫主义的乌托邦倾向而缺乏冷静务实的政治谋略，因而在知识分子导演下，中国现代化的历史结局只能是悲剧性的。③ 俞祖华等则认为，现代化必须首先具备一个政治前提，即建立独立统一的现代政权。这对外生型现代化国家来说可以说是一个普遍法则。但作为现代化发起者的晚清政府却迟迟不愿走出这一对推进现代化有决定意义的一步。因此，迟迟没有出现强大的、具有现代趋向的中央政权，缺乏培育新兴资本主义经济因素、引导社会变革的现代政权结构，这是中国早期现代化延误的决定性因素。④

此外，还有一部分学者从中国的制度性障碍、中国的历史文化传统等方面探讨了中国早期现代化延误的原因。除了上述内容之外，不少学者还专门研究了中国早期现代类型、中国争取民族独立与现代化的关系等问题，使得中国早期现代化进程研究的范围不断拓宽。

---

① 朱英：《市民社会的作用及其与中国早期现代化的成败》，《天津社会科学》1998 年第 2 期。
② 吴毅：《农村衰败与晚清现代化的受挫》，《天津社会科学》1996 年第 3 期。
③ 许纪霖、陈达凯：《中国现代化史：1800—1949》，生活·读书·新知三联书店 1995 年版，第 23 页。
④ 俞祖华、季翠兰：《关于中国早期现代化的几个问题》，《烟台师范学院学报》1998 年第 4 期。

（二）关于中国早期现代化思想研究综述①

现代化是包括经济、政治、文化、军事、外交等各方面在内的系统的全面的社会变革。早发内源性现代化国家步入现代化轨道时经历了漫长的时期，而在西方列强的炮舰和商品双重轰击下于 19 世纪下半叶启动的中国现代化，从开始就面临着不同于西方的双重危机——民族危机和国家重建危机，因而注定了是一个更加艰难而又曲折的历史过程。尽管如此，中国近代的许多仁人志士仍在艰难中求索中国现代化的道路，提出了许多有益的建议和方案。在社会主义现代化建设的今天，回首昔日先辈们的思想轨迹，仍具有重大的借鉴和启发意义。

1.启蒙思想家对现代化认识的不断深化

虽然在五四前后中国知识分子才比较明确地讨论探索中国现代化的道路问题，20 世纪 30 年代"现代化"一词才经常见诸报端，但从鸦片战争开始，中国先进的仁人志士已开始了对现代化的探索，由于受历史和阶级条件的制约，他们对现代化的认识经历了一个发展变化、逐层深入的过程，大致而言可概括为器物技术、制度、心性三个阶段。

现代化思想的提出，应追溯到林则徐、魏源。陈胜粦指出，魏源是继林则徐之后从古老中国走向近代的大里程碑式的人物，是现代化的先驱。他不仅"提出了近代中国向西方学习的第一个完整的，影响百余年、启迪几代人的口号——'师夷长技以制夷'"，而且"提出了推动中国从中世纪走向近代的第一个近代化方案——包括发展军事工业和民用工业、发展官办工业和民办工业的设想，包括从西方引进先进技术、人才和培养本国技术人才的设想，包括建设一支近代化海军、改革军政制度和改革经济制度的设想，还包括在广东虎门之沙角、大角建设当今称之为'特区'的、独具胆识的设想。"② 对

---

① 本节部分内容曾以论文形式发表。见刘虹、俞祖华《近十年来中国早期现代化思想研究综述》，《青岛大学师范学院学报》2023 年第 4 期。

② 陈胜粦：《魏源的历史定位（论纲）》，刘泱泱等主编《魏源与近代中国改革开放》，湖南师范大学出版社 1995 年版，第 6 页。

于"长技"所包含的内容，学术界一度以"船坚炮利"来概括。严亚明认为，魏源的"师夷长技以制夷"中所包孕的早期现代化意识，不仅体现在军事、国防方面，还体现在经济、教育等领域，甚至显露出向政治文化领域渗透的迹象。① 继林则徐、魏源之后，代之而起的是洋务派。魏立安指出，洋务派的思想在甲午战前主要涉及西文、西艺，战后则转向"西艺非要，西政为要"，但张之洞所谓的"西政"，其内涵不是西方的民主政治，而是译西书、办报纸、废科举、办学校，总体而言，其思想仍仅局限于器物之变，处于"言技"的范畴，代表人物为曾国藩、李鸿章、郭嵩焘、张之洞等。② 大体而言，从鸦片战争到洋务运动，国人的着眼点只是西方的先进科技，仅仅主张在技术层次上学习西方，倡导军事与经济的近代化。但亦有例外，如华强认为，洪仁玕的近代化思想已涉及西艺、西法和民主；方之光、周衍发指出，洪仁玕不仅要在宗教思想文化上，而且还要在经济、军事、文化、政治制度等方面全面地学习资本主义国家，使中国逐步近代化。鄞张翼也认为，洪仁玕已推出了中国历史上第一个全面系统的近代化设计方案，其近代化思想涉及政治、经济、文化、外交等诸多方面，如政治上主张仿行西方的资本主义民主政治和法制，经济上引进西方资本主义的技术设施，文化上已意识到西方科学教育的重要价值，外交上则推行"柔远人之法"，开展独立自主的外交活动。③

随着民族危机的进一步加深以及洋务运动的破产，启蒙思想家们逐渐认识到仅有西方的科学技术、坚船利炮并不能救中国，便开始寻找新的救国救民的道路。他们在学习西方的过程中逐渐认识到，西方国家不仅在学制、兵制、求富之术上远胜于我国，而且政治制度也优于我国，因而主张变法，实行政治现代化。这标志着早期现代化思想已突破了技术的局限，上升

---

① 严亚明：《经世思想与魏源的早期现代化构想》，《重庆师范学院学报》2001 年第 4 期。

② 魏立安：《中体西用与"中国近代化"》，《陕西师范大学学报》1992 年第 1 期。

③ 华强：《洪仁玕新政与中国近代化》，《浙江学刊》1990 年第 3 期；方之光等：《太平天国与中国近代化——纪念太平天国运动 140 周年》，《南京大学学报》1991 年第 4 期；鄞张翼：《略论洪仁玕的近代化思想》，《安徽大学学报》1993 年第 2 期。

到了制度的层面。早期维新思想家、维新派及革命派都上升到了这个层次。魏立安指出，早期维新思想家提出了发展民族工商业和实行君主立宪的主张，代表人物为郑观应、王韬、马建忠、陈炽、梁启超。①夏东元对郑观应的现代化思想进行了论述，指出郑观应较好地把握了御侮、求强、致富与政治民主的关系，是救亡御侮、"师夷长技"和实行民主"爱国三个层次"统一于一身的先进人物。②吴乃华论述了康有为在甲午战争前后的近代化观的演变，指出其近代化思想在甲午战争后的转变，标志着中国人民的思想开始走出头痛医头、脚痛医脚的就事论事的局限，而从政治、经济、军事和教育诸层面综合变迁的角度来看待近代化，在近代化思想发展史上具有划时代的意义。③任银睦认为，康有为对于中国现代化有两种不同层次的选择：一是体现在《大同书》中的理想选择；一是现实选择，即要求从经济、政治、军事、文教等各方面进行改革。④

需要指出的是，现代化是一个巨大的系统工程，众要素之间有着密切的联系，因此器物技术、制度、心性三个层次并不是截然分开的，而是互相交错、重合，只是不同历史阶段侧重点不同。维新派在重视制度变革的同时，同样关心物质文明，并开始追求心性文明。严复的启蒙三民主义和梁启超新民理论的提出，标志着现代化思想从制度层次上升到了精神领域。

张志建指出严复在会通比较中西文化的同时，提出了全面学习西方——"标本并治"的方案。其以开民智为中心，实现文化的创造者——人的近代化，来促进军事经济等近代化的主张，表明他已较早地接触到西方文化之本，并认识到文化的三个层面互相照应，互相推动，形成丰富多彩的中国近代化的历史画面。⑤俞祖华认为，戊戌时期严复便提出了"鼓民力、开

---

① 魏立安：《中体西用与"中国近代化"》，《陕西师范大学学报》1992 年第 1 期。

② 夏东元：《郑观应与中国近代化及其超前意识》，《社会科学》1992 年第 10 期。

③ 吴乃华：《甲午战争与康有为近代化观的演变》，《山东社会科学》1996 年第 4 期。

④ 任银睦：《康有为与中国近代化道路的选择》，刘善章、刘忠世主编《康有为研究论集》，青岛出版社 1998 年版。

⑤ 张志建：《严复学术思想研究》，商务印书馆 1995 年版，第 289 页。

民智、新民德"的启蒙三民主义,希望创立一种促进人的现代化的基础教育结构与文化机制,因而他是中国文化走向现代化的先驱者。① 他还在另一篇文章中,具体阐述了严复的启蒙三民主义,指出严复在中国近代史上首次提出了人的近代化问题,成为改造国民性思想的先声。② 吴乃华也指出,严复的近代化思想既触及物质层面,又上升到制度和思想层面,提出了以民主取代专制及以近代思想改造中国人的精神素质,实现人的近代化的主张。③ 对于梁启超的现代化观,李华兴指出其现代化思想涉及政治民主化、人的近代化和文化思想近代化三个方面,只是侧重点前后有所变化,戊戌时期主张君主立宪;世纪之交则以"新民说"为代表,对人的近代化问题作了深层思考;民国初期参与"现行国体"下的改良;五四前后则致力于文化方面,主张调和中西,"化合"新的文明。④ 张锡勤认为,梁启超为如何实现中国近代化提出了一整套比较全面、正确的方针。这就是他所从事的兴民权、清算国人奴隶性、提倡国民意识,使中国人变奴隶为国民,实现人的解放以及开展一场旨在使中国文化实现创造性转化的文化革新、文化重建运动。⑤

　　五四时期陈独秀、胡适等人掀起了一场旨在输入西方的民主与科学精神,通过激进的文化革命来彻底改造中国旧文化的新文化运动,标志着文化现代化思想达到了高潮。魏彬指出,陈独秀、李大钊、鲁迅等先进思想家们通过对洋务运动以来的中国近代化的考察和中西近代化的比较,形成了较为完整的近代化观。他们认识到近代化不仅是由科技发展所导致的物质文明的进步和民主政体的建立,而且是人的近代化,人的近代精神的确立。基于这一认识,他们提出了人的近代化课题,指出中国的近代化亟须一个思想启蒙、思想解放运动,以促使国民价值准则、伦理道德观念的更新和国民性的改造,促使人的自主意识与权利意识的确立,这是对近代化本质在认识上的

①　俞祖华:《严复与孙中山现代化思想比较》,《中州学刊》1994 年第 5 期。
②　俞祖华:《论严复的启蒙"三民"主义》,《江海学刊》1996 年第 2 期。
③　吴乃华:《试析严复的近代化思想》,《福建论坛》1996 年第 1 期。
④　李华兴:《梁启超与中国近代化》,《历史研究》1991 年第 3 期。
⑤　张锡勤:《梁启超对中国近代化进程的复杂影响》,《北方论丛》1993 年第 5 期。

突破。①

在早期启蒙思想家对现代化的探索中，还有一位杰出的人物——孙中山，学者们对他的现代化思想研究比较多。李华兴指出，孙中山一生都在为追求独立、民主、富强、文明的现代化理想而奋斗，其具体的近代化目标为：政治上主张国家独立，主权在民；经济上主张振兴实业，均富大同；文化上主张融贯中外、教育立国。② 王健华认为，孙中山的近代化思想涉及政治、经济、文化、军事、法律等诸多领域，其中最基本的内容有两个：一是建设民主政治；二是实现国家工业化。③ 周兴樑认为，孙中山的近代化思想主要表现在三个方面：政治民主化、国民经济全面近代化（变封建农业国为资本主义工业强国）及思想文化的近代化。④ 钟卓安也从三民主义的视角论述了孙中山的近代化构想，指出其提出的民族主义是中国近代化的前提；民权主义，即民权政治是中国近代化的基础；民生主义是中国近代化的出路。⑤

此外，王玉祥、周景晓还分别就孙中山的政治近代化思想进行了论述。⑥ 尚明轩、张信磊与马海滨、李淑娟等分别对孙中山的农业近代化思想进行了论述。⑦

2. 启蒙思想家对现代化模式的不同选择

由于现代化发轫于西方，并以欧洲为中心不断向外扩散和辐射，中国要实现社会的近代转型，不可能不参考西方的模式，而对于像中国这样一个拥有悠久历史的东亚文明传播中心来说，传统思想与观念根深蒂固，因而在现代化过程中便不可避免地涉及中西两种文明的冲突与选择，究竟按照何种

---

① 魏彬：《论五四思想家的近代化观》，《武陵学刊》1991 年第 3 期。

② 李华兴：《论孙中山对中国近代化的目标设定》，《学术月刊》1996 年第 11 期。

③ 王健华：《孙中山的近代化思想》，《安徽史学》1998 年第 4 期。

④ 周兴樑：《孙中山的中国近代化思想与实践》，《中山大学学报》1997 年第 1 期。

⑤ 钟卓安：《从三民主义演讲看孙中山的近代化构想》，《学术研究》1996 年第 10 期。

⑥ 王玉祥：《孙中山政治近代化思想评析》，《历史档案》1994 年第 2 期；周景晓：《试论孙中山的政治近代化思想》，《山东师范大学学报》1996 年第 4 期。

⑦ 尚明轩：《孙中山与中国农业近代化》，《学术月刊》1996 年第 11 期；张信磊、马海滨：《孙中山农业近代化思想浅论》，《河南大学学报》1991 年第 8 期；李淑娟：《孙中山农业近代化思想初探》，《北方论丛》1997 年第 2 期。

模式进行现代化，在"现代化"概念形成之前，近代思想家们主要从中西关系的角度进行了探索。关于近百年来现代化意识（思潮）的演变过程，罗荣渠曾在其著作中，在着重回顾五四以来中国思想界的四次大讨论的基础上进行了简单的勾勒，并做了有益的探索。

中体西用。"中体西用"是启蒙思想家们在面对中西文化冲突时所形成的最早的现代化模式。关于这方面的著作，主要有丁伟志、陈崧的《中西体用之间》（中国社会科学出版社 1995 年版），该书分析了"中体西用"文化观萌生、形成、嬗变、分解的历史全过程，从中我们可以清晰地看到近代思想家们追求现代化的曲折历程。

由于对中体西用内涵的界定不同，学者们对其涵盖的范围产生了一定的分歧。大多数学者认为这一模式是在自强运动中产生的，应从洋务派算起，但亦有不同观点。季云飞认为，林则徐、魏源的"师夷长技"是"西学为用"的最初表述形式，已包含于"中体西用"的模式之中；王继平也持这种观点。①

对于洋务派和早期维新思想家的现代化模式，大多数学者将其界定为"中体西用"。常云平指出，薛福成在认识西方、探究西方富强之道的基础上，形成了"尚富强"的新价值观，但其新价值观与传统的纲常伦理思想并存；其提出的"取西人器数之学，以卫我尧舜禹汤文武周公之道"，就体现了一种典型的"中体西用"思维模式。②还有的学者就洋务派的现代化模式进行了具体划分。李双璧认为甲午战争前洋务派的现代化模式是"自强——求富"，战后则变为"求富——治本"，其现代化模式虽然前后有所变化，但其基本的思想范式仍是"中体西用"。③但对于洋务派之一的李鸿章，学者们似有不同意见。姚传德认为，在 19 世纪 70 年代以前，李鸿章确实是个"中体西用"论者，但在 70 年代之后，已转变为一个近代化论者，即"西化

---

① 季云飞：《清末"中体西用"思想新议》，《求索》1991 年第 3 期；王继平：《论近代中国的文化折中主义》，《贵州社会科学》1997 年第 6 期。

② 常云平：《略论薛福成的近代化思想》，《重庆师范学院学报》1999 年第 4 期。

③ 李双璧：《"求富——治本"：后期洋务思潮的新模式》，《贵州社会科学》1990 年第 12 期。

派"者。作者还继而指出，"西化派"出现于 19 世纪 70 年代以后洋务派阵营之中，代表人物除李鸿章之外，还有丁日昌、郭嵩焘、张树声等。至于左宗棠、沈葆桢仍不脱"中体"的藩篱。①

对于康有为和梁启超的文化观是否属于"中体西用"模式，学术界也存有一定的分歧。戚其章认为，维新派的文化观属于"中体西用"这一模式，但与张之洞以西学补救中学不同，康、梁主张"会通"中西学；周辉湘也认为维新派和洋务派的分野不在于坚持还是反对"中体西用"，而是对中体西用的不同理解和运用。② 而周武则认为，康、梁的"以群为体，以变为用"是对"中体西用"的超越。③

长期以来，学术界基本上把梁漱溟定位于"反现代化"的思想家，李善峰则提出了异议。他认为梁漱溟是文化传统主义者的典型代表：即在中国社会现代化所面临的西方文化与中国本土文化、传统文化与新文化的双重选择面前，既反对"全盘西化"，又不同意"死守国粹"，而是主张以中国固有文化为基础，在传统文化的扬弃和外来文化滤收的基础上创造现代化的新文化，并进而推动社会的现代化。④ 潘建漳从现代化和人性的困厄命题阐发了梁漱溟的文化思想，指出梁的"文化三路向说"骨子里所持的只是一种浅薄的"中国文化中心论"，其"改过西方态度，重新拿出中国原来态度，并根本的把它含到第二态度的人生里面"，是一种文化调和方案，实质是"中体西用"模式的翻版。⑤ 郑大华在分析梁漱溟的文化思想时也指出，就梁漱溟对中国文化出路的选择来看，始终没有"逃脱中体西用的模式"，只是在五四时期，是"儒家的人生态度"加"西方的民主与科学"，而在 20 年代末 30 年代初则变成了"儒家的内圣心性之学"加"西方的团体组织和科学技

---

① 姚传德：《李鸿章的近代化思想评析》，《社会科学家》1994 年第 2 期。

② 戚其章：《全面评价张之洞的"中体西用"文化观》，《人文杂志》1998 年第 3 期；周辉湘：《维新派与洋务派"体用论"之比较》，《衡阳师专学报》1995 年第 5 期。

③ 周武：《梁启超社会思想研究》，《学术季刊》1990 年第 4 期。

④ 李善峰：《梁漱溟的现代化思想初探》，《东岳论丛》1996 年第 4 期。

⑤ 潘建漳：《现代化与人性的困厄——论梁漱溟的文化难题》，《浙江大学学报》1993 年第 3 期。

术"。① 马勇认为梁漱溟的"世界文化未来——中国文化复兴"的观点是近代以来中体西用说在新条件下的变种，但其"对中国文化进行根本性的创造性转化，并大力吸收近代西方的文化因素，重建中国文化系统"的主张又和中体西用说有本质性的区别。②

会通中西。继中体西用论之后步入历史舞台的是会通中西说，主要代表人物是梁启超和严复。

耿云志在就孙中山与梁启超的文化近代化思想进行对比分析后指出，梁启超在维新时期为塑造新国民，便本着中西并重、中西结合的原则，既大力介绍宣传西学又对中国古代文化做剔抉发展的工作。以后虽然有所变化，但只是对中西侧重点不同，始终未脱中西结合的总框架。③ 马永山亦认为梁启超把"新民"作为改造旧制度，建立新制度的前提，其改造传统文化的基本原则，即"淬厉其所本有而新之，采补其所本无而新之"，较好地解决了如何在继承传统优秀文化的同时，吸收外来文化的问题，为中国文化的近代化提供了一个切实可行的方案。④

对于严复，俞祖华在将其与孙中山的现代化思想进行比较论述中指出，严复与孙中山的文化选择均超越了中西之争的狭窄偏见，确立了取舍中西古今文化的现代性标准，形成了凡是有益于中国现代化的不论中西古今都予以接纳的健全文化心态，力主从中西文化价值的整合中建立通观古今、融会中西的中国现代文化。⑤ 章扬定则认为严复的文化观前后有所变化，前期的严复主张学习西方、"全盘西化"，后期则对中西文化采取兼容的态度。⑥

西体中用。章启辉在论述谭嗣同的文化观时指出，将谭嗣同的文化观归结为康梁的"西学中用"，或为"会通中西"说，都是不确切的，谭嗣同

---

① 郑大华：《梁漱溟学术思想评传》，北京图书馆出版社 1999 年版，第 130 页。
② 马勇：《梁漱溟评传》，安徽人民出版社 1992 年版，第 86—87 页。
③ 耿云志：《孙中山与梁启超关于中国现代化的选择》，《历史研究》1996 年第 5 期。
④ 马永山：《梁启超改造传统文化的思想和实践》，《内蒙古民族学院学报》1991 年第 4 期。
⑤ 俞祖华：《严复与孙中山现代化思想比较》，《中州学刊》1994 年第 5 期。
⑥ 章扬定：《严复的中西文化比较研究》，《广东社会科学》1996 年第 4 期。

的文化观已经具有鲜明的"西体中用"的理论特征。①

此外，熊梦飞在 20 世纪 30 年代也曾明确地提出"西学为体，中学为用"，是中国文化现代化的又一模式。

综合创新。早期启蒙思想家中持综合创新论的主要是孙中山。章开沅在《从离异到回归》中指出，"取中西文化而融贯之"是孙中山一贯的方针②；陈旭麓在《"因袭"·"规抚"·"创获"——孙中山的中西文化观论纲》中指出，孙中山是中西文化的融合论者，融合的途径是"因袭"（继承）与"规抚"（引进），然后在融合中创新，寓创新于融合。③

王东指出，孙中山先后提出的"振兴中华论——三民主义论——自主开放论——综合创新论"分别从不同层面上回答了中国现代化的"目标——纲领——道路——文化走向"等问题，为中国现代化理论纲领奠定了有决定意义的四大理论支柱。④

张立芳认为，孙中山的现代化文化观在于对中西文化必须采取科学的态度，反对两种极端，对中国传统文化主张"因袭"，即批判继承，古为今用；对西方文化，主张"规抚"，即有分析地汲取。并且主张中西文化融合后要有创新和超越，且必须以现实为出发点。⑤

刘天纯指出，孙中山在中西文化比较的基础上提出了中国文化近代化的模式：在继承和发扬固有文化中的道德、知识和能力的基础上，吸收西方的科学技术、科学方法和科学精神，创造出一种中西文化相融合的新型文化。⑥

---

① 章启辉：《西体中用——谭嗣同的文化观》，《中国社会科学院研究生院学报》1999 年第 2 期。

② 章开元：《从离异到回归——孙中山与传统文化的关系》，《历史研究》1987 年第 1 期。

③ 中国孙中山研究学会：《孙中山和他的时代——孙中山研究国际学术讨论会文集》（下），中华书局 1989 年版。

④ 王东：《孙中山：中国现代化的伟大先行者》，《北京大学学报》1996 年第 5 期。

⑤ 张立芳：《孙中山现代化理论述略》，《甘肃社会科学》1998 年第 4 期。

⑥ 刘天纯：《孙中山先生与中国近代化——纪念辛亥革命八十周年》，《中国社会科学院研究生院学报》1991 年第 1 期。

　　西化论。西化论的一个基本前提就是把现代化界定为西方化，认为西化是中国社会发展的唯一目标模式。五四前，启蒙思想家们大多持中体西用论或中西调和的主张，但亦有例外。对于被称作中国资产阶级改良主张首倡人的容闳，胡波、林有能指出，由于容闳一直坚持"西学可以救国"的信念，力主"教育救国"，故而"在他心目中，近代化就是西化，它是中国走向独立自主和繁荣富强的必由之路"①。

　　西化论在五四新文化运动时期达到其活动的顶峰，代表人物为陈独秀、胡适等。新文化运动者主张输入西方的民主与科学精神，通过激进的文化革命来彻底改造中国旧文化，以争取中国的文艺复兴，表现出强烈的西化倾向。大多数学者都认同，五四时期陈独秀主张的欧化即西化，其内涵是科学化与民主化。关于胡适，传统观点认为他属于"全盘西化"论者，近年来大多数学者都否定了这种观点。郑大华认为，五四前后胡适对中国文化出路的主张的具体提法虽然前后有所变化，但就一贯的思想来看，他主张的是"全力西化"或"充分的西化"，而不是全盘西化。董德福认为，中西文化调和融通才是胡适一以贯之的主张。李坚、李晓飞认为，20 世纪二三十年代胡适的文化观经历了从中西文化调和到西化的转变，但其西化也不是全盘西化。冯菊香指出胡适的文化观是"充分世界化"。②

　　与西化论的产生相伴随的是文化保守主义的登台。对于文化保守主义，学术界以前大多将其性质界定为"反现代化"。近年来有些学者从现代化的角度对一些文化保守主义者进行了论述，指出他们也有着对现代性的追求，只是追求现代化的具体道路、模式不同。有分歧就有论争。围绕现代化的模式问题，知识界与理论界在 1915—1927 年间和三四十年代就东西文化问题和中国文化出路问题进行了两次大讨论。在前一次论战中，形成了以陈

---

①　胡波、林有能：《容闳与中国近代化》，《求索》1999 年第 4 期。

②　郑大华：《论胡适对中国文化出路的选择》，《北京师范大学学报》1990 年第 6 期；董德福：《胡适中西文化观的历史考察》，《福建论坛》1994 年第 2 期；李坚、李晓飞：《重评胡适的"西化"与"全盘西化"》，《辽宁大学学报》1994 年第 3 期；冯菊香：《评胡适的现代化模式》，《延安大学学报》1996 年第 4 期。

独秀、李大钊、胡适为首的西化派和以梁启超、梁漱溟为首的复兴中国文化派，石连同、谢万里等都对此有所论述。① 对于 30 年代的文化论战，俞可平认为可主要分为"西化论"与"中化论"两派，西化论或欧化论包括"充分西化论""全盘西化论""全球化论""世界化论"等，主要代表人物有胡适、陈序经、林语堂等。而 30 年代前后出现的"中国本位论""中体西用论""中西互补论"等都可归入"中国现代化"理论的范畴，简称"中化论"，代表人物为梁启超、梁漱溟等。② 此外，马千里、郭建宁、黄海燕等分别就 30 年代的文化论争进行了论述。大多数学者指出，随着论争的深入，极端的观点已很少见，双方的观点渐趋折中，并且出现了一个超越"中化""西化"等老概念的新概念——"现代化"，如张熙若提出了现代化可以包括西化，西化却不能包括现代化的高论，并从发展自然科学、促进现代工业、提倡各种现代学术、思想方面科学化四个方面提出了其现代化的理论，体现了很高的理论水平。③

3. 启蒙思想家对于现代化道路的不同探索

由于启蒙思想家们对现代化体认的不同以及选取的参照系不同，决定他们选择了不同的发展道路，其中，主要围绕着改良与革命、资本主义与社会主义、工化与农化产生了分歧。关于后两次分歧主要体现在五四后有关现代化道路的大讨论中。关于这几次大讨论，曾经被学术界所忽视，后来罗荣渠将这几次论战中的有关文章编成《从"西化"到现代化》一书，为后人研究提供了方便。在其倡议下，近年来也有文章对此作了论述。

改良与革命、渐进与激进。中国现代化进程，有一个突出的特点，那

---

① 石连同：《民国时知识分子对中国现代化理论的探索》，《南京大学学报》1998 年第 1 期；谢万里：《二十世纪中国现代化思潮之演变》（上、下），《人文杂志》1999 年第 6 期、2000 年第 1 期。

② 俞可平：《"西化"与"中化"之辩——评 30 年代前后关于现代化模式的两种观点》，《经济社会体制比较》1995 年第 1 期。

③ 马千里：《三十年代文化论战透视》，《江海学刊》1996 年第 3 期；郭建宁：《30 年代全盘西化与中国本位的文化论争探析》，《中州学刊》1996 年第 5 期；黄海燕：《30 年代的文化论争与中国现代化的理论探索》，《吉林大学社会科学学报》1996 年第 1 期。

就是始终围绕着改良与革命、渐进与激进的纷争，并且变革沿着从保守主义向激进主义的上升路线发展，而且愈演愈激烈。在19世纪末20世纪初，论争主要在改良派和革命派之间，围绕着君主制的自上而下的保守现代化道路还是自下而上的资产阶级革命道路而展开。

萧功秦就严复如何进行现代化的思路进行了阐述，他指出，严复在其"社会有机论"和"体用不可分立论"的基础上，既反对"中体西用"，又反对"全盘西化"，而提出了一条新的现代化思路："导其机"，"须其熟"，"与时偕达"，这是一条渐进的现代化之路。[①]

李华兴指出，戊戌时期的梁启超坚持君主立宪制，武昌起义后则赞同虚君共和制，民国成立后又拥护民主共和，其具体的政治主张虽然一变再变，但他的立宪之志没有变，而且，在革命与改良、稳定与内乱的取舍上，他的政治天平一直倾向于在"现行国体"下搞改良。[②]

耿云志、俞祖华分别就梁启超与孙中山、严复与孙中山对中国近代化道路的选择进行了对比分析，指出梁启超、严复的政治现代化的方略是在既定国体下谋求和平改革，以改革求立宪，而孙中山则主张以暴力求共和。[③]最终，革命压倒了改良，中国通过辛亥革命建立了民主共和国。

然而，民主共和并没有将中国带入现代化的正常轨道。五四新文化运动之后，激进主义上升到文化心理层次，与之相对的是自由主义和文化保守主义，于是产生了文化层面上的激进与渐进之分。欧阳哲生就胡适与陈独秀的思想进行了比较研究，指出由于二人对欧美近代思潮的取舍不同，导致他们提出了两种不同的发展模式：胡适接受了以英美为代表的稳健型发展模式，主张通过改良走自由主义道路；陈独秀接受了以法俄为代表的激变型发展模式，主张通过革命实行真正的民主政治。[④]

---

① 萧功秦：《严复对中国现代化的思考及其启示》，《中国青年报》1991年2月6日。
② 李华兴：《梁启超与中国近代化》，《历史研究》1991年第3期。
③ 耿云志：《孙中山与梁启超关于中国现代化的选择》，《历史研究》1996年第5期；俞祖华：《严复与孙中山现代化思想比较》，《中州学刊》1994年第5期。
④ 欧阳哲生：《胡适与陈独秀思想之比较研究》，《中国文化研究》1995年第4期。

马克思主义传入中国之后，以胡适与李大钊为首的两派之间发生了"问题"与"主义"之争，这实际是资产阶级改良主义与马克思主义两大思想体系之间的斗争，即改良与革命的斗争。到 20 世纪 30 年代，以城市为基础的仿效德国模式的发展趋向，与以农村为基础的仿效俄国模式的发展趋向，形成保守的资本主义发展道路与激进的土地革命的道路的对立。此外，还有游离在二者之外的"第三条道路"即改良主义的道路，如陈宪光指出，梁漱溟等所从事的"乡村建设运动"在本质上是当时"知识分子的乡村改良运动"，是一般知识分子寻求"第三条道路"即改良主义道路的运动。① 最终，这三条道路的斗争的结局是激进对保守与改良的胜利。

资本主义与社会主义。在俄国十月革命之前，只有资本主义制度与近代化共存，因而资本主义制度成为先进知识阶层的一致选择。第一次世界大战的爆发，不仅使中国目睹了西方资本主义文明的深刻危机，而且为中国的现代化提供了一条不同于资本主义发展道路的又一模式——社会主义现代化道路。外部环境的改变再加上内部中国在探索资本主义道路上屡屡失败，不禁使中国的知识界重新思考中国的现代化道路问题，产生了社会主义与资本主义之争。20 世纪 30 年代初，资本主义经济危机以及日本军国主义的入侵，使中国知识界再次关注现代化问题，引发了关于现代化问题的大讨论，把社会主义与资本主义之争推向高峰。石连同、谢万里等分别就这次讨论作了论述。② 他们指出，从这次讨论所提交的论文来看，绝大部分人主张走受节制的资本主义或非资本主义道路，如张素民、董之学等；一部分人主张走社会主义的现代化道路，如杨幸之、吴觉农、戴霭庐等；完全赞成走私人资本主义发展道路者极少，说明自 19 世纪以来以西方自由民主为追求目标的资本主义改革模式，已经失去了往日的光彩，不再为我国所需。朱汉国在对中国

---

① 陈宪光：《梁漱溟的乡村建设运动与中国现代化之路的探索》，《华侨大学学报》1999 年第 2 期。

② 石连同：《民国时知识分子对中国现代化理论的探索》，《南京大学学报》1998 年第 1 期；谢万里：《二十世纪中国现代化思潮之演变》（上、下），《人文杂志》1999 年第 6 期、2000 年第 1 期。

的现代化意识与实践的历史进行考察的基础上指出，1919—1949 年国人现代化的主流意识是主张建立新的民主主义现代化，而 1949 年新民主主义革命胜利之后，国人的现代化意识统一到了社会主义现代化上。[①]

"工化"与"农化"。中国的现代化过程是在一个农村居民占人口绝大多数的传统农业国之中进行的。中国现代化问题，不可避免地是要在中国特定的历史条件即根据中国的国情去探索中国从农业国转化为工业国的具体道路，即中国的工业化道路问题。但正如对西方文明的排斥与对中国传统文明的坚持一样，有些人也反对现代中国的振兴以工业化为重心，而坚持以农立国，于是伴随中西文化论战的同时，也产生了"农化"与"工化"之争。在20 世纪 20 年代，争论主要在以章士钊、董时进为代表的以农立国论与以杨明斋、恽代英为代表的以工立国论者之间展开。到 30 年代，争论双方则变为以梁漱溟为代表的乡村建设派和以吴景超为代表的以工立国派。随着时间的推移，人们对工农关系的认识不断深入，提出了"先工后农""先农后工""农工并重"等观点，翁文灏还主张"以农立国，以工建国"，表明了知识分子在探索中国现代化模式中又走出了重要的一步。关于这场从 20 年代到 40 年代的大论战，苗欣宇分三个阶段进行了论述，并阐述了这场论战的意义[②]；石连同、谢万里也分别在其论文中有所论述。

除上述内容外，有些学者还专门研究了张树声、张君劢、郭沫若、邓演达等的现代化思想及其对现代化之路的探索，取得了可喜的成绩。

二、关于中国早期现代化的几个问题[③]

中国现代化从 19 世纪中叶被动发轫，到 21 世纪中叶预期成功之时，历时约两个世纪。其间以 1949 年新中国成立为中界分为两大阶段，由于重新

---

① 朱汉国：《中国现代化意识与实践的历史考察》，《北京行政学院学报》2000 年第 4 期。

② 苗欣宇：《民国年间关于中国经济发展道路的几次论战》，《学术月刊》1996 年第 8 期。

③ 本节曾以论文形式发表。见俞祖华、季翠兰《关于中国早期现代化的几个问题》，《烟台师范学院学报》1998 年第 4 期。

实现了国家独立，实现了从被动的现代化到主动的现代化，从依附型现代化到赶超型现代化的转变。这里对涉及新中国成立前早期被动的现代化的几个问题略作分析。

（一）晚发外生型现代化：外在影响与内在因素

世界的现代化进程首先发生在西欧，然后再传播到欧洲其他地区和北美，18 世纪至 20 世纪向世界其他地区传播。根据现代化起步时间的早迟，现代性因素主要起源于内部还是外部，可以把现代化分为早期内生型现代化与晚期外生型现代化两种基本类型。西方发达国家实现现代化属早发内生型，起步时间早，主要是从本国社会内部不断发展出有利于现代化的因素来实现的，由于现代化因素主要起源于传统，两者关系较为和缓，且经历时间长，变革较为平稳，即使使用暴力也是有限的。非西方后发展国家实现现代化属晚发外生型，是在自身内部因素软弱或不足的条件下，在西方国家现代化起步以后而产生的外部刺激下，在西方殖民侵略的外部压力下，对外部挑战的一种回应，是对外来的异质文明的接枝移育，由于现代性因素主要来自外部，因而与自身内部的传统性因素关系较为紧张，现代化进程会有更多的暴力和震荡。中国早期现代化属于后一种类型。

中国早期现代化作为晚发外生型现代化，外来因素的冲击和压力是不可忽视的。西方殖民侵略、西方文化的输入为中国早期现代化的启动提供了契机、源点和动力。鸦片战争前夕，经历了数千年发展、并曾处于世界领先地位的中国已走向停滞，当时虽已萌生了资本主义因素，但由于一些阻碍现代化的因素的存在，决定了中国靠自身因素积累而实现资本主义现代化将是十分缓慢的，赶不上西方现代化的确立及其扩张的速度；换句话说，现代化在西方国家确立后，必然迅速地向非西方后发展国家扩张，要求这些国家包括中国为工业文明、为西方殖民主义的扩张准备好市场和地盘，"迫使它们在自己那里推行所谓文明制度"①，不能容忍它们继续游移于"文明制度"之

---

① 马克思、恩格斯：《共产党宣言》，《马克思恩格斯选集》第 1 卷，人民出版社 1997 年版，第 255 页。

外、继续在传统的轨道上运行。

1840 年发生的鸦片战争以外来的推动力把中国推出了中世纪，成为中国走向被动现代化的纪元。面对西方殖民主义的扩张、西方文化的东渐和世界资本主义现代化浪潮的冲击，中国被迫中断自己历史的正常发展程序，从外部接纳、移植或引进现代生产方式、法权体系和文化要素，变更或改造原有的经济、政治和文化结构。从"师夷长技以制夷""采西学""制洋器"，到洋务运动"自强""求富"的实践；从戊戌维新运动以俄日为榜样试图实现君主立宪制的努力到辛亥革命时期民主共和国方案的实践；从向西方学习到马克思主义的传播，这些变革都是对外来模式、异质文明的移植。因此，应客观评估外来影响在中国早期现代化进程中的作用。

但评估外来影响在早期现代化进程中的作用又要注意把握好分寸。

首先，不仅要看到"外来的影响"有客观上积极的推动作用，更要看到其负面因素。应该认识到西方殖民征服不只给东方落后国家、给中国带来了现代生产力要素、现代文化要素及其他新的社会因素，更带来了灾难和枷锁。殖民主义者在中国土地上犯下了罄竹难书的罪行，惨绝人寰、骇人听闻的惨案就有火烧圆明园、旅顺大屠杀、海兰泡惨案、江东六十四屯惨案、南京大屠杀等数起。殖民主义者对中国现代化的态度是矛盾的，一方面他们希望中国人接受他们的价值观念，政治、经济、文化都仿效他们；另一方面，他们最关心的还是侵华利益，是掠夺和攫取尽可能多的利益，而这样又势必妨碍中国的发展，因此，西方列强绝不会真诚地支持中国的现代化。外国资本主义的侵入，客观上促进了中国自给自足的自然经济、中国封建社会的解体，促进了中国资本主义现代化因素的发生和发展。但这只是一个方面。"还有和这个变化同时存在而阻碍这个变化的另一个方面，这就是帝国主义勾结中国封建势力压迫中国资本主义的发展"①。中国资本主义现代化在外国资本主义的刺激下得以启动，但又由于外国资本主义的压迫摧残，资本主义

---

① 毛泽东：《中国革命和中国共产党》，《毛泽东选集》第 2 卷，人民出版社 1991 年版，第 627—628 页。

现代化不可能得到正常的充分的发展。据统计，外国在华资本总额的比重：1894 年为 60.7%，1913 年为 80.3%，1920 年为 70.4%，1936 年为 78.4%。外国资本家最关心的是外资的比重和利益，而不是扶持中国民族经济的发展，在外国在华资本的挤压下，民族资本的命运极其艰难。到 1949 年，历经 110 年的漫长岁月，现代工业在国民经济中的比重仅占 17%，83% 的经济生活依旧是传统农业经济和手工业经济。① 中国沦为殖民地半殖民地 110 年，没有实现富强康乐。世界上也还没有在沦为殖民地半殖民地的情况下，或者主要依靠外来的影响实现国家现代化的先例。东方后发展国家的晚发外生型现代化源自对西方化的移植，但要成功地到达现代化的彼岸，却必须在获得国家独立的条件下，在摆脱了外国资本主义束缚的情况下，走适合本国国情的现代化发展道路才能实现。如果说外国资本主义的入侵使现代化开始成为中国历史发展的主题，那么，可以说，现代化要取得突破性进展却有赖于摆脱外国资本主义的束缚。

其次，既要看到中国社会内部存在一些阻碍现代化的因素，也要看到中国社会、中国文化自身孕育、成长着现代化因素。要看到随着现代化的进展，越来越依赖于中国社会内在的动力。20 世纪 50、60 年代，西方史学界提出了"西方冲击，中国回应"的理论模式，但近些年这一模式受到了挑战，有的学者针锋相对地提出："正是中国社会本身才是一切根本变化的源泉。"在中国前现代化社会存在着一定程度的可现代化因素，如政治上严密的集权官僚制度。吉尔伯特·罗兹曼评论："在称得上现代化的社会变革发生之前，中国长期以来就存在着高度中央集权化官僚制度为其特征的政治结构……中国的政治制度具有精密的专门化和职能区分，并由职业官僚遵照高度理性化并有案可稽的成规及先例进行管理。"故而，"中国很早就具备了政治现代化的某些最'现代'的因素"。② 再如经济上的资本主义萌芽，毛泽

---

① 吴承明：《中国资本主义的发展述略》，《中华学术论文集》，中华书局 1981 年版，第 337、342 页。

② ［美］吉尔伯特·罗兹曼：《中国的现代化》，国家社会科学基金"比较现代化"课题组译，江苏人民出版社 1988 年版，第 59、271 页。

东曾经指出："中国封建社会内的商品经济的发展，已经孕育着资本主义的萌芽。如果没有外国资本主义的影响，中国也将缓慢地发展到资本主义社会。"① 传统社会、传统文化中的可现代化因素，在现代化进程中由于外力因素的作用强行启动以后，对中国社会的转型起到了日益重要的推动作用。孙中山在西方"三权分立"的基础上提出"五权宪法"的构想，就是传统资源在制度创新中起到关键作用的例子。梁启超在《新民说》中提出新民有两条途径："一曰淬厉其所本有而新之；二曰采补其所本无而新之。"前一途径意指传统文化中蕴含着可转换成现代文化要素并对封建臣民改造成现代资产阶级国民起重要作用的因素。中国现代化的启动来自外部的挑战和冲击，但现代化的进展却越来越依靠于中国社会内在的动力。到1949年新中国成立，实现了从被动的现代化到主动的现代化，从依附型现代化到自足发展型现代化的转变。

第三，现代化绝非西方化一种模式，而是具有多种类型、多种道路、多种发展模式。中国实现现代化的进程，实际上是从搬用西方模式到超越西方模式，不断寻求适合中国国情、适合中国历史特点的现代化发展道路的过程。"西方冲击，中国回应"的理论模式及夸大外来影响的言论，实则把现代化等同于西方化，把复杂的、多样的现代化发展模式单一化。

由此看来，对中国及其他非西方国家的"晚发外"现代化，既要把观察的视点放在外部，注意现代化的趋同性、现代世界发展的共同趋势；又要把视点放在内部而不是仅仅放在西方，注意现代化的多元性、各国历史的主体性。

（二）早期现代化的动力：上层集团与下层民众

前辈学者着眼于反帝反封建斗争的基本线索，将人民群众的反帝反封建斗争作为推动近代历史发展的基本动力，而基本否定封建统治阶级、大地

---

① 毛泽东：《中国革命和中国共产党》，《毛泽东选集》第2卷，人民出版社1991年版，第626页。

主大资产阶级的政治代表人物。从这一框架出发，难免存在简单化倾向，表现之一是对其中某些人，因其镇压过起义、改革和革命而全面予以否定，没有实事求是地肯定其得风气之先、较早开拓现代化事业的积极作用。20世纪80年代以来，学界把现代化作为近代中国历史发展的基本问题提出来，这是历史认识的进步，但也出现了一种新的简单化。由于上层人物的某些人更有条件率先接触西方，更有条件在现代化进程中得风气之先，而下层民众处在更封闭、落后的环境，加上文化水平的限制，有可能带有更多的排外思想，带有更多的愚昧、落后的东西，有的论者遂从现代化的视角出发，对上层人物一味肯定，给他们一个个戴上"中国近代化的第一人"之类的桂冠，而对下层民众、对下层民众发动的起义、革命一概否定，认为是对现代化的反动。

　　明显的例子是对太平天国运动及其对立面曾国藩等人的评价。"洪秀全和太平天国所要学习而搬到中国来的是西方中世纪的神权政治，那正是西方的缺点。……洪秀全和太平天国如果统一了全国，那就要使中国倒退几个世纪。""把洪秀全和太平天国贬低了，其自然的结果就是把它的对立面曾国藩抬高了，曾国藩是不是把中国推向前进是可以讨论的，但他确实阻止了中国的倒退，这是一个大贡献。"① 再如对辛亥革命及其所要推翻的清政府的评价。有的论者提出，"慈禧新政毕竟带着比洋务新政、戊戌维新内容更广、步伐更快的姿态出现在20世纪初的中国舞台上，对于推进中国近代化进程的历史作用不可低估"②。认为清朝这个形式的存在仍有很大意义，应逼着它迈上现代化道路，辛亥革命"一下子痛快地把它搞掉，反而糟了"③。

　　这涉及如何估价上层与下层、政府行为与民众运动在推进中国现代化进程中所起的作用，如何认识早期现代化的动力。笔者认为：

　　第一，对上层与早期现代化的关系应作具体分析。应该看到上层集团中既有在某种程度上认可、顺应、推进现代化的人物和派别，如林则徐最早

---

① 　冯友兰：《中国哲学史新编》第6册，人民出版社1989年版，第2、71—75页。
② 　刘平：《慈禧新政评议》，《学海》1993年第5期。
③ 　李泽厚、王德胜：《关于文化现状、道德重建的对话》，《东方》1994年第5、6期。

正视现代世界，魏源提出"师夷长技以制夷"，冯桂芬提出"采西学""制洋器"，洋务派主张"西学为用"，并率先创办了一批现代化事业，帝党支持维新派的改革等；又有顽固拒绝任何变革、坚决维护封建主义旧秩序的顽固派，如倭仁、徐桐等。而且从总体上看，封建顽固派是统治集团的主体。应该认识到现代化是全方位的社会转型，而上层人物中的开明人物及派别所能认可、接受的变革是有限的。因此，他们只能在一定阶段、一定程度上支持、推动现代化变革，而当这种变革由"小变"向"大变""全变"发展、向深层次推进、触及根本体制时，他们对现代化变革的态度就会由支持转向反对。洋务派官僚的基本口号是"中学为体，西学为用"，即维护封建正统体制，认可引进现代生产方式、现代技术的变革，这种"中学为体"框架之内的技术变革是难以成功的。当维新派将现代化变革从经济领域推进到政治领域时，洋务派成了现代化进程的障碍者、反对者。清政府在绞杀了维新运动以后，宣布实行"新政"，清末"新政"是迫于现代化潮流尤其是包括立宪请愿与民主革命在内的政治现代化浪潮而不得不实行的改革。绞杀维新运动的清政府在内外压力下不自觉地充当维新志士的遗嘱执行者，恰恰说明了现代化的主要动力来自民众。清政府的"新政"原本是为了缓和民众的不满情绪，但其所作所为终至于连一心想逼它走上现代化的立宪派也感到绝望，清政府不能胜任领导国家现代化的责任成了人们的共识，革命成了大势所趋。晚发外生型现代化需要有强有力的、有现代化取向的中央政权来推动，但在中国早期现代化进程中，清政府顽固守旧，清亡后中国又陷于四分五裂，1927年执掌政权的国民党政府由于派系倾轧和滋生腐败也很快陷入衰败，一直缺乏推进现代化的、强有力的上层集团，这是中国早期现代化一波三折的重要原因。

第二，对民众在现代化进程中的作用应作具体分析。正如从反帝反封建斗争的视角出发，仍要看到封建统治集团中的有识之士在改革专制制度、捍卫民族独立中所起的积极作用一样，在转换视角之后，也要实事求是地看到民众包括并不代表现代生产方式的农民曾经推动了早期现代化的进展，尽管有时他们的话语、意识、情感方式、行为方式与现代化是那样格格不入。

　　关于太平天国运动在现代化进程中的作用，尽管有个别学者断言，太平天国如若成功，中国将倒退回中世纪，意即太平天国与现代化潮流是背道而驰的；但多数学者相信，太平天国是能够顺应现代化潮流的。应该说，后一种观点有更明显有力的史实根据。太平天国反封建反侵略，客观上为中国走现代化道路创造了条件，正如有的学者所指出的那样，中国发展资本主义航道的坚冰是由太平天国运动打破的。而且，太平天国领袖对顺应现代化潮流有积极、主动、自觉的态度，于1859年颁布了中国第一个比较系统的现代化方案——《资政新篇》，它不仅主张引进西方先进生产力和科学技术，兴办工业、矿业、交通、邮政等现代化事业，采用资本主义雇佣劳动，还"要向西邦学习邦法"——政治制度，并倡导了新的价值观念。这一由洪秀全旨准颁行的方案超出了洋务派"中体西用"的框架。太平天国后期在战争环境里已开始购制洋枪、洋炮和轮船的军事近代化活动，洪仁玕曾计划在上海购买20艘外国轮船，李秀成也买过轮船、洋枪、洋炮。有理由相信，如果假以时日，太平天国是能够将超过"中体西用"的《资政新篇》全面实施的。

　　关于辛亥革命在现代化进程中的作用，可姑且不论清政府能否胜任领导国家现代化的责任，不论革命与改良两者孰优孰劣，只要看一下辛亥革命的实际效果，就不难得出正确的结论。在辛亥革命推翻了清政府的民国初年，相对于晚清时期，现代化的趋势是明显加快了。由此，我们至少可以得出以下几点结论：(1) 民国初年是旧中国资本主义经济发展得最快的"黄金时代"。(2) 结束了延续两千年之久的封建帝制，使民主主义取代专制主义成了正统，正如林伯渠在纪念孙中山诞辰90周年大会上所说："过去专制主义是正统，神圣不可侵犯，侵犯了就要杀头。现在民主主义成了正统，同样取得了神圣不可侵犯的地位，侵犯了这个神圣固然未必就要杀头，但为人民所抛弃是没有疑问的。"[①] (3) 思想界出现了空前活跃的局面，民主与科学成

---

① 林伯渠：《在北京各界人民隆重纪念孙中山先生诞辰九十周年大会上的讲话》，《人民日报》1956年11月12日。

为文化思潮的主流，成长起了一批新文化大师，尽管文化保守主义有一定的声势，但对民主与科学不得不作为"新外王"予以一定程度的认同。（4）一些落后的习俗如男子留辫、女子缠足等得以革除。辛亥革命以后现代化进程得以大大加快的史实表明，这场资产阶级革命虽然失败了，但仍大大推动了中国早期现代化的发展，这是清政府继续存在的情况下所不能想象的。至于出现了军阀混战，我们认为可以这样来认识：（1）从铁板一块到分崩离析，这是封建主义统治秩序动荡、消解的一种形式。（2）出现较多的震荡和暴力，这对晚发外生型现代化来说是普遍现象，是难以避免的。故不能据此断定辛亥革命延误了现代化的进程。需要指出的是，领导辛亥革命的资产阶级，也就是其政治领袖所说的"中等社会"，本应是资本主义现代化的基本动力和主干载体，但中国资产阶级先天不足，后天失养，又没有积极地去发动下层民众，这就使得这场革命对传统秩序打击和瓦解的程度颇为有限，也难以形成新的、强有力的政治架构，因而实质上并未完成中国现代化所必需的社会思想、政治变革前提，并使资产阶级失去了主导国家现代化发展的机会。如果资产阶级即"中等社会"能够更广泛有效地把下层民众动员起来，辛亥革命对加速传统中国向现代社会转型的效果、作用当更显著。

历尽曲折的孙中山到晚年比较明确地认识到了以农工为主体的下层民众是现代化发展的基本动力。他在世时，与现代生产方式紧密相连的无产阶级就建立了自己的政党，并很快成了现代化运动的中坚力量。经过 28 年的奋斗，这个党终于建立起一个强大的中央政府，实现了晚发外生型现代化所必需的政治前提，中国现代化的历史合上了过去沉重的一页。

第三，在那时，现代化已经成了不以任何民族、任何阶级、任何集团、任何个人的意志为转移的客观发展的必然趋势，不管是情愿还是不情愿，都将被卷入尽管会一波三折，终将要不可逆转的现代化潮流中去。现代化变革的镇压者违反自己的意志，充当了现代化变革的遗嘱执行人，其原因就在于此。太平天国提出了中国第一个比较系统的现代化方案——《资政新篇》，把发展资本主义作为施政纲领提出来，但这一历史任务没有完成就被洋务派镇压了。镇压太平天国的洋务派，引进资本主义生产力，兴办军事工业、民用工业，客观上实施了《资政新篇》的部分内容，不自觉地充当了太平天国遗嘱的执行人。戊戌维新运动将现代化变革从经济领域引向政治领域，但这一历史任务没有完成又被西太后镇压了。

镇压维新运动的后党，又将戊戌变法的部分内容予以实施，如废科举、派留学、兴学堂、兴办新式军队、修订律例、启动立宪进程，不自觉地充当了维新志士遗嘱的执行人。情愿者与不情愿者，被镇压者与镇压者，资产阶级与非资产阶级，都在不同程度上顺应了资本主义现代化的历史潮流，这充分证明了现代化的不可逆转性质。西太后虽然是当时中国顽固、腐朽势力的总代表，但也不能不对现代化潮流作出某种适应。当然我们不能据此将她说成改革者与现代化的推进者。西太后作为清廷最高拍板人将近半个世纪，没有使人们看到现代化的希望，而是使国人陷入绝望的深渊，要说延误时机，这50年就是宝贵的时机。正如有的学者所指出的：19世纪的最后25年是一个非常重要的历史时刻，目前世界上工业国与非工业国，现代化国家与非现代化国家的基本格局，就是在那个时期确定的。

总之，为了使我们的历史认识更加符合早期现代化的历史实际，实事求是地看待上层人物如曾国藩、左宗棠、李鸿章、张之洞及由上层集团主导的事件如洋务运动、清末新政等在现代化进程中的作用，是完全有必要的。但应该认清现代化运动正如其他历史运动一样，其基本动力不是少数上层人物而是广大民众。中国早期现代化前80年是资本主义化，其主角是资产阶级；后30年是新民主主义化，其主角是无产阶级。

（三）早期现代化的政治前提：两大课题的互动关系

前两部分所要说明的基本认识是：尽管外国资本主义的侵入客观上促进了中国早期现代化的启动，但现代化要取得成功必须摆脱外国资本主义的束缚；尽管封建统治集团的上层人物程度不同地对现代化潮流予以某种适应，但资本主义现代化要顺利发展必须瓦解封建主义统治秩序。推进以工业化为核心的现代化是近代历史的重要课题，同时，还必须有一个政治前提，即反对帝国主义以争取民族独立和反对封建主义以争取政治民主。两个课题是有区别的，有各自特定的内容，但又息息相关，紧密地联系在一起。

两者互动关系为：一方面，现代化的发展依赖于反帝反封建斗争，以反帝反封建斗争为政治前提。近代反帝反封建斗争在不同程度上推动了资本主义现代化的发展。19世纪60、70年代中国资本主义的产生，同太平天国运动震荡了封建秩序不无关系；19世纪末20世纪初中国资本主义的初步发展，得益于戊戌变法、义和团运动、抵制美货运动、收回利权运动对资本帝国主义与封建势力的打击；民国初年中国资本主义的进一步发展，其重要条件是辛亥革命结束了封建帝制。由于这些反帝反封建斗争最后都失败了，未能在实质上完成外生型现代化所必需的政治前提，致使早期现代化举步维艰。1949年新中国的成立结束了帝国主义、封建主义统治中国的历史，终于实现了外生型现代化的政治前提，中国现代化道路的探索出现了希望的曙光。对于不实现民族独立和民主政治，现代化就不可能有迅速的、充分的发展这一番道理，近代一些仁人志士是有所认识的。有一些人对此却抱有幻想，他们希望在不改变半殖民地半封建秩序的情况下，通过埋头于实业救国、教育救国、科学救国，求得国家的富强，这当然是不可能的。"在一个殖民地的、半封建的、分裂的中国里，要想发展工业，建设国防，福利人民，求得国家的富强，多少年来多少人做过这种梦，但是一概幻灭了。许多好心的教育家、科学家和学生们，他们埋头于自己的工作或学习，不问政治，自以为可以所学为国家服务，结果也化成了梦，一概幻灭了。"痛苦的现实使更多的人从梦幻中醒觉，使更多的人懂得"一个不是贫弱的而是富强的中国，是和一个不是殖民地半殖民地的而是独立的，不是半封建的而是自由的、民主的，不是分裂的而是统一的中国，相联结的"，"没有独立、自由、民主和统一，不可能建设真正大规模的工业"。①

另一方面，反帝反封建斗争从低级形态到较高级形态的发展又以资本主义的发生发展及新的社会力量成长为基础。19世纪六七十年代，由于洋务派创办军事、民用工业和资本主义的产生，形成了早期资产阶级和无产

---

① 毛泽东：《论联合政府》，《毛泽东选集》第3卷，人民出版社1991年版，第1080页。

阶级，维新派作为新生的资产阶级上层的代表登上了政治舞台。20 世纪初，在中国资本主义获得初步发展的基础上，代表资产阶级中下层的革命派发动了比较完整意义上的资产阶级民主革命。随着民国初年资本主义的进一步发展，无产阶级队伍迅速发展壮大，这是民主革命从旧民主主义推进到新民主主义阶段的阶级基础。没有早期现代化的启动，没有新的社会力量，旧式农民起义发展为比较完整意义上的资产阶级民主革命并进而发展为新民主主义革命，这是不可想象的。

两者的互动关系表明，既不能离开反帝反封建孤立地谈现代化，也不能离开现代化抽象地讲反帝反封建。两者密不可分的关系还表现在某些内容是交叉的，如反对封建主义以求民主政治，既是现代化获得充分发展的前提，也是现代化内涵的应有之义；资本主义现代化因素的增长既是反帝反封建斗争的社会经济基础，也是反帝反封建斗争的表现形式。

（四）早期现代化的进程：延误的原因与独特的道路

上面提到，现代化必须首先具备一个政治前提，即建立独立统一的现代中央政权。这对外生型现代化可以说是一个普遍法则。外生型现代化在启动以后，非经济因素的作用大于经济因素的作用，其中最突出的是中央政权在推动经济增长与社会变革中的作用。因此，晚发外生型现代化的当务之急是建立一个具有现代取向的、高效有力的中央政府。在 19 世纪下半叶至 20 世纪初的第二次现代化浪潮中，非西方后发展国家纷纷对西方的冲击作出回应，探索防御性现代化的道路，但只有日本首先从制度重建入手迅速进入现代化发展的快车道。中国与日本现代化启动的时间及外部环境基本相同，但中国没能像日本那样以政治改革揭开现代化的序幕，清王朝上层集团迟迟不愿走出这一对推进现代化有决定意义的一步，只是在曾国藩、李鸿章、左宗棠这些地方官员的支持下从范围有限的工业化入手对西方挑战作出了回应。迟迟没有出现强大的、具有现代取向的中央政权，缺乏培育新兴资本主义经济因素、引导社会变革的现代政权结构，这是中国早期现代化延误的决定性因素。

中国早期现代化从经济层面的变革开始启动，大致经历了以下两个阶段：

（1）经济技术层面的现代化（1840—1895）。1840 年鸦片战争发生后，传统社会的两大阶级——地主阶级和农民阶级的代表人物都对西方的挑战作出了回应。林则徐、魏源提出"师敌长技以制敌""师夷长技以制夷"，是中国人从学西方科技入手启动"防御型现代化"的思想先导。洪仁玕提出《资政新篇》，要求引进西方的铁路、轮船、机器等先进技术，发展工、商、矿、金融等各项事业，主张采用"准富人请人雇工"的雇佣制度，是中国第一个较为系统的现代化纲领。19 世纪 60 年代，在洋务派官僚的主持下早期现代化正式启动，但未能取得预期效果。如上所述，作为外生型现代化的普遍特征，必须有先于或至少同步于工业化的社会思想、政治层面的变革，但洋务派的早期工业化是在原有王朝体制内采取的修补性措施，没有与工业化相适应的体制转轨，这是洋务运动失败的基本原因。洋务运动的失败丧失了现代化的一次重大机遇，"是中国落后于世界现代化的发展大潮的关键一步"①。

（2）体制层面、心理层面的现代化（1895—1949）。1895 年是早期现代化进程的转折点，标志着中国的现代化精英集团在前一阶段器物层面的变革受挫后，转而从体制层面、文化心理层面推进现代化变革。

制度层面的变革在 1927 年以前侧重于变革旧的权力结构，1927 年以后侧重于建立新的政治框架。变革旧的权力结构的现代化变革包括针对清朝皇权体制的戊戌变法、立宪运动、辛亥革命和针对封建军阀势力的二次革命、护国运动、第一次护法战争、第二次护法战争、北伐战争。戊戌变法、辛亥革命等在变革旧秩序的同时，都试图提供新的政治框架，但都很快失败了。重建新的独立统一的现代中央政权的努力取得明显成效是在 1927 年以后，一次是国民党的努力，一次是共产党的努力。国民党于 1927 年 4 月 18 日在南京建立了国民政府，30 年代国民政府重建中央集权取得了部分成功，但

① 罗荣渠：《现代化新论——世界与中国的现代化进程》，第 287 页。

由于腐败、专制严重腐蚀了政权的现代性，终归导致自身的毁灭。共产党于1949年建立了新政权，强大有力、具有现代取向的中央政府终于出现。

文化心理层面的变革影响最显著的是新文化运动。新文化运动的两大口号是"民主"与"科学"，相当准确地揭示了现代文化的基本走势和中心主题。现在有人提出要超越五四，如果说要超越五四中曾存在的形式主义偏向是对的，但不是要重新回到传统，回到"为民作主"和玄学神秘主义。近代中国人为了争取现代化所必需的政治前提即建立具有现代导向、高效有力的中央政府经历了从1840年至1949年的漫长岁月。

三、早期现代化视阈下的近代学术转型

现代化是包括经济、政治、文化等各方面在内的全方位的社会结构、社会文化变迁，中国早期现代化的一个重要方面就是实现混而不分的传统学术向分科并立的现代学术的转型。中国传统学术混而不分，傅斯年曾指出："中国学问向以造成人品为目的，不分科的；清代经学及史学正在有个专门的趋势时，桐城派遂用其村学究之脑袋叫道，'义理、词章、考据缺一不可'！学术既不专门，自不能发达。"① 曾国藩把"经济"从"义理"中独立出来，与义理、考据、辞章并列，到严复、梁启超等人分疏"学"与"术"，基础学科与应用学科的区分渐现轮廓；在洋务时期讲求"声光电化"后，严复引介西方政治学、经济学、社会学等学科名著，自然科学与人文社会科学的分野也日趋清晰；到20世纪初，"七科分学""八科分学"等方案提出，如1902年的《钦定京师大学堂章程》分立政治、文学、格致、农业、工艺、商务、医术等七大学科30个科目，学术分科日趋细化，现代自然科学与社会科学随之建立了起来。

---

① 傅斯年：《改革高等教育中几个问题》，《傅斯年全集》第5卷，湖南教育出版社2003年版，第23页。

（一）自然科学的创建与发展

中国传统的科技研究在清末已宣告结束，辛亥革命后中国逐渐具备了发展近代科学技术的基本条件，特别是五四运动使中国人的科学意识增强了，于是20世纪20—30年代形成了中国科学创建与发展的大好时机。首先表现在各种学会的成立。从1909年我国第一个近代专业学会地学会的创立到1947年的中国解剖学会的成立，几乎每年都有新的科技学会诞生。与此同时，一些横向的多学科性科学社团也相继问世，其中时间最早、影响最大的首推中国科学社。该社是1915年1月由中国留美学生胡达、任鸿隽、赵元任、秉志、杨铨等9人发起成立的民间科学组织，1918年社址迁回国内，10年后定在上海，到1949年会员发展到3776人。其主要活动有：刊行《科学》月刊（至1950年共32卷，论文3000篇）、《科学画报》，设立明复图书馆、博物馆、生物研究所，举办科学讲演和展览，召开学术讨论会，参加国内有关教育、科学咨询活动，参加国际科学会议等。中国科学社于1949年4月同其他科技社团一起联合发起召开全国自然科学工作者代表会议后停止活动。各种学会的建立，加强了中国近代科技工作者之间及与国外的学术交流，卓有成效地推动了中国科技的发展。其次是研究机构的成立。1928年在蔡元培等努力下成立的中央研究院，是旧中国学术研究的最高机构。早在1924年孙中山北上时便拟议设此机构，1927年春由蔡元培、李石曾提议，南京国民政府决定在大学院中附设中央研究院。10月，大学院成立后，蔡元培便积极着手中央研究院的筹备工作。1928年，大学院改为教育部，南京国民政府决定单独成立国立中央研究院，使之从大学院中分离出来，并特任蔡元培为院长。6月9日，蔡元培在上海召集第一次院务会议，中央研究院正式成立。中央研究院先后设置天文、气象、社会科学、物理、化学、工学、地质、历史语言、教育、心理、动物及植物等12个研究所。1938年，总办事处西迁重庆，各研究所也转移到西南各省，后增添了数学、医学两研究所。1945年9月，总办事处及天文、气象、地质、社会科学、历史语言各所迁南京旧址，物理、化学、动物、植物、医学、心理、工学等所迁至上海。该院任务为科学研究和指导、联络、奖励学术研究。设评议会，由院长任议长，各所长及聘请学术成绩卓著者为评议员。1946年10月，评议会第三次年会议决，实行院士制度。在中央研究院之外，1929年9月还成立了国立北平研究院。到1935年，北平研究院已拥有物理、镭学、化学、药物、生理学、动物学、植物学、地质学等8个研究所和5个研究会，成为地方最大的综合性国立研究机构。此外，清华、北大等高校和实业界也逐步设立了一批研究所。至1935年，全国有各类学术研究机构124个，其中属于自然科学的34个。

　　从1911年至1937年的26年间，近代科学几乎所有主要的门类都在中国获得了发展机会，其中个别门类与少数科技专家在学术上已赶上国际水平。地质调查所先后在丁文江、翁文灏、李四光的领导下，开展了野外调查和在实验室中的理论研究，推动了我国地质科学的进步。李四光研究东亚大陆板块的构造和运动规律，创立了地质力学，并提出中国也有第四纪冰川的确证，在国际上有相当大的影响。翁文灏创立了东亚燕山运动说和中国矿产区域论。黄汲清提出从地点、地槽和造山运动的关系划分中国地壳构造单位的见解。物理学方面：吴有训对康普顿效应的研究、吴大猷关于原子物理的研究、张宗遂关于统计物理与量子场论的研究、郭永怀关于跨声速流动的研究、钱三强对铀原子核的研究、钱学森对稀薄气体动力学理论的研究都作出了贡献。气候学方面：竺可桢根据大量观测资料，找出中国四季气候变化的规律，提出了中国气候的脉动说。涂长望的《大气运行与世界气温的关系》为我国长期天气预报研究奠定了基础。数学方面：陈建功在三角级数方面，陈省身、苏步青在微分几何学方面，华罗庚在解析函数论方面，俞大维在拓扑学方面，曾炯之在代数方面，赵燕熊在概率方面，许宝禄在数理统计方面等，都取得具有世界先进水平的成果。熊庆来1930年创办了清华大学算学系研究部，是中国第一个正式的数学研究机构。1933年，他因创造了"熊氏无穷极"而享誉世界。在人类学方面：1929年裴文中发现了一个完整的北京猿人头盖骨化石，确证了人类从猿到人进化过程中的猿人阶段，并且把猿人用火的时间从当时公认的十几万年前推进到四五十万年前。1933年，贾兰坡在主持发掘中，又发现了 3 个较完整的北京头盖骨。考古学方面：1928—1929 年历史语言研究所董作宾、李济主持在河南安阳小屯发掘殷墟，这是中国人用现代科学方法进行的一次大规模的地下考古发掘，发现了大量青铜器和甲骨。1930—1931 年，由李济、梁思永主持对山东历城县龙山镇城子崖遗址的发掘，发掘出一种以黑陶为牲的新石器时代遗址，在中国考古学上具有开创性意义。工业化学方面：侯德榜发明了新的制碱方法，他和国内外同行搞出的"永利"牌纯碱在 1926 年获得了美国建国 150 周年万国博览会的金奖。1933 年，他在纽约出版了《纯碱制造》一书，把当时保密的苏尔维制碱工艺公布于世，为世界制碱工艺打开了紧锁 70 多年的技术锁链。工程技术方面：可以仿造万吨级轮船、较先进的飞机、汽车、各种机床。中国的工程师们已掌握了运用钢筋混凝土进行高层建筑的技术，在茅以升主持下建成了具有国际水平的钱塘江大桥。天文学方面：1934 年，中央研究院天文研究所在南京紫金山建立天文台，开始了中国人自己的天文观测工作。张钰哲于 1928 年发现了被命名为"中华"号的小行星，并于 1933 年出版《天文学论丛》一书。生物学方面，秦仁昌对蕨类植物的研究、胡先骕对高等植物分类学的深入、冯言安对植物细胞学的贡献引人注目。中国近代科学技术在这一时期得到建立与发展，并大大缩短了我国科技落后西方的差距。然而 1937 年日本大举侵华，不仅破坏了中国近代经济，也严重摧残了稚弱的中国近代科技，使其几乎陷于停顿状态，这种局面一直持续到 1949 年。

（二）社会科学的开创与成就

社会科学在民国时期亦取得很大成就，尤以哲学、史学、经济学、社会学方面较为显著。在哲学方面，20 世纪 20 年代初开始的包括马克思主义哲学在内的大量西方哲学思想的输入，为中国哲学思想的发展带来了新的生机。1925 年 4 月，中国哲学会成立，1927 年，《哲学评论》创刊。至此，国内有了专门的哲学交流的场所和专门的哲学研究刊物。同时，中国人借鉴外来理论，自创哲学体系的尝试亦已开始。到 20 世纪 30 年代，各种不同的哲学流派已渐形成，而最主要的是陆续出版了一大批研究和阐述马克思主义哲学的著作、文章，其中艾思奇的《大众哲学》、李达的《社会学大纲》、毛泽东的《实践论》和《矛盾论》是具有代表性的杰出成果。艾思奇采取通信方式写出《哲学讲话》，先在《读书生活》杂志连载，后出单行本，1936 年印第 4 版时更名《大众哲学》。这是一部通俗的马克思主义哲学教科书，它对哲学的基本问题、认识的基本规律、辩证法的若干范畴等作了浅显易懂的解说，把马克思主义哲学与现实中国的革命斗争紧密地联系起来，通俗易读，很受欢迎，到 1948 年 12 月共印 32 版、数万册，在马克思主义哲学宣传和普及方面作出了重要贡献。李达于 1926 年 6 月出版了《现代社会学》一书，在此基础上，1936 年出版了《社会学大纲》一书，对马克思的辩证唯物主义和历史唯物主义作了更为系统深入的阐发，构筑了马克思主义哲学、政治经济学和科学社会主义的比较完备的思想体系，促进了中国人对马克思主义更深入的理解。毛泽东在复杂的革命形势和激烈的对敌斗争中，深感教条主义和主观主义的危害，遂于 1937 年相继写成《实践论》《矛盾论》两篇文章，以实践为立足点，深刻地揭示了认识与实践的关系、客观事物的矛盾现象及其特征，成为中国革命者在斗争实践中认识世界、改造世界的思想方法和原则，在中国共产党思想发展史和中国哲学发展史上占有重要地位。以上论著的出版，标志着中国无产阶级哲学思想的形成，从而把中国现代哲学思想的发展推向一个新的历史阶段。

五四新文化运动，一方面给传统的中国哲学以沉重打击，另一方面则将西方哲学大量引进国内。20 世纪 20 年代科学与人生观论战中科学派在声势上的胜利，20 世纪 30 年代中期哲学领域中唯物派与唯心派的论争，都说明五四后相当长的一段时间里，现代西方哲学比之传统哲学更多地赢得了中国人的信仰。与此同时，思想界一些人物或从发扬光大传统文化的角度，或从中西文化结合创造新哲学的角度，力图对传统哲学加以改造和更新，以使其适应现代社会需要。20 世纪 20 年代，梁启超、梁漱溟等对传统思想的宣传和重新探讨，实际上开启了这种改造的端绪，而三四十年代冯友兰、金岳霖、贺麟、熊十力等人哲学体系的完成，则反映了传统哲学更新的成果。冯友兰于 1939 年出版了《新理学》，其后陆续出版《新事论》《新世训》《新原人》《新原道》《新知言》等著作，合称"贞元六书"，构成其哲学的主要体系。他借鉴西方的逻辑分析方法，吸取西方新实在主义的观点，对传统理学的各种观念进行改造。新理学把世界划分为二，一个是此岸的现实世界，一个是彼岸的虚构的"理世界"。现实世界中的实际人物是"相对的料"，它是第二性的。"理世界"那里是"万理具备"，"万理不生不灭，不增不减"，则是第一性的。"必须先有飞机之理，然后才有飞机"，物不过是"理之实现"，这是客观唯心主义。"新理学"提出后产生了很大影响，同时也受到各方面的批评。但从民国以来哲学发展史上看，它在融合中西、谋求传统哲学现代化方面，的确是一次有意义的尝试。

在史学方面，五四运动后随着马列主义的广泛传播，中国的马克思主义史学开始出现。李大钊是其奠基人，他发表了一系列史学论文，并在高等学校讲授唯物史观和史学思想史等课程。1924 年 5 月，他的《史学要论》一书出版，标志着马克思主义史学的诞生。郭沫若于 1930 年出版《中国古代社会研究》，则标志着马克思主义史学的开始形成。本书通过对许多第一手资料的分析，得出中国历史经过原始社会、奴隶社会、封建社会几个阶段，体现了人类历史发展的共同规律。郭沫若对甲骨文、金文也作了大量研究，先后出版了《甲骨文研究》《两周金文辞大系》《金文丛考》《卜辞通纂》等著作，使甲骨文、金文的研究发展到新的水平。另一个马克思主义史学家吕振羽在 20 世纪 30 年代写成《史前期中国社会研究》《殷周时代的中国社会》《中国政治思想史》等著作，对中国社会史和政治思想史的研究作出了贡献。20 世纪 40 年代，马克思主义史学得到很大发展，主要成就是：第一，完成了一批中国通史著作，其中有吕振羽的《简明中国通史》，范文澜的《中国通史简编》，翦伯赞的《中国史纲》（1、2 卷）。第二，出版了一批中国思想史专著，如郭沫若的《青铜时代》和《十批判书》，侯外庐的《中国古代思想学说史》《中国近世思想学说史》，侯外庐、杜国庠、赵纪彬合著的《中国思想通史》第 1 卷等。第三，中国近代史的研究，主要成果有范文澜的《中国近代史》（上编第 1 分册），中国历史研究会编的《中国现代革命运动史》，胡绳的《帝国主义与中国政治》等。第四，中国社会史的研究，主要成果有邓初民的《中国社会史教程》，侯外庐的《中国古代社会史论》等。

除马克思主义史学取得重大成就外，还有许多史学家在其研究领域作出了重要贡献。梁启超是中国资产阶级史学理论的奠基人；王国维是在历史考据方面有很大成绩的史学家，他利用甲骨文资料写成的《殷墟卜辞中所见地名考》《殷商制度论》等论文，运用"二重证据法"考证了殷王世系及祀典制度；顾颉刚等人发表了大量古史辨伪考证方面的文章，这些文章后由顾氏主持编成《古史辨》7册；陈寅恪从事周边民族史、魏晋南北朝史、隋唐史、明清间史事的研究和考订，开创了以诗文证史的治学途径；陈垣在中西交通史、中国宗教史和历史文献学方面作出了重大贡献，他于1926年出版的《中西国史日历》是中西交通史的开山作；屠寄的《蒙兀儿史记》160卷，柯邵忞的《新元史》和赵尔巽组织编写的《清史稿》，是元史、清史的重要著作。这样，马克思主义史学家和非马克思主义史学家的共同努力和创造性研究，使中国史学成为我国社会科学中最发达、最有成就的门类之一。

经济学在现代中国广泛流行。五四以后，翻译西方的和中国人自著的经济学著作大量增加，至1949年的30年间出版的有关著作有2000余种，创办杂志140多种。这个时期翻译的资产阶级经济学理论方面的名著有《国家经济学》《政治经济学及租税原理》《经济学原理》《经济学绪论》《资本肯定论》《社会主义与资本主义》等。翻译出版的马列主义经典著作有《雇佣劳动与资本》《价值价格及利润》《经济学大纲》《政治经济学批判》《反杜林论》《帝国主义论》《资本论》《剩余价值学说史》等。除翻译外，中国人自己也写了不少经济学著作。主要著作有刘秉麟的《经济学》、李权时的《经济学原理》、赵兰坪的《经济学》、马寅初的《经济学概论》《中国元经济改造》等；用马克思主义观点写的有李达的《中国产业革命概观》、许涤新的《现代中国经济学教程》、郭大力的《生产建设论》、王亚南的《中国经济原论》等。这一时期出版的经济刊物影响较大的有《经济学季刊》《新经济》《中国农村》《中国经济》《经济周报》等，出现的经济学术团体主要有中国经济学社和中国农村经济研究会。前者是1923年夏在上海成立的，由刘大钧和马寅初发起和主持；后者1933年成立，主要成员有陈翰笙、吴觉农、薛暮桥、钱俊瑞等。

　　社会学同近代经济学一样是从外国输入的，五四后它在中国广泛传播。西方社会学主要学派的著作大部分都有了中译本，如爱尔乌特的《社会学及社会问题》、黎朋的《群众心理》、罗素的《社会结构学》、鲍格达的《社会学概论》、涂尔干的《社会学方法论》、沙罗坚的《当代社会学学说》、麦其维的《社会学原理》、马凌诺斯基的《文化论》等。中国人关于社会学的著述主要有陶孟和的《社会问题》、常乃德的《社会学要旨》、朱亦松的《社会学原理》、吴景超的《社会组织》、孙本文的《社会学大纲》《社会学原理》等。这些书大多是关于社会学一般介绍。中国学者还运用社会学观点考察中国的实际问题，人口问题便是其中之一。陈长蘅的《中国人口论》和《三民主义与人口政策》、许仕廉的《中国人口问题》、陈达的《人口问题》便是主要几种。社会学学术团体有：1922 年余天休发起成立的中国社会学会，创办了《社会学杂志》；1928 年由孙本文、吴景超发起，联络东南各大学社会学系教师学生组织了东南社会学会，并于 1930 年 2 月学会改组为中国社会学社，成为全国性组织，其刊物是《社会学刊》。

第二章　学术转型与中国现代学科分立

如前所述，在中国早期现代化进程中，实现了混而不分的传统学术向分科并立的现代学术的转型。这里以中国图书馆学、现代史学、现代考古学的分立为例，做些分析。

随着"西学东渐"的发生，以学术分科为特色的现代学术知识体系被引入中国，图书馆学在现代知识分科体系中取得了独立的学科地位，同时在社会功能的定位上，由于受西方公共图书馆观念的影响，凸显了其教育化、公共性的一面。西方图书馆学理论的"东渐"、输入中国，大致经历了规模东瀛、取法泰西与致力本土化三个阶段。第一代图书馆学人不仅重视借鉴西方图书馆学理论以奠定"中国图书馆学"的科学性基础，还注意吸取西方图书馆学中的技术、方法运用于本土图书馆建设、图书馆事业的实践，形成中国特色图书馆工作的管理方法与应用技术。无论是学科基本理论层面，还是学科应用层面，中国图书馆学的创立都是经过了从借鉴西方（包括以日本为中介）到实现本土化这么一条路径。

一、西学东渐与中国现代学术的建立
——以清末民初中国现代图书馆学的产生为例①

"西学东渐"是指西方科学技术与人文社会科学向中国传播的历史过

---

① 本节曾以论文形式发表于《东岳论丛》2015 年第 7 期，作者为于作敏。

程，它对中国近世的历史进程产生了巨大而深刻的影响，不仅促进了近世中国由传统社会向现代社会的转型，也促进了中国文化的现代转换与现代学术体系的建立。本节以中国现代图书馆学的产生为重点，分析"西学东渐"在推动中国现代学术之建立，包括推动现代各学科的学术分科、学理体系、技术方法、学术话语体系的构建等方面，所发挥的重要作用。

（一）学科定位：独立学科与公共功能

中国传统学术以"经、史、子、集""四部之学"与义理、考据、经济、辞章"四科之目"的知识系统为基本框架，其特点是混而不分，还尤其推尊经学。傅斯年指出："中国学问向以造成人品为目的，不分科的；清代经学及史学正在有个专门的趋势时，桐城派遂用其村学究之脑袋叫道：'义理词章考据缺一不可！'学术既不专门，自不能发达。"[①] 钱穆也说过："中国古人并不曾把文学、史学、宗教、哲学各别分类独立起来，无［毋］宁是看重其相互关系，及其可相通合一处。因此中国人看学问，常认为其是一整体，多主张会通各方面而作为一种综合性的研究。"[②]

随着"西学东渐"的发生，以学术分科为特色的现代学术知识体系被引入中国，不仅区分了自然科学与社会科学，自然科学之下又细分为"声光电化"、理工农医，而人文社会科学则分成文史哲经法教等。19 世纪末 20 世纪初年，"五科分立""六斋之学""七科分学""八科分学"等方案纷纷提出，如陈虬在《治平通义》中将中西学术分为艺学、西学、国学、史学、古学等五科；1896 年翰林院侍讲秦绶章提出整顿旧式书院，分斋讲习经学、史学、掌故之学、舆地之学、算学、译学等六大门类；1902 年张百熙负责制定的《钦定京师大学堂章程》分立政治、文学、格致、农业、工艺、商务、医术等七大学科 30 个科目，学术分科日趋细化；1903 年张之洞等拟定并由清政府颁布的《奏定学堂章程》仿照日本模式主张办理分科大学，分

---

① 傅斯年：《改革高等教育中几个问题》，《傅斯年全集》第 5 卷，第 23 页。
② 钱穆：《中国学术通义》，九州出版社 2012 年，第 4 页。

经、文、政法、医、格致、农、工、商 8 科，每科之下设学门；民国初年，蔡元培在《大学改制之事实与理由》中提出"学、术分校"，即"大学专设文、理二科，其法、医、农、工、商五科，别为独立之大学"等。①

正是在学术分科日趋细化、现代各个学科纷纷建立的背景之下，现代图书馆学也应运而生。1894 年，现代意义上的"图书馆"一词在我国文献中出现，该词见于是年《教育世界》第 62 期《拟设简便图书馆说》一文。1910 年"图书馆学"一词首显于我国中文文献，是年谢荫昌（1877—1929）在《四川教育官报》发表《图书馆教育》的译文（原作者日本人户野周二郎），该文中有"教授图书馆学""图书馆学之与师范生实具有密切不可离之关系"等说法。同年，奉天图书发行所出版谢荫昌翻译的《图书馆教育》一书，1912 年《通俗教育研究录》第 4 期对此书作了专门介绍，称此书原作者户野周二郎"为日东研究图书馆学之经验家"②。1917 年 6 月 16 日，《交通日报》刊载了江中孜的《图书馆学序论》，也使用了"图书馆学"一词。1920 年 3 月，武昌文华大学创立了我国历史上第一个图书馆学专业——文华大学图书科。1923 年，我国出现了第一部现代意义上的概论性图书馆学著作，即由杨昭悊著、商务印书馆出版的《图书馆学》。1925 年，中华图书馆协会在上海成立，梁启超次年初刊发在协会会刊《图书馆学季刊》的"发刊词"提出了建设"中国图书馆学"的设想："图书馆学之原理、原则，虽各国所从同，然中国以文字自有特色故，以学术发展方面有特殊情形故，书籍之种类及编度方法，皆不能悉与他国从同。如何能应用公共之原则，斟酌损益，求美求便，成一'中国图书馆学'之系统，使全国图书馆之价值缘而增重，此国人所以努力者又一也。"③同样是在《图书馆学季刊》创刊号

① 参见罗志田《中国学术分科的演变》，《光明日报》2002 年 3 月 26 日；罗志田《西学冲击下近代中国学术分科的演变》，《社会科学研究》2003 年第 1 期；左玉河《从"经世之学"到"分科立学"——近代早期的学术分科观念及分科方案》，《北京科技大学学报》2001年第 1 期等。
② 平保兴：《关于三个图书馆学术史问题的商榷》，《大学图书馆学报》2013 年第 6 期。
③ 梁启超：《图书馆学季刊发刊词》，《图书馆学季刊》1926 年第 1 期。

上，刘国钧在"办刊宗旨"中呼吁"本新图书馆运动之原则，一方参酌欧美之成规，一方稽考我先民对于斯学之贡献，形成一种合乎中国国情之图书馆学"①。以上情况表明，无论从学科意识还是学科建设实践方面看，20世纪20年代图书馆学在中国正式诞生了。

与图书馆学在日趋细化、专门化的现代知识分科体系中取得了独立的学科地位形成对照，图书馆学在社会功能的定位上，却越来越凸显出其宽阔、公共性的一面，即它要认真研究图书馆如何集合知识资源、营造公共空间、推展读者服务、纳入公共文化体系。现代图书馆学在中国的建立，是与从"私有"性质的传统藏书楼到"公共"性质的现代图书馆的转变相伴而生、互为促进的。李大钊、杜定友、刘国钧等人纷纷指出了古代藏书楼与现代图书馆的区别。李大钊指出："古代图书馆和现在的性质完全不同，古代图书馆不过是藏书的地方，管理员不过是守书的人。他们不叫书籍损失，就算尽了他们的职务。现在图书馆是研究室，管理员不仅只保存书籍，还要使各种书籍发生很大的效用，所以含有教育的性质。"②杜定友指出："盖古之藏书者，皆以保存珍储为专责，故虽琳琅满架，不免藏石之讥。有消极的保全，而无积极的运用。与乎今之图书馆之意义，大相径庭。"③刘国钧将现代图书馆之特征概括为八项：公立、自由阅览、自由出入书库、儿童阅览部之特设、与学校协作、支部与巡回图书馆之设立、科学的管理、推广之运动。他指出："以书籍为公有而公用之，此近代图书馆学之精神，而亦近代图书馆之所以异于昔日之藏书楼者也。"④

正如图书馆学作为独立学科的建立，在很大程度上是"西学东渐"之背景下引入西方学术分科观念、现代知识分类体系的产物，从藏书楼到图书

---

① 刘国钧：《本刊宗旨及范围》，《图书馆学季刊》1926年第1期。
② 李大钊：《在北京高等师范学校图书馆二周年纪念会上的演说辞》，《李大钊文集》第3卷，河北教育出版社1999年版，第418页。
③ 杜定友：《图书馆通论》，上海商务印书馆1928年版，第38页。
④ 刘国均：《现时中文图书馆学书籍评》，《刘国钧图书馆学论文选集》，书目文献出版社1983年版，第18页。

馆的转变也是与晚清以来"西学东渐"之大潮的推动分不开的。沈祖荣指出："至清朝末叶，鉴于欧美图书事业，有促进教育文化普及之力，有启发人群智能之功，有潜移默化国家民族至优秀地步之作用，并收致富致强之实效，故人群维护其发展，若维护其自身生命然。于是我国人借鉴攻错，乃于教育革新之际，设法开放图书，从而各都市省会之现代图书馆，先后应运而生矣。"① 1904 年，我国第一个官办公共图书馆——湖南图书馆成立，此后至辛亥革命前夕，我国公私立新式图书馆已达 20 余个，到 1916 年北洋政府教育部公报公布全国共有图书馆 260 所。自此，西方图书馆制度已完整地引入中国，并取代了传统藏书楼。

　　与从"藏而不用"的藏书楼到"藏用并重"的图书馆转变相适应，刚刚萌生与建立的图书馆学也把重点放在了图书馆作为"公共"空间的"开放"特性、"共享"功能的探索上。中国图书馆学的拓荒者，把探讨图书馆与学校教育、图书馆与社会文化的关系，作为图书馆学功能定位的重要课题。凸现图书馆学的公共观念、社会功能，与中国传统学术的经世致用传统是一脉相承的。早在 1899 年，梁启超在《清议报》上刊载译文《论图书馆为开进文化一大机关》，详列近代图书馆对促进学术文化之八项功用：图书馆使现在学校受教育之青年学子，得补助其知识之利也；图书馆使凡青年志士，有不受学校教育者，得知识之利也；图书馆储藏宏富，学者欲查故事，得备参考之利也；图书馆有使阅览者，随意研究事物之利也；图书馆有使阅览者，于顷刻间，得查数事物之利也；图书馆凡使人皆得用贵重图书之利也；图书馆有使阅览书者得速知地球各国近况之利也；图书馆有不知不觉便养成人才之利也。② 李大钊强调，图书馆"为教育机关"，"和教育有密切的关系，和社会教育更有关系"，"想教育发展，一定要使全国人民不论何时何地都有研究学问的机会，换一句话说，就是使全国变成一个图书馆或研究

---

① 沈祖荣：《图书学大辞典序》，丁道凡编注《中国图书馆界先驱沈祖荣先生文集》，杭州大学出版社 1991 年版，第 230—231 页。

② 梁启超：《论图书馆为开进文化一大机关》，《清议报》1899 年 6 月 17 日，中华书局 2006 年影印版，第 1073—1078 页。

室。"① 戴志骞提出了图书馆与学校教育的"两半球论",他认为,"图书馆与学校犹文化之两半球也,缺其一则不成其为球矣","图书馆之设,由广义而言,其目的与办学校无异,目的唯何? 即使人民有机遇得最新之学识,藉以发展人民之知识,而因各种之利便,且得阐扬文化之本能","对于传播新知识及发展人民之知识,与其自动之能力,学校与图书馆二者,实有互相补充之功用焉。"② 此外,他还提出了图书馆为终身学校的思想。

草创时期的图书馆学人在定义"图书馆学"时,都注意将其作为一门独立学科的学术性、科学性与着眼于发展图书馆事业的教育化、社会化有机结合起来,兼顾了独立成科的学术价值与服务社会的应用价值。如杨昭悊对图书馆学的定义是"关于图书馆的理论和技术知识的总和"③。洪有丰提出:"图书馆对于图书,若何处理;对于览阅者,若何指导;以及一切事业,若何推广,若何改进。研究其原理,而应用适当之方法,此种学术,是谓之图书馆学。"④ 李景新则指出:"图书馆学是人类学问中的一部分,是以有系统的科学方法,专研究人类知识学问及一切动态的记载的产生、保存与应用,使它成为教育化、学术化、社会化的一种科学。简单地说,就是以科学的方法研究关于图书馆的一切事项的学问。"⑤

综上所述,"西学东渐"背景之下西方学术分科观念与图书馆作为"公共空间"观念的引入,对图书馆学作为现代学科的性质定位与功能定位产生了重要的影响,使科学性与社会性成为其学科定位的基础,不仅使图书馆学发展为现代学术体系中的一个独立学科,而且使如何发挥图书馆教育职能、公共文化服务职能与其他社会功能,成了现代图书馆学的核心课题。"科学的图书馆学"与"大众的(社会的)图书馆学"成了中国现代图书馆学的学

---

① 李大钊:《在北京高等师范学校图书馆二周年纪念会上的演说辞》,《李大钊文集》第 3 卷,河北教育出版社 1999 年版,第 419 页。
② 戴志骞:《图书馆与学校》,《教育丛刊》1923 年第 6 期。
③ 杨昭悊:《图书馆学》,商务印书馆 1923 年版,第 11 页。
④ 洪有丰:《图书馆组织与管理》,商务印书馆 1926 年版,第 2 页。
⑤ 李景新:《图书馆学能成为一门独立学科吗?》,《武昌文华图书馆学专科学校季刊》第 7 卷第 2 期(1936 年)。

科定位与功能定位的基础。

（二）学科理论：规模东瀛、取法泰西与致力本土化

梁启超在谈到现代学术时，发表过题为《学与术》的短文，指出："吾国向以学术二字相连属为一名辞……近世泰西学问大盛，学者始将学与术之分野，厘然画出，各勤厥职以前民用。试语其概要，则学也者，观察事物而发明其真理者也；术也者，取其发明之真理而致诸用者也。"① 他还批评了传统文化中将"学与术相混"及将"学与术相离"两种倾向。早期的图书馆学学人，在开创"中国图书馆学"学科体系时，非常重视处理"学与术"的关系，我国首部图书馆学专著——杨昭悊的《图书馆学》，就提出了"原理和应用"相结合的图书馆学体系。该书"序言"称写作目的是"使无论任何人一看就知道图书馆的原理和应用。它的内容先通论、后分科。学理、技术兼收并蓄"。该书提出图书馆学的范围可以分为两大部类：一类是纯正的图书馆学；一类是应用的图书馆学。纯正的图书馆学主要是说明图书馆的原理、原则或现有的事实；应用的图书馆学专为指导图书馆实施的方法。杜定友在1926年发表的《图书馆学的内容与方法》一文中，也指出图书馆学的内容与别的科学一样"有原理与实用两方面"。在"中国图书馆学"的草创阶段，无论是"观察事物而发明其真理者"的学理，还是"取其发明之真理而致诸用者"的方技，都借鉴了西方图书馆学的基本理论与方法技术，都客观上受益于近代以来"西学东渐"的历史进程。

先看对西方图书馆学学理的借鉴。清末民初以来，西方图书馆学理论的"东渐"、输入中国，大致经历了规模东瀛、取法泰西与致力本土化三个阶段：

1.清季与民国初年，主流是以日本为中介引入西方图书馆观念。对西方图书馆事业、图书馆学理念的大规模译介，始于1894—1895年发生的甲午中日战争。中方在甲午战争中的失败，使中国先进分子更从日本通过明治

---

① 梁启超：《学与术》，《饮冰室合集》第3册，文集之25（下），第11—12页。

维新摆脱西方殖民侵略、成为世界强国中得到了启示，朝野上下出现了"以日为师"的风潮，大批青年学子东渡扶桑求学，"种族文教咸同我"的近邻日本成为中国人学习西方现代文明的中介。康有为在其《日本书目志》中曾形象地比喻："泰西诸学之书，其精者日人已略译之矣。吾因其成功而用之，是吾以泰西为牛，日本为农夫，而吾坐而食之。"① 西方现代图书馆学观念引入中国，也经历了"以日本为媒介认识近代西方"的阶段。除了梁启超译文《论图书馆为开进文化一大机关》、谢荫昌译著《图书馆教育》，其他译自日文的译著、译文如：1901 年，《教育世界》杂志刊载的《关于幼稚园图书馆等及私立小学校规划》；1907 年，《教育世界》杂志刊载的《日本图书馆之增设》；1917 年，北京通俗教育研究会翻译了日本图书馆协会编写的《图书馆小识》；1918 年，上海医学书局又出版了顾实编纂的《图书馆指南》（主体实亦翻译于《图书馆小识》）一书；等。尤其是后两书，金敏甫曾这样评价："民国初年，各地图书馆次第设立，且多深知中国旧式管理，有改良之必要，惜无专书，无所依据，深感困难。民国六年，北京通俗研究会以日本图书馆协会之图书馆小识，译示国人，是为中国图书馆学术书籍之滥觞。次年，上海有顾实之图书馆指南出版顾氏之书，虽称编辑，实亦翻译了日本之图书馆小识。惟其译法与通俗教育研究会所译，微有不同，而首尾则添增二章，系由顾氏自撰。且每章之末，另附欧美情形，以为参考。此其异于原本者。总以上二书，实东洋图书馆学流入之代表作。而此时之一般办理图书馆者，亦莫不奉为上法，于是中国之图书馆，皆成为东洋式之图书馆，盖受此二书影响也。"② 刘国钧在《现时中文图书馆学书籍评》中也指出："清末始知图书馆为异于昔之藏书楼，始知图书馆为开通民智之具，于是次第置设于各地。然事属创始，率多简陋。其上者不过省立府立之藏书库。珍藏虽多，然皆藏之秘阁，阅览不易。其普通者乃为阅报所之流。当是时需要未宏，自无图书馆学之足言。其有一二注意及此者，又大半胎息于日本。盖当时朝章

① 康有为：《日本书目志·自序》，《康有为全集》第 3 卷，上海古籍出版社 1987 年版，第 167 页。
② 金敏甫：《中国图书馆学术史》，《国立中山大学图书馆周刊》第 2 卷第 2 期（1928 年）。

制度多步武东邻，图书馆事业，自莫能外。即在一九一七年，北京通俗图书馆尚译日本图书馆协会所编之《图书馆小识》以诏示国人。此可目为我国近代图书馆运动之第一时期，而顾氏之《图书馆指南》实可谓为此时期思想之代表也。"[1]

2. 大致在 1917 年后，直接从欧美引入图书馆学成为主流。新文化运动兴起后，留美学生相继回国，对西方国家图书馆学的引介由"向日本学习"转向"向美国学习"。"斯时自美习图书馆学归国者，亦相继以新图书馆运动号召于世。西洋图书馆之办法与理论，乃渐为国人所重视。"[2] 1917 年，就读于纽约州立图书馆学校的我国第一位留美学习图书馆学的沈祖荣（1884—1977）学成回国，回国后与余日章、胡庆生等人一道，在各省宣传图书馆，介绍美国图书馆事业，以引入美国式图书馆观念、创办美式图书馆事业为目标，大力推动"新图书馆运动"。1919 年戴志骞也从美国学成归来，次年暑期首先在北京高师举办图书馆讲习会，推介美国图书馆观念及方法，演讲内容后辑成《图书馆学术讲稿》，"戴氏所论大半，皆根据美国之办法，自是以还，美国式之图书馆概念，遂逐渐靡布全国，与民国初年步武日本之趋势对立"[3]。

值得注意的是，新文化运动的领导人也对欧美图书馆事业与图书馆学有着深刻影响，并有意识地倡导美国图书馆观念及方法，"新图书馆运动"实际上纳入了新文化运动并成为其重要组成部分，尤其是亚东图书馆、北京大学图书馆成了五四新文化运动的重要策源地与传播阵地。负责《新青年》发行的亚东图书馆的发展与陈独秀有密切关系。李大钊于 1921 年 12 月在《晨报》上发表了《美国图书馆之训练》一文，介绍了美国的 17 处图书馆学校，尤其是重点介绍了各校图书馆专业的课程设置。胡适是一位留美学生，留学期间虽不直接学习图书馆学，但一直留意观察美国各地的图书馆设施，并希望回国后倡导欧美式的公共图书馆。他在 1915 年 3 月 8 日的日记中拟

---

[1]　刘国钧：《现时中文图书馆学书籍评》，《图书馆学季刊》1926 年第 1 卷第 2 期。

[2]　刘国钧：《现时中文图书馆学书籍评》，《图书馆学季刊》1926 年第 1 卷第 2 期。

[3]　刘国钧：《现时中文图书馆学书籍评》，《图书馆学季刊》1926 年第 1 卷第 2 期。

定了"理想中之藏书楼"方案："吾归国后，每至一地，必提倡一公共藏书楼。在里则建绩溪阅书社，在外将建皖南藏书楼、安徽藏书楼。然后推而广之，乃提倡中华民国藏书楼，以比之英之 british museum，法之 bibliotheque Nationale，美之 library of Congress 亦，报国之一端也。"[1]

3. 大致在 1926 年后，主流为在融合中西的基础上致力于图书馆学的本土化，开始努力建设"中国的图书馆学"。"七八年来，图书馆学始则规模东瀛，继则进而取法于日本所追逐之美国。今则本新图书馆之原理，以解决中国特有问题之趋势已皎然可见。"[2] 在 1926 年初梁启超提出建设"中国图书馆学"、刘国钧提出"形成一种合乎中国国情之图书馆学"后，"以解决中国特有问题"为目标的图书馆学本土化取得了显著的成绩。兼采中西基础上的综合创新，取代"规模东瀛"与取法欧美，成为图书馆学发展的新趋势。1926 年 8 月，洪有丰（1892—1963）的《图书馆组织与管理》一书由商务印书馆出版，此书为国人自撰的首部图书馆学专著，被誉为"中国图书馆学之创始"。此后，杜定友的《图书馆学概论》（1927）、《图书馆学》（1932），沈学植的《图书馆学 ABC》（1928），刘国钧的《图书馆学要旨》（1934），俞爽迷的《图书馆学通论》（1936），马宗荣的《现代图书馆序论》（1928 年），程伯群的《比较图书馆学》（1935）等著作相继出版，表明适合我国国情、着眼于"解决中国特有问题"的"中国图书馆学"基础理论体系初步建立。这些著作提出了对图书馆学理论有着重要影响的思想，如刘国钧阐发的图书馆"四要素说（图书、人员、设备、方法）"，杜定友阐发的图书馆事业"三要素说（书、人、法）"等。

（三）学科应用：借鉴西方分类编目技术与管理方法

图书馆学是一门应用性、方法性很强的学科，我国第一代图书馆学人在开创该学科时，不仅重视借鉴西方图书馆学理论以奠定"中国图书馆学"

---

① 胡适：《留学日记》，《胡适全集》第 28 卷，安徽教育出版社 2003 年版，第 76 页。
② 刘国钧：《现时中文图书馆学书籍评》，《图书馆学季刊》1926 年第 1 卷第 2 期。

的科学性基础，还注意吸取西方图书馆学中的技术、方法运用于本土图书馆建设、图书馆事业的实践，形成中国特色图书馆工作的方法、技术。他们提出要结合中国国情，消化西方图书馆学的应用技术、管理方法、规制经验，创办"中国式的图书馆"，"中国式的图书馆，应有纯粹的中国色彩，合乎中国人情，合乎中国书刊出版物的字形与装帧式样。我们虽然取用了人家的科学管理方法，但应在具体工作上变为中国化的图书馆。如分类、编目、存储和使用设备等，都以代表中国文化的姿态，从图书馆里体现出来。"①

对西方图书分类法的借鉴。孙毓修于 1909—1910 年在《教育杂志》第 1、2 卷各期发表七章《图书馆》，分建置、购书、收藏、分类、编目、管理、借阅，其中刊载于第 2 卷第 8—11 期的"分类"一章介绍了《杜威十进分类法》（简称 DDC），称"美国纽约图书馆长 Melvil Dewey 所撰之十进分类法 Dceimal Classification 一书为主，今最通行之目录也"，还列举其 10 大类体系及总论、哲学、宗教等三大类所属的二级类目，并对二级类目所包括的内容加以评述。此后到 1949 年出现了 30 余篇（部）介绍、研究"杜威十进分类法"或在其基础上加以借鉴发展的论著②，如沈祖荣、胡庆生的《仿杜威书目十类法》（文华公书林 1917 年初版，1922 年再版），杜定友编制的《世界图书分类法》（1922 年发表，1925 年改名为《图书分类法》，1935 年改名为《杜氏图书分类法》），朱家治的《杜威及其十进制分类法》（《图书馆学季刊》1926 年第 1 卷第 2 期），李毓麟的《杜威图书分类表》（《山东图书馆季刊》1931 年第 1 卷第 1 期）等。除了《杜威十进分类法》，其他西方图书分类法也被介绍进来，如有洪有丰的《克特及其展开分类法》（《图书馆学季刊》第 1 卷第 3 期）等 10 余篇（部）论著介绍、研究了展开分类法（简称 EC），有严文郁的《美国国会图书馆及其分类法》（《图书馆学季刊》第 3 卷第 4 期）等 20 余篇（部）论著介绍、研究了《美国国会图书馆分类法》（简称 LCC）。此外，还有一些论著综合介绍、研究了西方各种图书分类法，

① 沈祖荣：《我国图书馆事业之改进》，丁道凡主编《中国图书馆界先驱沈祖荣先生文集》，杭州大学出版社 1991 年版，第 181 页。
② 俞君立、黄葵：《中国百年文献分类学名著研究》，《高校图书馆工作》2001 年第 6 期。

或对中西分类理论进行了比较。

对西方图书馆管理法的借鉴。李大钊主张学习欧美图书馆的经验,实行"开架式"、增加复本等办法,"现在欧美各国为节省无谓的手续和虚费的时间,并且给阅览的人一种选择的便利,所以多主张开架式……开架式所得的利益比损失大得多","图书馆就是研究室,阅览的能随时翻阅才好"。①戴志骞在学习西方图书馆管理理念与方法的基础上,提出了"普通图书馆管理法六要素":切不可设在偏僻交通不便之处;虽不必有极华丽之屋宇,然终要整齐、清洁、干燥、空气流通、光线充足之所;若限于款项,所购书籍不必出重价购善本珍稀之书籍,应先购有实用而多参考资料之书籍;所购之书籍,应详细分类编目,以便检查,以省阅者宝贵之时光,以免书籍陈列架上终无与阅览者;开门借书时刻,应日夜、星期、假日皆不闭馆,为利便人民起见;馆长之对于书籍,切不可有守财奴对于金钱之观念,应想各种方法,使人民多用书籍杂志,而少窖藏书籍,须具商铺掌柜之资格,望每日皆有主顾,愈多愈善,切不可具局长之威严,有"图书馆重地,闲人莫入"之牌示。②杨昭悊的《图书馆学》一书"十分之八九"是参考了西方、日本各家图书馆学家的著作,其中以很大篇幅介绍了图书馆的经营法、组织法和管理法。杜定友在《图书馆学的内容和方法》(1926)一文中提出要研究欧美图书馆管理方法,指出图书馆学,中国虽是有了数千年,毕竟和外国的望尘莫及。他们的方法,都是很经济、很有效率的。我们不得不采人之长,补我之短。

对西方图书馆人才培养的借鉴。如 1920 年由沈祖荣、胡庆生与美国图书馆学家、教育学家韦棣华女士创办的武昌文华大学图书科,就仿照美国图书馆学专家杜威创办的美国纽约州立图书馆学校的制度,课程设置也参照了美国图书馆专业的模式。

可见,无论是学科基本理论层面,还是学科应用层面,中国图书馆学

---

① 李大钊:《在北京高等师范学校图书馆二周年纪念会上的演说辞》,《李大钊文集》第 3 卷,第 418—419 页。
② 戴志骞:《图书馆学术讲稿》,《教育丛刊》第 3 卷第 6 期 (1923 年)。

的创立都是经过了从借鉴西方（包括以日本为中介）到实现本土化这么一条路径。图书馆学是如此，其他学科也一样。"西学东渐"对各学科的开创都发挥了不可替代的重要作用，但现代学术发展又不能照搬西学，而必须与传统学术、中国国情有机结合并着眼于解决"中国问题"，因此，本土化与世界化的有机结合成了现代学术发展的必然归途。

二、中国现代历史学的建立

晚清民国时期，是我国史学史上一个重要的、崭新的发展阶段，它完成了从传统史学向现代史学的过渡。近代史学发展有三条主线：一是传统旧史学的没落。民国初年，封建主义史学有所回潮，随着尊孔复古思潮的兴起，一些守旧文人坚持按封建正统观念和旧史法纂修史书，其典型是《清史稿》的编修。封建史学受到了新文化阵营的批判。二是资产阶级史学的发展。资产阶级新史学继续抨击封建旧史学，积极介绍西方资产阶级的历史哲学、历史研究法，并在思想文化史、清史、外交史等领域的研究和历史资料（包括文物、古文字）的搜集、整理方面做出了成绩，出现了"古史辨"派、考据学派、"史料学派"等有重大影响的史学流派。三是马克思主义史学的形成和发展。这是五四运动后中国史学发展的主线，以李大钊、郭沫若、范文澜、吕振羽、翦伯赞、侯外庐等为代表的马克思主义史学工作者，辛勤开拓，不懈求索，在史学理论、中国古代史、中国近代史、中国思想史、通史撰著、考古学等领域取得了累累硕果，实现了中国历史学的一次重大变革。

从整个民国人文社会科学的发展来看，史学也是其中最见"实绩"、成就最为突出的一门。

（一）传统史学的余绪

民国初年，政治复辟势力为配合帝制复辟活动，在思想文化界掀起了一场以尊孔读经为内容的复古逆流，与"孔教会"一班人、林纾、辜鸿铭等守旧文人的保守言论互相呼应。这股复古主义思潮影响到了历史学，其表现就是一批清朝遗老、旧文人刊行了各种用旧史观、旧史法纂修的史书。

1.《清史稿》的编修

1914年，袁世凯政府按照历代修史的惯例，设立清史馆编纂清史，其用意还在于笼络清朝遗老，以文事饰治。清史馆以前清东三省总督赵尔巽任馆长（初名总裁），参加编修的有柯劭忞、缪荃孙、吴廷燮、王树枏、朱师辙等一百余人。这些人大多是清室遗老，在政治上反对共和，主张复辟，他们修史的宗旨是"修史以报故君"，借修史表达对前朝的忠心，史学观念陈旧。在体例上，他们商议怎样编纂，多数参加者同意采取《明史》体裁，沿用传统的纪传体。1927年，初稿写成，尚未综核，馆长赵尔巽虑及时局多变，又自感年已垂暮，急于刊行，定名为《清史稿》，交金梁等印行。金梁在办理刊印时，乘史馆诸人无暇顾及之机，擅将部分文稿增改，并作《清史稿校刻记》，印成后即运往东北400部，是所谓"关外本"。后来，原史馆之人发现金梁偷改了史稿，乃将金梁窃改的部分抽换，并把金梁私作的《校刻记》及增入的康有为、张勋列传抽出，是为"关内本"。

《清史稿》承袭旧史学的正史系统，分本纪12（25卷）、志16（142卷）、表10（53卷）、列传18（316卷），共536卷，起自明神宗万历四十四年（1616）努尔哈赤在赫图阿拉建都称汗，下迄1911年辛亥革命推翻清朝。与传统的正史体例相比，《清史稿》有所变通，新立了《交通志》《邦交志》2志，《畴人传》《藩部传》《属国传》3传，《诸臣封爵表》《大学士表》《军机大臣表》《部院大臣表》《疆臣表》《藩部表》等6表，反映了部分社会新现象。

由于纂修者多为清朝遗老，《清史稿》宣扬了封建正统观念，站在清统治阶级的立场，对清王朝大加赞颂，对清代诸帝歌功颂德，对清统治者的暴政劣迹曲意隐讳，而对反清者则竭力贬低、否定，诬称明末反清义士为"土贼"，太平天国起义为"寇""粤匪"，辛亥革命为"革命党倡乱""兵匪构变"，徐锡麟等英勇就义为"伏诛"。《清史稿》还为卒于民国的清室遗臣立传，以表彰其"不忘故君"之忠，记民国事皆用干支或曰"越若干年"而不认民国正朔，还把溥仪于逊位后所颁"谥典"书于遗臣的列传中，表明了编史者敌视民国、鼓励复辟的反动立场。

《清史稿》是在北伐战争节节胜利、北洋军阀行将灭亡的形势下仓促付印的，缺乏总阅审定，故体例不一，纪、传、表、志不相配合，重复、疏漏甚多；内容也繁简失当，且与目录、序例互相抵牾，史实错讹不少。由于《清史稿》在体例、思想、技术诸方面都存在严重的问题，曾于 1930 年 2 月被南京国民政府下令查禁，后不了了之。尽管如此，《清史稿》并非一无所长，它汇集了大量的资料，经过整理排比，为读者提供了比较详细的有关清代史事的素材。

2. 传统史学的其他成果

民国初年的史学园地里，除编修《清史稿》外，还有其他大量的旧史类著作问世。较重要的有：

《新元史》。明代初年所修的《元史》纰漏甚多，当时人就有所不满。从明初到清末，有许多学者致力于元史研究，并取得了丰硕成果。柯劭忞于 1920 年修成《新元史》，集明代以来元史研究之大成。该书由当时的北洋政府总统徐世昌作序，明令公布，列为正史。全书 257 卷，包括本纪 16（26 卷）、表 5（7 卷）、志 13（70 卷）、列传 17（154 卷）。《新元史》继承了明清两代学者元史研究的成果，并吸收了民国研究蒙古史的见解，纠正了旧《元史》严重缺漏史实，详略失当和重复立传等问题，补充了元世祖以前的蒙古史事，增写了许多有价值的列传，编制体例更为整齐。但柯劭忞史观陈旧，编纂体例仍依正史，采用新资料未注明出处，书首未叙义例，未补《艺文志》，存有许多缺点。

《清史纪事本末》，黄鸿寿撰，初版于 1915 年。全书 80 卷，每卷立一标题，搜集史料，按年月编排，说明其始末。从满族兴起（明神宗万历十一年）叙述到清宣统退位，把有清一代的史事作了一番概括。该书取材主要依据《东华录》，并汇参其他各书。编者于短期内草草完成，取材、叙事、史料每有不当者。

《清续文献通考》，清代所修"清三通"迄于 1785 年（乾隆五十年）。1785 年以后的典章制度变化较多，初无专书记载，读者视为憾事。刘锦藻于 1894 年着手编撰，历时 28 年，1921 年完成《清续文献通考》，起自 1786 年，下至 1911 年清朝灭亡，把 126 年间的清代典章制度荟萃于一编，此书合前人所修"清三通"，使清全一代典章制度灿然大备。全书 400 卷，立有 30 考和 136 细目。其中，《外交》《邮传》《实业》《宪政》4 考是新增的，其他各考的子目也多有新意，如《征榷考》增加了"厘金""洋药"；《国用考》增加了"银行""国运"；《四商考》不仅列举边邻诸国，还涉及远隔重洋的英、美、法、意、德等国，比较合理地反映了清朝后期的社会变化。

《清儒学案》撰者署名徐世昌，实为徐的门客代作，主要执笔人吴廷燮。全书 208 卷，于 1938 年正式刊行。《清儒学案》吸取了以往的清代学术史著作如江藩的《汉学师承记》《宋学渊源记》和唐鉴的《学案小识》等书的成果，沿袭旧学案体例，将清代各学派学者网罗殆尽。全书列入正案者 179 人，附案者 922 人，诸儒案者 68 人，共 1169 人，较为全面系统地整理了清代的学术史资料。

《碑传集补》。清道光年间，钱仪吉编有《碑传集》，收自清初至嘉庆朝共 2010 人。宣统年间，缪荃孙辑《续碑传集》，收道光至光绪共 1099 人。清末人物未有碑传，民国以来死者，子孙本于传统习惯，请文人作传，当有搜集的必要。闵尔昌编辑《碑传集补》60 卷，又卷末 1 卷，以清末人物为主，并补前两集之未见者，共 834 人，于 1932 年付印。

《清季外交史料》。清末王彦威充军机章京时，利用在方略馆值宿的机会抄录外交档案，为编辑本书积累了材料。其子王亮继续搜集王彦威死后至清王朝结束的外交文书，编成此书，于 1932—1935 年出版。全书包括《清光绪朝外交史料》218 卷又卷首 1 卷，《清宣统朝外交史料》24 卷，《西巡大事记》11 卷又卷首 1 卷，《清季外交史料索引》12 卷又《条约一览表》1 卷，《清季外交年鉴》4 卷又《约章分类表》1 卷，共 273 卷；此外尚有《边疆划界图》《中日战争图》等共 6 种。体例依照《筹办夷务始末》，所收文件限于上谕、奏折，以及少数进呈皇帝阅看的条约、照会等，文件有标题，按年月日排列。此书正好上续道光、咸丰、同治三朝《筹办夷务始末》，补上了光绪、宣统两朝外交史料的空白。

《清鉴》，印鸾章撰，全书 16 卷，沿袭传统纲鉴体例，分纲、目两种，以年为经，以事为纬，叙述自清太祖开国（1583）至宣统退位（1911）共300余年的清代兴衰史迹。此外，还有徐世昌的《大清畿辅列女传》、张尔田的《史微》、孙德谦的《太史公书义法》、屠寄的《蒙兀儿史记》等。这些旧史的史观、体例都比较守旧，这类著作一时大量问世，适应了当时鼓噪复古的政治气氛，是复古主义思潮的组成部分。但不可否认，这些著作在继承和总结前人成果，搜集和增补历史资料，考证和纠正前人错误方面，有一定的参考价值。不妨说，旧史的大量问世，是封建旧史学的回光返照。

（二）资产阶级新史学的发展

20 世纪初崛起的资产阶级新史学，在民国时期获得了较大的发展。它在继续批判封建史学、探讨史学方法论、建设史学理论体系及运用新理论、新方法进行历史研究等方面，取得了一些成就，并逐步建立起了较为坚实的基础。它与马克思主义史学的关系是既有对立又有联合，在展开对封建主义旧史学的斗争方面是马克思主义史学的同盟军，但其历史观与马克思主义唯物史观是对立的，两者的方法也有区别，因而在史论上常有冲突。随着形势发展，资产阶级史学队伍发生了分化，一部分资产阶级右翼成为拥蒋反共的御用文人，挑起了长达 10 年（1927—1937）的社会史问题大论战，并最终充当了蒋家王朝的殉葬者；一部分爱国学者，通过斗争和学习，逐渐熟悉并接受唯物史观，开始实现向马克思主义方面的转化；一部分正直的资产阶级学者专心致志于史学研究，继续辛勤开拓和耕耘。

1.历史理论和史学方法的探索

尽管梁启超在 20 世纪初就提出并初步论证了中国资产阶级"新史学"理论，但直至五四运动前，近代历史哲学、历史研究法仍未建立独立的学科体系。这种情况在五四运动后有所改观。资产阶级史学家一方面从西方输入欧美资产阶级的史学理论和方法，另一方面稍加批判地继承传统的史学文化遗产，并努力使二者融会贯通，努力建设中国的资产阶级史学理论体系。

20 年代，西方资产阶级史学理论纷纷涌入。当时出版了多种有关西方史学理论和方法的译著，比较重要的有瑟诺博司（C.Seighobos）的《史学原论》，向达译美国班兹（Barmes）的《史学》，张宗文译法国瑟诺博司的《应用于社会科学上之历史研究法》，薛澄清译美国弗林（F.M.Fling）的《历史方法概论》等。

西方史学理论的输入，对中国的史学家探讨历史哲学、历史方法论，起了促进作用。在此基础上，史学家写出了一批有关史学原理、史学方法的专著，如梁启超的《中国历史研究法》及其补编和《历史统计法》，李泰棻的《史学研究法大纲》，杨鸿烈的《史地新论》，朱谦之的《历史哲学》，何炳松的《历史研究法》和《通史新义》，罗元鲲的《史学研究》，卢绍稷的《史学概要》等。当时，各地有条件的文科大学史学系或史地系，陆续开设了史学导论、历史哲学、历史研究法等课程，如北京大学朱希祖主持的史学系，就请李大钊讲"唯物史观研究""史学思想史"和"史学要论"，还请何炳松以鲁滨逊《新史学》为课本讲授史学原理和历史研究法。

20 年代探索中国资产阶级史学理论的主要代表人物是梁启超和胡适。

梁启超在"新史学"理论的基础上继续探索，比较系统地阐述了资产阶级史学理论和方法。他的后期史观深受李凯尔特的新康德主义唯心史观影响，开始怀疑历史发展的规律性。他改变了早期的史学探求人类历史进化发展的"公理"和"公例"的看法，认为很难找出具有规律性的"公理"。他指出，"历史为人类心力所造成，而人类心力之功，亦极自由而不可方物，心力既非物理的或数理的因果律所能支配……今必强悬此律以驭历史，其道将有时而穷，故曰不可能"①。此时，他还只是强调历史因果律与自然因果律不同。而在《研究文化史的几个重要问题》一文中，他干脆否定了历史受因果律或自然法则的支配。由于否认了历史发展的规律性，他对自己所主张的历史进化观点也产生了动摇，他把进化仅限于"人类平等及人类一体的观念"的前进及"文化共业"的积累两个方面，而认为其余只好编在"一治一乱"的循环圈内。这种对进化论及因果律的怀疑，与其前期主张以社会进化

① 梁启超：《中国历史研究法》，《饮冰室合集》第 10 册，中华书局 1989 年版，专集之 73，第 111 页。

史观为指导探求历史发展的公理、公例相比，无疑是一大变化。梁启超史观的前后变化，与第一次世界大战后国内外思想界盛行的相对主义、反科学主义思潮是分不开的。

梁启超继续论述了改造旧史学、建立新史学的问题。他指出近期史学发展有两大趋势：一是客观资料的整理，表现在对史料重新估价，如以往不认为是史料的，现在则归为史料，以往认为是史料的，现在则重加鉴别，被弃置散佚的史迹，须通过各种渠道"钩稽"出来；二是主观观念的革新，从"一人一家之谱录"的狭隘范围中解脱出来，成为社会的史学。他提出了改造史学的基本主张：史书应供一般民众阅读，而不是仅供帝王、人臣和少数学者阅读，作史不是只为藏诸秘府、名山，而要为"国民""民族"服务；把以死人为本位的史学改造为以生人为本位的史学；重新规定史学范围，以收缩为扩充；史实要忠实于客观，不能为了"明道""经世""为亲贤讳"而强史就我，颠倒事实；既要取资于旧史又要对旧史重新估价，对史迹多作搜补考证的工作；要全面再现历史，不能孤立地叙述史事，要说明历史背景，推论事实与事实之间的关系；区分一般史和专门史。他认为建立新史学必须具备史德、史学、史识、史才四方面条件。史德除过去讲的心术端正，最重要的是要忠实于事实，持论客观；史学即善于挖掘、搜集材料，"贵专精不贵杂博"；史识主要指史家的观察力，包括由全部到局部，由局部到全部两种能力，还要注意"不要为因袭传统的思想所蔽""不要为自己的成见所蔽"两种精神；史才是指"作史的技术"，即文章的构造、文采等。

梁启超重视研究和编著历史的方法。他认为史料是史学研究的基本细胞，提出要以科学的方法搜集、鉴别、整理史料。他在《中国历史研究法（补编）》中，提出了钩沉法、正误法、新注意法、搜集排比法、联络法等5种整理史料的方法。对于史料的挖掘整理须解决的一个重要问题是判断真伪，梁启超在《古书真伪及其年代》中对此作了论述。在史学研究的方法上，他主张中西兼采，认为可以把中国传统的辨伪、考据等与西方近代的归纳法、演绎法综合运用。还主张史学研究借鉴其他学科包括自然科学的方法，如认为统计学可以运用于史学研究，自然科学中的"假设"也可以运用于史学研究。梁启超还提出了编著中国通史和中国文化史的设想，对专史、史学史、方志学等也做过一些论述。梁启超为资产阶级史学理论和方法的基本形成作出了重要的贡献。

胡适继承了我国历史上宋儒的怀疑精神和乾嘉学者的考据手段，吸收了赫胥黎的进化论、存疑主义思想和杜威的实用主义，形成了他的历史哲学和史学方法论。他从实验主义的立场出发任意解释历史，把历史的发展看成是偶然因素的凑合，就像一个百依百顺、任人涂抹打扮的女孩子。他反对把经济基础作为"最后之因"，提出"思想""知识"都可以支配人生观，都是社会历史变动的原因。他主张点滴改良而反对"根本解决"，反对马克思主义的阶级斗争学说。

胡适在《实验主义》《清代学者的治学方法》《治学的方法与材料》等文中，论述了"大胆假设，小心求证"的实证主义方法论。他把这一方法分为疑难产生、指出疑点、假定、假定试用、证明5个步骤。指出，对于习惯传下来的习俗，古代传下来的圣贤教训，社会上糊涂公认的行为与信仰都可进行怀疑，都可以提出疑点，可以进行大胆的"假设"，这种假设又必须与严密的"求证"结合起来。他尤其提倡疑经、疑古。主张对儒家经典持"质疑""纠谬"的态度，而不可无条件地迷信、盲信"六经"。认为中国上古史凡是缺乏可信资料的，都可以先放过。1921年，他给顾颉刚的信中说："大概我的古史观是：现在先把古史缩短二三千年，从《诗》三百篇做起，将来等到金石学、考古学发达上了科学轨道以后，然后用地底下掘出的史料，慢慢地拉长东周以前的古史。至于东周以下的史料，亦须严密评判。'宁疑古而失之，不可信古而失之'。"[①] 胡适倡导的实证主义方法论，直接促进了古史辨派的形成，对提倡信古、尚古的封建史学是一大冲击。

30年代以后，许多学者继续在史学理论方面进行探索。1933年，朱谦之出版了《历史哲学纲要》。1945年，吕思勉出版了《历史研究法》。此书谈到要重视"马克思以经济为社会的基础之说"，表明了他对唯物史观有了

---

① 胡适：《自述古史观书》，《古史辨》第1册，上海古籍出版社1982年版，第22—23页。

一定的信仰。一些史学家还开始反思史学本身的发展过程，探索和总结史学发展的规律，撰写了10多种关于中国史学发展史的论著。金毓黻、魏应祺各撰有一部《中国史学史》，两书均在1944年出版；周谷城撰《中国史学之进化》；朱希祖撰《中国史学通论》；顾颉刚撰《当代中国史学》。这些著作是我国学者运用新的观点和方法论述中国史学发展的第一批专著，它的出现标志着史学家主体意识的增强。

2."古史辨"派的疑古考信

20年代，在五四新文化运动反对迷信、疑古疑经、提倡实证主义的思潮影响下，在资产阶级新史学的阵营内，崛起了一个"古史辨"学派，代表人物是顾颉刚。顾颉刚（1893—1980），江苏苏州人，近代著名史学家。他远承郑樵、姚际恒、崔述等疑古惑经的传统，近受章太炎"六经皆史"的思想、康有为"上古事茫昧无稽"的思想及胡适讲哲学史"丢开唐虞夏商"的影响，形成了怀疑古史、怀疑古书的观念。1923年5月，顾颉刚把他写给钱玄同讨论古史的一封信题以《与钱玄同先生论古史书》，发表在《努力》周刊副刊《读书杂志》第9期上，文中提出了"层累地造成的中国古史"观。认为"时代愈后，传说的古史期愈长"，如周代人心目中最早的人是禹，到孔子时才有尧、舜，到战国时有黄帝、神农，秦有三皇，汉以后才有盘古。"时代愈后，传说中的中心人物愈放愈大"，如舜在孔子时只是一个无为而治的圣君，到《尧典》就成了一个家齐而后国治的圣人，到孟子时更成了孝子的模范了。"我们在这上，即不能知道某一事件的真确状况，但可以知道那件事在传说中的最早的状况"，如我们不知道东周时的东周史，但可以知道战国时的东周史；我们不能知道夏、商时的夏、商史，但可以知道东周时的夏商史。他通过这些古史观点说明诸如"盘古开天""三皇五帝"等概念构成的古史不可信，有些是后人依据某些需要编造的。顾颉刚在剖析古史之伪的同时，实际上也对"六经"的某些内容提出了质疑，因为他所否定的内容都是"六经"中记载的。

顾颉刚的文章发表后，得到了钱玄同、胡适、傅斯年、周予同、罗根泽等的支持，这批史学家被称作"古史辨"派或疑古派。钱玄同称顾颉刚的意见为"精当绝伦"，希望继续运用疑古辨伪的方法，对古史"常常考查，多多发明，廓清云雾，斩尽葛藤，使后来学子不致再被一切伪史所蒙"①。胡适认为顾颉刚的古史观点"是今日史学界的一大贡献"，他针对当时有人认为否认古史会影响人心的看法，指出："不信盘古，不信三皇五帝，并不会因此使人心变坏。"② 他们共同发扬疑古精神，以"辨伪""考信"为职志，对古书、古事进行考辨，指出历代相传的"三皇五帝"的古史系统值得怀疑，这对促进人们的思想解放，批判封建复古主义、使史学摆脱经学的束缚而形成独立的学科，有重要意义。"古史辨"派的疑古主张，遭到了守旧的信古派学者的激烈反对。刘掞藜首先在《读书杂志》第 11 期发表《读顾颉刚君〈与钱玄同先生论古史书〉的疑问》，继而又发表了《讨论古史再质顾先生》等文章。胡堇人、柳诒徵也发表了《读顾颉刚先生论古史书以后》《论以说文证史必先知说文之谊例》等质难文章，指责顾颉刚、钱玄同等"牵强附会""妄下断语"，讥刺他们"失于肤浅""疏于读书"。顾颉刚等进行了答辩，并进一步论述了自己对古史研究的观点。于是，在史学界展开了一场古史论战。1926 年，顾颉刚把这次辩论古史的论文和信函汇集成《古史辨》第 1 册，后来，至 1941 年，连同第 1 册共编成 7 册。第 1 册经书辨伪，第 2 册上编讨论古史，中编讨论孔子和儒家，下编是别人对《古史辨》第 1 册的评论。第 3 册主要研究《易》与《诗经》，打破《周易》中伏羲、神农的古圣地位，认为它是卜筮书，又将《诗经》还原其乐歌面貌。第 4 册主要讨论诸子。第 5 册讨论汉代今古经文问题。第 6 册讨论先秦诸子与老子。第 7 册是对十余年来《古史辨》活动的总结。《古史辨》在以经证史，探究古经籍的历史价值，整理、考证史料方面作出了成绩。

顾颉刚在回答刘、胡的质难时，提出要推翻旧的古史系统，推翻非信史，需要打破四个旧观念：打破民族出于一统的观念，就是不能单纯信任古书中的一统观念，而必须由将来地质学和人类学的发明来证实；打破地域向

---

① 钱玄同：《答顾颉刚先生书》，《古史辨》第 1 册，第 67 页。
② 胡适：《古史讨论的读后感》，《古史辨》第 1 册，第 193 页。

来一统的观念，如以往古史称黄帝时就是一统是不可靠的，中国的统一始于秦；打破古史人化的观念，以往古史多是神话，春秋以后又将古神人化更是多一层作伪；打破古代为黄金世界的观念，古神被人化后，古代就被描绘成黄金世界，好像越古越快乐，因此要揭开这种欺骗。[①] 可见，古史论战实质上反映出新旧历史观在古史研究中的对立和分歧。

3. 新考据派的成就

20 世纪 30 年代，随着甲骨文、金文、汉晋简牍、敦煌石室典籍、内阁大库、军机处档案等新史料的发现，以王国维、陈寅恪、陈垣为代表的史学家，利用新的历史考据方法对这些史料进行整理和研究，取得了令世人瞩目的丰硕成果。新考据派在继承乾嘉考据学的基础上，吸收了西方实证主义方法论，将两者有机结合起来，并运用于历史研究，其论学大旨为：取地下之实物与纸上之遗书互相辨证；取异族之故书与吾国之旧籍互相补证；取外来之观念与固有之材料互相参证。从"古史辨"派的疑古批判到新考据学派的考古建设，是五四后史学的重要发展。

新考据学派影响最大者为王国维。王国维（1877—1927），浙江海宁人。他创造性地运用了将地下出土的甲骨文、金文资料与文前记载相互印证的历史考证方法，并称之为"二重证据法"。他在《古史新证》总论里说："吾辈生于今日，幸得纸上之材料外，更得地下之新材料，由此种材料，吾辈固得据以补正纸上之材料，亦得证明古书之某部分全为实录，即百家不雅驯之言，亦不无表示一面之事实。此二重证据法，惟在今日始得为之。"二重证据法强调地下材料的证史价值，把地下材料提高到与文献并重的地位，对传统的以文献考证文献的研究方法是一大突破。

王国维运用二重证据法，进行古史新证，取得了古史研究的重大成就。他根据考古出土器物、甲骨卜辞与文献材料互证，写成《殷卜辞中所见先公先王考》和《续考》，得出卜辞中所见殷王室的世系与《史记·殷本纪》所

---

① 顾颉刚：《答刘胡两先生书》，《读书杂志》第 11 期，1923 年 7 月 1 日。收入《古史辨》第 1 册。

载商代帝王世系基本相同，进一步证实了《史记》的史料价值，把中国的信史至少推到了商代。他进而根据甲骨金文，参照经传等古籍，作《殷周制度论》等文，论证了殷周之际的制度变革，如殷代无嫡庶之制一变而为周代的立子嫡之制，对周代的宗法、丧服等制度作了缜密的研究，肯定周制优于殷制。他结合汉晋木简和史籍，考证了秦汉郡县，写成《秦郡考》《汉郡考》等文，并在与罗振玉合编的《流沙坠简》中考证了古长城、玉门关、古楼兰等古址。他利用敦煌文书等资料，考证了唐代职官制度、唐代户籍及均田制等。他还考订旧有史料，撰写了《鞑靼考》《鞑靼事略考》等蒙元史论文。总之，王国维把实物与史书结合起来，把地下的材料与纸上的文献结合起来，以实证史，以史考实，在中国古代史料的训诂考据和古代史的研究上，作出了卓越的贡献，是中国近代史学的主要代表之一。

陈寅恪（1890—1969），江西修水人，近代著名史学家。他很注重王国维的治学方法，并深受王的影响。他治学严谨，不仅长于校勘版本、鉴别材料、考订事实，更重视在考证出史实的真伪与是非后，对史实作出综合分析，即着眼于许多事物的联系中看某一事物是否存在、发生及发展变化的情况。他力求在完备、真实的材料的基础上得出比较合理的结论。他利用诗、小说、小品等文学作品证史，另辟了新的治史途径，后来出版的《元白诗笺证稿》《柳如是别传》就是以诗文证史的代表作。他还利用域外文字证史，如通过比勘互校《蒙古源流》的蒙文本及满文译本等，发现这本书的基本思想和体裁来自元帝师八思巴为忽必烈长子真金所作的《彰所知论》，论证关于蒙古族起源由西藏而上续印度的说法是不可信的。1940年，他写成《隋唐制度渊源略论稿》（1944年出版），论述了从汉魏到隋唐某些制度的演变，指出隋唐制度主要渊源于北魏、北齐外，还来自梁、陈，来自西魏、北周。1941年，他又完成了《唐代政治史述论稿》（1943年出版），以大量史料分篇论述了唐代统治集团的形成与贵族集团的升降过程，并论述了唐代衰亡的原因。他对魏晋南北朝史也有精深研究，曾编《魏晋南北朝史参考资料》和讲授有关专题，他在1947年至1948年的讲授内容被编成《陈寅恪魏晋南北朝史讲演录》。

陈垣（1880—1971），广东新会人，近代中国卓有成就的史学家。他的主要贡献在中国宗教史、元史和历史文献学等方面。宗教史方面的著作有《元也里可温教考》（1917），被称为"古教四考"的《记大同武州山石窟寺》《开封一赐乐业教考》《火祆教入中国考》和《摩尼教入中国教》（撰写于1918—1923），被称为"宗教三书"的《明季滇黔佛教考》《南宋初河北新道教考》《清初僧净记》（撰写于抗战时期），及《回回教入中国史略》《中国佛教史籍概论》《释氏疑年录》等著述。元史研究方面，撰写了《元西域人华化考》，校勘了《元典章》并写成《沈刻元典章校补》和《元典章校补释例》两书，胡适在为后一书所写的序言中称陈垣校《元典章》"是中国校勘学的第一伟大工作"。历史文献学方面，陈垣在目录学、史源学、校勘学、避讳学、年代学都有造诣，著有《二十史朔闰表》《中西回史日历》《校勘学释例》等。他写于1943—1945年的《通鉴胡注表微》共20篇，前10篇言史法，后10篇言史事，前10篇反映了他在校勘、辑佚、目录、避讳等历史文献学领域内的成就。陈垣治史讲究类例，即在一个专题下搜集许多资料，区分类别，找出一定范围内的通例，然后组织成文。这一方法给他带来了成功，但也有其局限性，仅平列一些事例难以考察历史发展的动态过程。

新考据学派当中，王国维等倡导的新历史考据方法，取得了较大的成功，这一方法被不少史学家所普遍接受。

4."史料学派"的崛起

"史料学派"是20世纪20年代末30年代初在我国史学界兴起的一个史学流派，因其主张"史学本是史料学"，故有人称之为史料学派；又由于其提倡"以自然科学看待历史语言之学"，故有人称之为"科学派"；还因为他们主张历史学就是搜求史事，又有人称之为"史事搜求派"。这个学派的主要代表是傅斯年（1896—1950），字孟真，山东聊城人，其中心是他领导下的"中央研究院"历史语言研究所。

1928年，中央研究院成立，院长蔡元培委托傅斯年等筹备建立中央研究院历史语言研究所，同年10月，史语所正式成立，傅斯年任所长。傅斯年在1928年年度报告中说："中央研究院设置之意义，本为发达近代科学，非为提倡所谓固有学术。故如以历史语言之学承固有之遗训，不欲新其工具，益其观念，以成与各自然科学同列之事业，即不应于中央研究院中设置历史语言研究所，使之与天文、地质、物理、化学等同伦。今者决意设置，正以自然科学看待历史语言之学。"即认为历史语言之学应像自然科学一样搜求材料、处置材料，"扩充材料，扩充工具，以工具之施用，成材料之整理，乃得问题之解决，并因问题之解决，引出新问题，更要求材料与工具之扩充。如是伸张，乃向科学成就之路"。①

1928 年 9 月，傅斯年在《国立中央研究院历史语言研究所集刊》第 1 本第 1 分册发表的《历史语言研究所工作之旨趣》一文中，阐述了自己的史学思想、办所方针。他说："近代的历史学只是史料学，利用自然科学供给我们的一切工具，整理一切可逢着的史料"；"现代的历史学研究已经成了一个各种科学的方法之汇集。地质、地理、考古、生物、气象、天文等学，无一不供给研究历史问题者之工具"；"要把历史语言学建设得和生物学、地质学等同样"。他指出："我们只是要把材料整理好，则事实自然显明了。一分材料出一分货，十分材料出十分货，没有材料便不出货。"他主张客观地研究材料，"存而不补，这是我们对于材料的态度"，"证而不疏，这是我们处置材料的手段"。②

在"史学便是史料学""近代历史学只是史料学"的思想指导下，史语所在史学方面主要进行史料的搜集和整理工作。该所收购了险些化为纸浆的 8000 麻袋内阁大库档案，加以整理，至 1937 年共出版《明清史料》共38 本。又派董作宾、李济等发掘安阳小屯殷墟遗址，先后发掘 15 次，共发掘遗址 11 处，为考古学、殷商史的研究创造了条件。此外，史语所还搜集《明实录》各种版本进行校勘，派人发掘城子崖等。也正是基于"史学便是史料学"的宗旨，史语所成立之初，没有人参加正在开展的中国社会性质问题论战、中国社会史论战和中国农村社会性质问题论战。

---

① 转引自董作宾《历史语言研究所在学术上的贡献》，（台）《大陆杂志》第 2 卷第 1 期。

② 傅斯年：《历史语言研究所工作之旨趣》，《傅斯年全集》第 3 卷，湖南教育出版社 2003 年版，第 3—12 页。

傅斯年的代表作有《明成祖生母记疑》《明成祖生母问题汇考》《性命古训辩证》《夷夏东西说》等。

"史料学派"的形成，是新文化运动以来形成的泛科学主义思潮在史学界的反映。这一学派在搜集和整理史料方面的丰硕成果，促进了史学的发展。但一直有人对"史学便是史料学"的观点提出批评，他们强调除史料外，史观、史论和史学方法也是历史研究的重要方面。

5. 文化史、通史、清史等领域的建树

中国思想史、学术文化史，是新史学取得显著成绩的一个领域。梁启超于1920年发表《清代学术概论》，于1924年发表《中国近三百年学术史》，突破经学史的狭隘范畴，对清代的各个学科、各个学派、各种学术思潮进行了全面的介绍和评述。他还于1922年整理出版了《先秦政治思想史》一书，对先秦儒、墨、道、法各派思想进行研究。胡适于1919年出版《中国哲学史大纲》（上），抛弃了儒学独尊的传统，把孔孟学说与诸子学说"平等"看待，各有褒贬。20年代发表的中国文化史著作有柳诒徵的《中国文化史》（1926）、陆懋德的《中国文化史》（连载于《学衡》1925年5月至1926年7月各期）、顾康伯的《中国文化史》（1924）、谢劼之的《近世文化史》（1926）和常乃德的《中国文化小史》（1928）等。20世纪30年代出版的文化史专著有杨东莼的《本国文化史大纲》（1931）、陈登原的《中国文化史》（1933）、陈安仁的《中国近世文化史》（1936）、文公直的《中国文化史》、王德华的《中国文化史略》（1936）等。钱穆的《中国近三百年学术史》也是学术史研究的一部杰作。此外，30年代末商务印书馆王云五主编的"中国文化史丛书"分辑40种专史，如冯承钧撰《中国南洋交通史》，郑振铎撰《中国俗文学史》，姚名达撰《中国目录学史》，顾颉刚与史念海撰《中国疆域沿革史》等，这套丛书较有影响。

此一时期，史学家重视通史的编纂。20年代，梁启超曾计划写一部多卷的中国通史，但未实施。李泰棻在1922年出版了《中国史纲》第1卷，1932年至1933年完成第2、3卷。吕思勉于1922年出版《白话本国史》，是我国第一部用语体文写成的中国通史；40年代又出版两卷本的《中国通史》，是适应当时大学讲授需要的历史著作。邓之诚于1934年写成《中华二千年史》1—4卷，要求青年学子通观历代兴亡，不负"国家兴亡，匹夫有责"的古训。章太炎在为此书作的"序"中阐述了"读史救亡"论。周谷城于1939年出版了《中国通史》2册。1940年，钱穆出版了《国史大纲》2册。1942年，金毓黻编写了属"青年基本知识丛书"的《中国史》。1946年，缪凤林著《中国通史要略》3册由商务印书馆出版。

连横撰写的《台湾通史》于1920年出版上、中册，次年又出版了下册。此书以大量事实说明台湾自古以来就是中国的领土。

史学家在断代史方面也卓有成绩。除已提及的陈寅恪的隋唐史研究、陈垣的元史研究等外，吕思勉先后完成了《先秦史》（1941）、《秦汉史》（1948）、《两晋南北朝史》（1948）。邓广铭撰写了《宋代职官志考》。蒙思通与沈曾植潜心于元史研究，蒙思通著有《元代社会阶级制度》；沈曾植撰成《元秘史补注》。谢国桢和吴晗专于明史，谢国桢侧重晚明史的研究，撰有《顾宁人先生学谱》《晚明史籍考》《晚明流寇史籍考》等论著；吴晗尤长朱元璋的研究，先后出版了《明太祖》《由僧钵到皇权》《朱元璋传》等。清史研究以孟森、萧一山贡献最多。孟森撰有《清朝前纪》《明元清系通纪》《清初三大疑案考实》《香妃考实》《八旗制度考实》及《明清史讲义》等论著；萧一山在1923年就出版了《清代通史》上卷，1930年完成下卷，此后又经不断修订补充，成为400多万字的巨著，其他著作有《清史大纲》（又名《清代史》）、《曾国藩传》《洪秀全传》等。中国近代史的著作有沈味之的《近百年本国史》（1930）、孟世杰的《中国最近世史》（1932）、罗元鲲的《中国近百年史》（1935）、陈恭禄的《中国近代史》（1936）、蒋廷黻的《中国近代史》（1938）、陈安仁的《中国近代民族复兴史》（1943）、郑鹤声的《中国近世史》（1944）、郭廷以的《中国近代史》（1947）等。太平天国史的研究也取得了可喜的进展，萧一山、王重民、刘复等从英、法、美等国抄回大量太平天国史料，重要的研究成果则有谢兴尧的《太平天国社会政治思想》（1935），简又文的《太平天国杂记》第1、2辑、《太平军广西首义史》（1944），罗尔纲的《太平天国史纲》（1937）、《太平天国史丛考》（1943），彭泽益的《太平天国革命思潮》（1946）等著作。

专史除已提及的史学理论、思想文化史著作外，政治史方面有李剑农的《最近三十年中国政治史》，谢彬的《民国政党史》等。中西交通史方面有张星烺的《欧化东渐史》、向达的《中外交通小史》《中西交通史》等。民族史方面有王云五的《中国民族史》，王桐龄的《中国民族史》，张其昀的《中国民族志》，宋文炳的《中华民族史》，吕思勉的《中华民族演进史》等。外交史方面有刘彦的《中国近时外交史》《最后三十年中国外交史》，蒋廷黻的《近代中国外交史料辑要》，王芸生的《六十年来中国与日本》1—8卷等。

新中国成立前夕，傅斯年、李济、董作宾、蒋廷黻、萧一山、张其昀等去了中国台湾；钱穆、简又文等移居中国香港；陈寅恪、陈垣、顾颉刚等留在大陆。胡适移居美国，后去中国台湾地区任"中央研究院"院长职务。

（三）马克思主义史学的崛起与创获

五四运动以后，马克思主义史学在中国史坛上异军突起，并在与非马克思主义史学思潮的斗争中发展进步，逐步在史学界占据主导地位。五四前后至1927年国民革命失败是中国马克思主义史学的草创时期，李大钊等早期马克思主义者介绍、传播唯物史观，并初步把唯物史观应用于史学研究。1927年至1937年是马克思主义史学的形成时期，我国马克思主义新史学在论战中产生，郭沫若等我国第一批马克思主义史学工作者在古史、近代史、思想史等领域取得了开拓性的成就。1937年至1949年是马克思主义史学的成长时期，毛泽东对研究历史作了重要论述，马克思主义史学队伍在中国通史、社会史、思想史、中共党史以及专史和专题史方面取得了丰硕成果。

1.唯物史观在史学研究上的初步运用

中国早期的马克思主义者在传播马克思主义时，也把唯物史观介绍到中国。1919年至1920年，李大钊发表了《我的马克思主义观》《马克思的历史哲学》《史观》和《物质变动与道德变动》等文，系统介绍了唯物史观的基本原理。如在《我的马克思主义观》中，他指出马克思的唯物史观有两个要点，一是经济基础和上层建筑的原理。指出人类社会生产关系的总和，构成社会经济的构造，这是社会的基础构造；一切社会上政治的、法制的、伦理的、哲学的等精神上的构造，是表面构造；精神上的构造随着经济的构造变化而变化，表面构造视基础构造为转移。二是生产力与生产关系的原理。指出"生产力一有变动，社会组织必须随着他变动"，不能适应生产力发展的社会组织非至崩坏不可，这就是社会革命。他在《物质变动与道德变动》一文中，又阐述了道德、风尚、习惯随着经济条件的变动而变动，所以没有永恒的道德价值。

蔡和森在1924年出版了《社会进化史》，此书依据恩格斯《家庭、私有制和国家的起源》，分3篇叙述了"家族之起源与进化""财产之起源与进化""国家之起源与进化"，外加绪论"有史以前人类演进之程序"，说明一夫一妻家庭、私有财产及国家是人类社会发展到一定时期的产物。

李达于1921年翻译出版了芬兰郭泰的《唯物史观解说》，是当时国内宣传唯物史观的畅销书。他在1926年出版的《现代社会学》一书中，系统阐述了唯物史观，指出人类社会已经历了4种社会形态，现正向社会主义社会演进。此外，河上肇、考茨基等人的有关著作，也被译成中文。

20年代中前期是我国马克思主义史学的初创时期，在这一时期，李大钊自觉地运用唯物史观改造中国传统史学，初步确立了马克思主义的史学理论。1920年至1926年期间，他写成《唯物史观在现代史学上的价值》《史学与哲学》《研究历史的任务》《圣西门的历史观》《孔道西的历史观》《今与古》《演化与进步》《时》等大量史论文章。1924年由商务印书馆公开出版《史学要论》一书，是我国第一部马克思主义史学理论专著，还有李大钊在北大等高校开课的讲义《史学思想史》。

李大钊在《史学要论》中根据唯物史观解释了以下6个问题：（1）什么是历史。指出历史"是人类生活的行程，是人类生活的变迁，是人类生活的传演，是有生命的东西，是活的东西"，不是陈编故纸，不是僵石枯骨，不是印成呆板的东西。"二十四史"、《资治通鉴》等过去遗传下来的卷帙册籍，只能说是历史的材料，是人类生活行程的部分缩影，不是"活的历史的本体"。（2）什么是历史学。指出"历史学就是研究社会的变革的学问，即是研究在不断的变革中的人生及为其产物的文化的学问"。（3）历史学的系统。指出广义的历史学分两大部分：一是记述历史；二是历史理论。记述历史又可分个人史（即传记）、氏族史、社团史、国民史、民族史、人类史6个部分，历史理论也相应分为6个部分。史学家还可以特殊的社会现象为研究对象，这就有了政治史、法律史、道德史、经济史等。他还说明了历史理论与历史哲学、历史理论与历史研究法的区别及联系。（4）史学在科学中的位置。指出唯物史观"以物质的生产关系为社会构造的基础，决定一切社会构造的上层"，阐明了历史发展的基本规律，使历史研究能像自然科学一样发现因果律，这样，就把历史研究提到了科学的地位，并使"历史学在科学上得有相当的位置"。（5）史学与其他相关学问的关系。着重阐述了史学与哲学的关系。（6）现代史学的研究与对人生态度的影响。指出现代史学应教育人民具有一种求真务实的科学态度；应启悟人们一种奋往向前、奋勇冒险的人生观；要使人民觉悟到自身力量的伟大，"知道过去的历史，就是我们这样的人人共同造出来的，现在乃至将来的历史，亦还是如此"。李大钊对构筑马克思主义史学理论体系作出了开拓性的贡献。

李大钊还开始运用唯物史观来分析、观察中国历史问题。他的《原人社会于文字书契上之唯物的反映》《由经济上解释中国近代思想变动的原因》等文，就是这方面有影响的作品。他结合地下发掘和古代传说重新审视古史，指出我国原始社会经过畜牧业经济到农业经济阶段，还经过"女权"即母系社会的阶段。他指出："孔子的学说所以能支配中国人心有二千余年的原故，不是他的学说本身具有绝大的权威，永久不变的真理，配作中国人的'万世师表'，因他是适应中国二千余年来未曾变动的农业经济组织反映出来的产物，因他是中国大家族制度上的表层构造，因为经济上有他的基础。"①近代因西方工业经济的冲击，我国原有的农业经济发生动摇，大家族制度崩

---

① 李大钊：《由经济上解释中国近代思想变动的原因》，《李大钊文集》下册，人民出版社1984年版，第179页。

颓粉碎了，孔子主义也不能不崩颓粉碎了。这种解释是深刻的，显示了唯物史观的科学性。

1922年中共二大制定了反帝反封建的民主革命纲领。早期马克思主义者从当时革命斗争的需要出发，运用唯物史观研究党史、工农运动史、中国民族解放运动史等新课题。李大钊在《孙中山先生在中国民族革命史上的位置》一文中，提出了1840年以来的中国历史是一部"帝国主义压迫中国民族史"和"中国民众反抗帝国主义民族革命史"。他还在《马克思的中国民族革命观》一文中，指出中国人民的反帝斗争，"自太平天国以来，总是浩浩荡荡的向前涌进，并没有一刹那间的停止"。恽代英的《中国民族解放运动简史》，是这方面的著作。工农运动史方面有邓中夏的《中国职工运动简史》、彭湃的《海陆丰农民运动》等著作。党史方面，有蔡和森的《中国共产党史的发展》等著作。

初创时期的马克思主义史学是粗线条的、不成熟的，但代表着现代史学发展的进步方向。

2. 论战中的马克思主义史学

中国的马克思主义史学是在斗争中产生的，是土地革命时期中国社会性质问题论战、中国社会史问题论战的产物。

1927年国民革命失败后，中国革命转入低潮。为了寻求中国的出路，必须弄情"国情"，必须正确认识中国的历史和现状。1928年6月，中共六大正确指出现阶段中国是半殖民地半封建社会，革命性质仍是反帝反封建的资产阶级民主革命。这一结论遭到了陶希圣、周佛海等国民党御用文人（因创办《新生命》月刊而得名"新生命派"）和严灵峰、任曙、李季等托派文人（因创办《动力》杂志而得名"动力派"）的反对。革命的社会科学工作者于1929年11月创办《新思潮》杂志，发表潘东周的《中国经济的性质》、吴黎平的《中国土地问题》、向省吾的《帝国主义与中国经济》和《中国的商业资本》、王学文的《中国资本主义在中国经济中的地位及其发展前途》、李一氓的《中国劳动问题》等文进行批驳。论战主要在两方面展开。一是关于近代中国社会性质。"新生命派"认为近代社会是封建制度已不存在但还存在封建势力的"前资本主义社会"，或是"商业资本主义社会"。"动力派"片面地强调帝国主义的入侵"绝对地"破坏了封建制度的经济基础，直接推动了中国资本主义制度的发展，无视封建生产关系在中国广大农村还占绝对优势，武断地宣称"中国目前是资本主义社会"。"新思潮派"及其他进步学者指出，资本主义入侵对中国经济发生了"一正一反"的作用，一方面打击了封建自然经济和城市的行帮制手工业，"相当地造成了资本主义的关系"；另一方面又严重阻碍和压制资本主义的健康发展，并与中国的封建势力勾结维持封建剥削，因此，近代社会是半殖民地半封建社会。

另一方面是关于鸦片战争以前中国社会的性质和发展问题。论战集中在如何理解马克思所说的"亚细亚生产方式"、中国历史上有没有奴隶制、秦汉以后的中国社会性质等问题上，最终则归结为人类社会历史的发展有无共规律，马克思主义关于社会发展阶段的学说是否适用于中国的问题。陶希圣、梅思平、胡秋原、李季、陈邦国、王宜昌、杜任之等人反对郭沫若运用马克思主义的五种社会形态理论分析中国历史。他们否定中国经历过奴隶制，认为中国自原始社会解体后直接进入封建制，把自秦汉至鸦片战争前长达两千多年的社会说成是"商业资本主义"或"前资本主义社会"。革命的社会科学工作者针对他们的种种曲解进行了批判。关于是否存在奴隶制，郭沫若在《中国古代社会研究》等专著中阐述了"西周奴隶社会说"；吕振羽在《史前期中国社会研究》《殷周时代的中国社会》等论著中提出了殷代是奴隶社会的主张；翦伯赞、邓拓、何干之、邓初民等在他们的著作中进一步论证了殷代为奴隶制。关于秦汉以后中国社会性质，郭沫若、吕振羽等虽对中国封建社会开始的年代看法不一，但对于奴隶社会以后直到鸦片战争之前中国社会是封建社会这一点是没有分歧的，他们都认为从秦汉到鸦片战争一直处于封建社会阶段。关于"亚细亚生产方式"，郭沫若认为是原始共产主义社会，吕振羽认为是东方封建主义的特殊形态，但他们都不把"亚细亚生产方式"看成是一个独立的社会历史发展阶段，而认为它不过是马克思主义所揭示的五种社会形态之一种在中国的特殊表现而已。

"新生命派""动力派"所谓"中国无奴隶社会"论、"商业资本主义社会"论、"独立的亚细亚生产方式"论等，无非是想说明中国国情特殊，马克思主义关于社会发展阶段的学说不适用于中国；无非是想说明鸦片战争前中国社会不是封建社会，反封建的任务早已完成，从而取消资产阶级民主革命。通过与他们的争论，锻炼和培养了马克思主义史学队伍，参加论战的郭沫若、吕振羽、何干之、翦伯赞、邓云特（邓拓）等都成为著名的马克思主义史学家。他们初步对中国原始社会、奴隶社会、封建社会和近代半殖民地半封建社会进行了贯通性的历史考察，并在此基础上探索出中国历史的发展规律。这标志着马克思主义史学的形成和确立。

何干之在 1937 年的《中国社会性质问题论战》《中国社会史问题论战》中总结了大论战的情况，并加以马克思主义观点的分析评论。

3. 土地革命时期马克思主义史学的建树

在中国社会性质、社会史论战中锻炼和造就的马克思主义史学队伍，在研究中国古史、中国近代史、中国思想史等方面取得了重要成就。

郭沫若（1892—1978），四川乐山市人，早年留学日本。他是民国时期著名的文学家和史学家，马克思主义史学最为杰出的奠基人。在古史研究方面，郭沫若于 1928 年根据《易》《诗》《书》等先秦典籍写了《〈周易〉的时代背景与精神生产》《〈诗〉〈书〉时代的社会变革与其思想上的反映》及《中国社会之历史的发展阶段》，1929 年又根据甲骨文、金文写成《卜辞中之古代社会》及《周代彝铭中的社会史观》，以上 5 篇论文汇集成《中国古代社会研究》一书，于 1930 年出版。这一划时代的史学著作，以恩格斯《家庭、私有制和国家的起源》作为研究方法的向导，系统地研究了先秦历史，著者自称是《家庭、私有制和国家的起源》的续编。著者坚信马克思主义关于人类社会发展有一条共同规律的原理，在"自序"中称："只要是一个人体，他的发展，无论是红黄黑白，大抵相同。由人们所组成的社会也是一样。""中国人不是神，也不是猴子，中国人所组成的社会，不应该有什么不同。"该书成功地证明了中国西周存在过奴隶社会，奴隶制是由原始公社制转化而来，到后来又转化为封建制，从而第一次把鸦片战争前的中国历史依次叙述为原始社会、奴隶社会、封建社会等几种社会形态，证明了马克思

主义关于人类社会发展一般规律的理论完全适用于中国，驳斥了那种认为
"马克思主义不适用于中国"的看法。《中国古代社会研究》的成就与郭沫若
对甲骨文、金文的研究是分不开的。随后，他在这方面又陆续撰写了《甲
骨文字研究》（1931）、《殷周青铜器铭文研究》（1931）、《两周金文辞大系》
（1932）、《金文丛编》（1932）、《卜辞通纂》（1933）、《古代铭刻汇考》（1933）、
《古代铭刻汇考续编》（1934）、《两周金文辞大系图录》（1934）、《两周金文
辞大系考释》（1935）和《殷契粹编》（1937）等数百万字的著作。郭沫若是
利用甲骨文、金文对中国古代史作出历史唯物主义解释的开拓者，他不愧为
中国马克思主义史学奠基者。

　　吕振羽（1900—1980），湖南武冈（今属邵阳）人，是继郭沫若之后研
究中国古代史卓有成就的马克思主义史学家。1934 年春，他发表《中国经
济之史的发展阶段》一文，认为中国社会在殷代以前为原始社会，殷为奴隶
社会，西周与春秋战国为初期封建社会，秦至鸦片战争为变种的封建社会，
鸦片战争后则是半殖民地半封建社会。同年 7 月，出版《史前期中国社会研
究》一书，根据摩尔根《古代社会》、恩格斯《家庭、私有制和国家的起源》
等著作的精神，以仰韶各地出土器物为主要史料，并结合神话传说、民间习
俗探求中国史前社会的特征，认为传说中的尧舜禹时代为"母系氏族社会"、
夏代为"父系本位的氏族社会"，填补了学术界关于中国原始社会史研究的
空白。他在上书中已初步论证了殷代为奴隶制社会，继而在 1936 年出版的
《殷周时代的中国》一书中，对殷代社会经济和上层建筑作了具体分析，进
一步证明了殷商的奴隶社会性质。《殷周时代的中国》的另一重要结论是主
张西周为中国封建社会的开始，从而提出了著名的"西周封建说"。吕振羽
的西周封建论在史学界有着重要影响，翦伯赞、邓拓、范文澜等史学家都支
持他的观点并进一步发挥。翦伯赞在论战中写了《中国农村社会之本质及其
历史的发展阶段之划分》《前封建时期之中国农村社会》《殷代奴隶社会研究
之批判》《关于"亚细亚生产方法"问题》《关于历史发展中之"奴隶所有者
社会"问题》《"商业资本主义社会"问题之清算》《关于"封建主义破灭论"
之批判》等文，支持吕振羽的殷代奴隶社会说和西周封建论，并从"农村社

会"的历史发展过程，农民的土地问题，"商业资本"的作用等方面，批判了"封建主义破灭论"和"商业资本主义社会"的荒谬。邓拓也主张殷商时代是奴隶制、西周以后进入封建社会。他在论战中写了《论中国历史上的奴隶制社会》《论中国封建社会长期停滞问题》《再论中国封建制的停滞问题》《中国历代手工业发展特点》《中国长期封建社会农业生产关系的变化》等文，指出"奴隶制度是世界一般民族共同经过的历史阶段"，从劳役、贡隶、课耕、佃役4种封建剥削形式，说明中国封建社会经历创立期、发展期、转向期、烂熟期4个阶段。

中国近代史方面，华岗于1930年写成《中国大革命史》，记述了国民革命的历程，并分析了鸦片战争以来中国近代社会的经济基础、社会主要矛盾、历次革命运动的经验教训，是研究中国近代史、革命史的早期之作。李平心（署名李鼎声）于1933年出版《中国近代史》，这是我国第一部运用马克思主义观点系统研究中国近代史的著作。该书把鸦片战争作为中国近代史的开端，著者认为明末清初不过是两个朝代的交替，而鸦片战争是中国开始为国际资本主义的波涛所袭击而引起社会内部变化的一个重大关键。该书说明鸦片战争后中国社会形态的变化，并不是如有些人所想象的"渐次成了资本主义的国家"，而是沦为半殖民地半封建社会；突出反映了从鸦片战争至1933年日本侵占热河、察哈尔近百年来中国人民革命斗争的历史。1937年，何干之出版了《近代中国启蒙运动史》，此书较为系统地论述了中国资本主义产生以来的思想运动的历史，拓宽了中国近代史研究的领域。邓拓的《近代资本主义发展的曲折过程》一文，以确凿的史实阐述了帝国主义侵略使"中国变成为一个半殖民地半封建社会"的过程，驳斥了中国近代为"资本主义社会"说和中国进化的"外烁论"等错误观点。这些成果表明马克思主义史学已开始占领中国近代史的研究阵地。

中国思想史研究方面，郭沫若在其著作中初步理清了先秦天道思想演进的脉络，使人们对于春秋战国诸子百家思想流派的产生和变异有了大致正确的认识。吕振羽在1937年出版了《中国政治思想史》，这部书上起自殷代，下终于鸦片战争前，对近代以前各种思想流派的演绎更替，按不同的社会发展阶段，从"各阶级及阶层的构成上去加以论究"，是我国第一部运用马克思主义论述中国政治思想和哲学思想的通史著作。侯外庐在 1934 年写成《中国的古代社会与老子》，此书将老子的思想放在社会现实的基础上去评价，着重研究社会存在对于社会意识的影响，为他以后研究中国思想史奠定了基础。总之，中国马克思主义史学在这一时期得以形成，并为中国的革命事业和中国史学的发展作出了重要贡献。当然，马克思主义史学在当时的种种建树还不很成熟，明显存在着草创时期的痕迹。

4. 毛泽东的历史观与马克思主义史学理论的建设

抗日战争时期，是毛泽东思想形成与发展成熟时期。毛泽东极为重视历史学，把学习历史尤其是研究本民族的历史看成马克思主义理论与中国实际和中国传统文化相结合的重要步骤，并就中国历史的某些问题作了阐述。

关于历史研究的目的和意义，毛泽东在党的六届六中全会上就要求全党"都要研究我们民族的历史"，强调指导一个伟大的革命运动的政党不能没有历史知识。他指出："今天的中国是历史的中国的一个发展；我们是马克思主义的历史主义者，我们不应当割断历史。从孔夫子到孙中山，我们应当给以总结，承继这一份珍贵的遗产。这对于指导当前的伟大的运动是有重要的帮助的。"① 整风运动期间，毛泽东在《改造我们的学习》中把"不注重研究历史"与不注重研究现状、不注重马列主义的应用并列为 3 种"极坏的作风"，要求加强历史特别是近百年史的研究。中共中央还作出决定，号召共产党员学会应用马克思主义的立场、观点和方法，认真地研究中国的历史，研究中国的政治、经济、军事和文化，对每一个问题要根据详细的材料加以具体的分析，然后引出理论的结论来。

关于研究历史的方法，毛泽东强调要以马克思主义为指导重新研究历史，把被剥削阶级颠倒了的历史再颠倒过来，他在《实践论》中指出："在很长的历史时期内，大家对社会的历史只能限于片面的了解，这一方面是由

---

① 毛泽东：《中国共产党在民族战争中的地位》，《毛泽东选集》第 2 卷，人民出版社 1991 年版，第 533—534 页。

于剥削阶级的偏见经常歪曲社会的历史，另方面，则由于生产规模的狭小，限制了人们的眼界。人们能够对于社会历史的发展作全面的历史的了解，把对于社会的认识变成了科学，这只是到了伴随巨大生产力——大工业而出现近代无产阶级的时候，这就是马克思主义的科学。"① 毛泽东对唯物史观的基本原理屡有阐述，包括经济基础决定上层建筑、社会存在决定社会意识、上层建筑对经济基础、社会意识对社会存在又有反作用的观点，阶级和阶级斗争的观点等。毛泽东又强调研究历史必须从实际出发，尽量搜集和占有详细的材料，根据实事求是的态度，在马克思主义原理指导下，从这些材料中引出正确的结论。

在中国古代史领域，毛泽东在《中国革命和中国共产党》等文中指出：中国是一个多民族结合而成的大家庭；中国是世界文明发达最早的国家之一，在中华民族的开化史上，有素称发达的农业和手工业，有许多伟大的历史人物和丰富的文化典籍；中华民族不但以刻苦耐劳著称于世，同时又酷爱自由、富于革命传统；中国经过了若干万年的原始社会以后，也经过了奴隶社会和封建社会；封建社会的后期，由于商品经济的发展，已经孕育着资本主义的萌芽。封建社会自周秦以来一直延续了三千年左右，封建社会的主要矛盾是农民阶级和地主阶级的矛盾，农民起义和农民战争是历史发展的真正动力，而这种起义和战争终归失败，其根本原因是由于当时还没有新的生产力和生产关系，没有新的阶级力量，没有先进的政党。这些观点，对此后的马克思主义学者研究中国古代史，产生了很大影响。

在近代史方面，毛泽东指出，鸦片战争以后，中国社会经历着两个过程，即"帝国主义和中国封建主义相结合，把中国变为半殖民地和殖民地的过程，也就是中国人民反抗帝国主义及其走狗的过程"②；帝国主义和中华民族的矛盾，封建主义和人民大众的矛盾，是近代中国的主要矛盾；帝国主义侵入中国后，一方面促使中国封建社会解体，促使中国发生资本主义因素，

---

① 毛泽东：《实践论》，《毛泽东选集》第 1 卷，人民出版社 1991 年版，第 283 页。
② 毛泽东：《中国革命与中国共产党》，《毛泽东选集》第 2 卷，第 632 页。

把一个封建社会变成了一个半封建的社会；另一方面，把一个独立的中国变成一个半殖民地的中国。毛泽东上述关于中国近代史的有关论述，为日后的中国近代史框架的建设，打下了基础。

在中共党史方面，毛泽东提出中共党史有两大基本特点：一个是它同中国资产阶级的复杂关系，一个是武装斗争。指出统一战线、武装斗争、党的建设是新民主主义革命的三个基本经验。毛泽东对民主革命中两次胜利、两次失败的评论，对同资产阶级两次合作、两次破裂的总结等，都成为经典性论述。

总之，毛泽东的有关历史论述，对中国马克思主义史学在抗日战争和解放战争时期沿着正确方向迅速发展，起了推动和指导作用。

马克思主义史学理论此期也有了新的进展。吕振羽于 1942 年 出版《中国社会史诸问题》一书，批判了秋泽修二的中国社会具有"亚细亚的停滞性"等历史观，对"亚细亚生产方式"、中国奴隶制时期、中国封建社会的长期性、文化思想上的继承与创新等问题，作了马克思主义的精辟论述。翦伯赞于 1938 年出版了《历史哲学教程》一书，以历史唯物主义为指导，结合客观历史实际和历史研究的实际阐发唯物史观的基本观点，强调了马克思主义唯物史观的辩证性。指出人类的历史发展是人类自己创造的，是"主观创造作用"与"客观发展的规律"的辩证发展，人民在创造历史中起决定作用，但不应抹杀、贬低个人。在阐述了历史研究的"整体性原则"之后，他指出必须依据历史的关联性认识历史，在研究中国历史时必须看看中国以外的世界；提出历史研究既要以一般法则为前提，但不能把特殊性摒除，如历史上各民族都经历过奴隶制，但希腊、罗马而外的奴隶制与希腊、罗马的奴隶制就表现为不同的形态。翦伯赞的《历史哲学教程》是抗日战争时期马克思主义史学理论的代表作。此后，他又写了《论司马迁的历史学》《论刘知几的历史学》和《略论中国文献上的史料》等文。华岗在抗日战争时期先后发表了《历史为什么是科学和怎样变成科学》《研究中国历史的锁钥》《怎样研究中国历史》《研究中国历史的基本方法》和《论中国历史翻案问题》等文，对马克思主义史学理论尤其是史学方法的探讨作出了贡献。此外，侯外庐的《社会史导论》、吴玉章的《研究中国历史的方法》和吴泽的《中国历史研究法》等，都是在马克思主义史学理论上有影响的著作。

5. 全面抗战与解放战争时期的重要成就

全面抗战和解放战争的 12 年，是中国马克思主义史学迅速发展的时期。马克思主义史学队伍在通史、中国近代史、思想史等领域取得了显著成就。

通史方面，吕振羽的《简明中国通史》上、下册分别在 1941 年、1948 年出版，这部著作依次叙述传说中的"燧人氏""伏羲氏"的图腾社会、"尧舜禹"的氏族社会、西周的初期封建社会至秦汉以后的诸封建王朝，内容包括经济、政治、文化等各个领域，是我国马克思主义史学家运用唯物史观作指导撰著中国通史的最早尝试。范文澜（1893—1969），浙江绍兴人，他编写的《中国通史简编》于 1941 年在延安出版，1947 年在国统区上海出版。全书共分三编：第一编，原始社会到中央集权的封建制度的成立——远古至秦；第二编，中央集权的封建国家成立后对外侵略到外族入侵——秦汉至南北朝；第三编，封建经济的发展到西洋资本主义的入侵，是一部系统论述先秦至鸦片战争的通史著作。它把马克思主义关于人类社会发展的一般规律用之于研究中国历史，形成了以社会形态模式划分历史阶段的通史体系，认为"从黄帝到禹的社会制度，是原始公社制度"；"夏商是公有制瓦解、私有制建立的过程"；"商汤革命，是私有制的进一步完成"，因而"商是奴隶制度占主要地位的时代"；从西周开始的封建制度，一直延续到清代鸦片战争之前；鸦片战争后是半殖民地半封建社会。它力图以历史唯物主义观点对中国历史的发展变化作出解释。首先，强调由经济因素解释社会政治的变化，尤其注重从生产力的发展水平说明社会生产关系和社会政治制度的变化；其次，批判了历史倒退论和历史循环论，以发展的进步的历史观看待中国历史，如从夏商周三代制度的因袭嬗变说明三代不是循环不前而是不断进步的，还认为中国封建社会长期延续并不是没有发展而只是进展缓慢；第三，肯定人民群众是历史的主人，在表述历史上的阶级斗争时，着重讲腐化残暴的统治阶级如何压迫农民和农民如何起义，在涉及民族矛盾时，着重写民族英雄和人民群众的英勇斗争；等等。翦伯赞在 1943 年和 1947 年出版《中国史纲》第1卷、第2卷，第1卷是史前史和殷周史，论证了殷代是奴隶社会，西周是初期封建社会；第2卷是秦汉史，论证了秦汉是中期封建社会。这是一部未完成的通史著作，但它重视考古材料，图文并茂，文笔生动，很受读者欢迎。吴泽在1942年出版《中国社会简史》，扼要叙述了中国史前时代至七七事变中国社会历史的发展过程及其规律、特点。后经增补扩充，更名为《中国历史简编》。此外还有华岗的《社会发展史纲》（1940）、邓初民的《中国社会史教程》（1942）等。我国第一批新型的马克思主义通史著作的问世，表明中国马克思主义史学已逐步趋于成熟。

中国古代史方面，研究较30年代更加深入，并有新的突破。原始社会史研究又有新作问世，出版了尹达的《中国原始社会》（1943）和吴泽的《中国原始社会史》（1943）。奴隶社会和封建社会史是许多人关切的领域。郭沫若于1942年4月发表了《殷周奴隶制度考》一文，改变了他原先认为殷代是原始社会的观点。侯外庐出版了《中国古典社会史论》（1943）和《中国古代社会史》（1948），对古史分期和划分历史阶段提出了自己的看法，认为"中国奴隶社会开始于殷末周初，经过春秋战国，到秦汉之际"。范文澜在主编《中国通史简编》的过程中，发表了《关于上古历史阶段的商榷》，认为殷代在盘庚迁殷以后是奴隶制社会，西周开始了封建社会。尹达等也参加了古史分期问题的讨论。中国封建社会发展长期性问题也被广泛关注，李达的《中国社会发展迟滞的原因》、蒙达坦的《与李达先生论中国发展迟滞的原因》，对封建社会发展迟滞的原因提出了不同看法，华岗、吕振羽、吴泽等参加了讨论。中国封建社会长期性问题涉及如何看待农民战争的历史作用，有人认为农民战争阻碍封建社会的发展，更多的人则强调农民是推动封建社会历史发展的主角。1944年，郭沫若写成《甲申三百年祭》，以李自成起义从胜利转向失败的史实作为一面历史的镜子，提醒革命者在胜利关头不要"纷纷然、昏昏然"。这篇文章受到了中共中央的重视。

中国近代史的研究也有较大的发展。范文澜在1947年出版了《中国近代史》上册，此书阐述了近代中国沦为半殖民地半封建的过程，指出在外国资本主义侵略时中国人民与清朝统治阶级走了两条不同路线，"人民走的是反抗路线，统治阶级走的是投降路线"，揭露了清统治者对外妥协，对内镇压的行径，讴歌了人民反帝反封建的革命运动。这部著作确立了中国近代史研究的基本体系和线索。胡绳于 1948 年出版了《帝国主义与中国政治》一书，揭露了鸦片战争以来帝国主义侵略中国的罪行，着重阐明帝国主义侵略者怎样在中国寻找和制造它们的政治工具；分析了一切政治改良主义者对于帝国主义的幻想对中国革命事业的损害。上述两书以大量事实阐发毛泽东《中国革命与中国共产党》等文对中国近代史的论断，体现了毛泽东思想对近代史研究的指导作用。

中共党史、中国革命史研究方面，华岗在 1940 年出版了《中华民族解放运动史》，总结了中国近现代史上历次反帝反封建的革命斗争的经验教训，旨在坚定和增强中国人民为争取抗战胜利而斗争的信心和决心。1937年冬，延安解放社印行了张闻天主持编写（署名"中国现代史研究会编"）的《中国现代革命运动史》一书，此书以较大的篇幅分析了大革命的经验教训，强调了武装斗争、土地革命、统一战线及坚持统一战线中的领导权等。这部著作是运用马克思主义观点研究和编写中国革命史的开创之作。叶蠖生于 1939 年编著了《中国苏维埃运动史稿》，该书分 5 章：苏维埃运动的产生与发展（革命低潮时代 1927—1930）；新高潮时期苏维埃之巩固与其扩大（1930—1934）；五次"围剿"与反"围剿"的斗争（1933 年 10 月—1934 年10 月）；全国红军大转移——长征与会合（1934—1936）；陕甘宁边区之巩固与扩大及苏维埃政策之转变（1936—1937）。它是第一部比较系统地论述土地革命期间苏维埃革命的产生与发展、巩固与扩大及政策转变的全过程的著作。整风运动的开展，推动了学习、研究党史的高潮。为配合干部学习党史，由毛泽东主持、中共中央书记处具体负责编印了《六大以前》和《六大以来》。《六大以来》成书于 1941 年 12 月，收录从 1928 年 7 月至 1941 年11 月期间中国共产党会议纪要、决议、指示、声明、通告、电报及主要领导人的文章、讲话等各种文献 556 篇，280 多万字。《六大以前》于 1942 年10 月编印，共收入 1922 年 3 月至 1928 年 6 月各类历史文献 199 篇，136 万字。整风运动期间，出现了一批研究党史的著作，如王稼祥的《中国共产党与革命战争》是研究第二次国内革命战争的专门著作；王若飞的《大革命时期的中国共产党》，是研究大革命时期中共党史的著作。

中国思想史的研究全面开展。郭沫若在 1945 年出版了《青铜时代》和《十批判书》。《青铜时代》共收《先秦天道观之进展》《〈周易〉之制作时代》《由周代农事诗论到周代社会》《述吴起》《驳〈说儒〉》《墨子的思想》《公孙龙子与其音乐理论》《秦汉之际的儒者》《老聃、关尹、环渊》《宋钘尹文遗书著考》《韩非子初见秦篇发微》和《青铜时代》等 10 篇学术论文，附录 3 篇，诸篇文章的考证对研究先秦思想史颇有学术价值。《十批判书》则偏于学术的分析，该著作收集了《古代研究的自我批判》《孔墨的批判》《儒家八派的批判》《稷下黄老学派的批判》《庄子的批判》《荀子的批判》《名辩思潮的批判》《前期法家的批判》《韩非子的批判》和《吕不韦秦王政的批判》等 10 篇论文，考察了先秦诸子产生的社会根源、学术渊流、思想观点及相互关系等，形成了著者先秦思想史研究的学术体系。郭沫若倾向于尊孔抑墨，这种观点有待于学术界作进一步的研究。

40 年代，侯外庐（1903—1987，山西平遥县人）出版了《中国古代思想学说史》（1944）、《中国近世思想学说史》（1946）、《中国思想通史》第 1 卷（1949）等。《中国古代思想学说史》，起于殷代，终于战国，是一部先秦思想史专著。此书注意以古代社会史为基础评估古人思想，注意具体分析思想史上各家各派的理论概念，对先秦思想家和思想流派作出了独到的评论。《中国近世思想学说史》全书分 3 篇，分别论述 17 世纪清初的启蒙思想、18 世纪的汉学和 19 世纪中叶至 20 世纪初的西学东渐，着重发掘宣传近 300 年中王夫之、黄宗羲、顾炎武、颜元、李顺、唐甄、康有为、章太炎等人的民主主义思想、民族气节和爱国主义传统。该书是以马克思主义观点指导研究 17 世纪至 20 世纪初思想史的拓荒之作。抗日战争胜利后，侯外庐和杜国庠、赵纪彬、陈家康等计划编写一部从古代到五四时期以唯物史观指导的中国思想通史。他与杜国庠、赵纪彬以《中国古代思想学说史》为底本，很快完成了第 1 卷，于 1949 年出版。第 2、3 卷编写时，邱汉生参加，也于 1949 年前基本定稿。前三卷分别是先秦、两汉、南北朝部分，内容较为丰富，尤其是第 1 卷，集中了先秦思想史研究的各方面的成就，其中，对先秦逻辑思想史的发掘尤为深入。后来，侯外庐把他的《中国近世思想学说史》中鸦片战争前部分加以充实和修订，更名《中国早期启蒙思想史》，作为《中国思想通史》第 5 卷，鸦片战争后部分更名为《中国近代启蒙思想史》，并约请白寿彝等撰写了隋唐至明末的第 4 卷上、下两册。可见，《中国思想通史》5卷 6 册除第 4 卷外，初稿均于民国时期编写。

思想史方面的重要专著还有何干之的《近代中国启蒙运动史》（1938）、《三民主义研究》（1941）、《鲁迅思想研究》（1946），李平心的《论鲁迅思想》（1941 年再版时改为《人民文豪鲁迅》）、《近代社会思想史》（1947），杜国庠的《先秦诸子思想概要》（1944），及范文澜于 1940 年秋在延安新哲学会上的讲演——《中国经学史的演变》等。

中国民族史方面，吕振羽在 1947 年出版了《中国民族简史》一书，这是我国第一部运用马克思主义观点研究中国民族史的著作。这部著作对西方资产阶级学者所主张的中国人种西来说进行了驳斥，提出中国人种主要来源于蒙古人种和马来人种，还有一些次人种成分如所谓高加索人种，指出每一个民族经过历史的发展变化都会融入和混合其他民族的血统，中国各民族都不断杂入世界其他民族血液，世界其他民族也不断吸取中国各民族的血液，这本书也批判了法西斯主义所鼓吹的"纯雅利安血统""纯大和血统"，否定了蒋介石在《中国之命运》中宣扬的大汉族主义。

通俗史学方面，除了郭沫若所写的《屈原》等 5 部大型历史剧外，抗战时期的通俗历史著作还有许立群的《中国史话》、韩启农的《中国近代史讲话》等。

综上所述，1937 年至 1949 年间的中国马克思主义史学在前一阶段形成的基础上逐渐成长和成熟，撰写了一大批既重视运用马克思主义理论，又注意详细地占有资料，并有独立学术见解的史学论著，可谓研究成果累累，为新中国成立后马克思主义史学建设和全面发展奠定了基础。

三、科学考古学的诞生与发展

19 世纪末 20 世纪初甲骨文的发现、20 世纪初汉晋简牍、敦煌写本的发现，成为中国科学考古学诞生的前兆；民国前期，科学考古学诞生；南京政府时期，考古学取得了较为突出的进展。

（一）民国前期科学考古学的诞生

民国初年，研究甲骨文最有成绩的有罗振玉、王国维、容庚、唐兰等人。1911 年，罗振玉从历年收集的甲骨中精选 3000 余片编成《殷墟书契前编》8 卷，于 1913 年出版；1914 年，他又在日本编成《殷墟书契菁华》，后两年又作《殷墟书契后编》。1916 年，王国维为英人哈同将所得甲骨编成《戬寿棠所藏殷墟文字》；他还利用甲骨文资料写成《殷墟卜辞所见地名考》，《殷卜辞所见先公先王考》等 8 篇重要论文。其他还有黄心甫的《邺中片羽》，容庚、瞿润缗的《殷墟卜辞》，唐兰的《北京大学所藏甲骨刻辞》，孙海波的《诚斋殷墟文字》，李亚农的《殷契摭佚》，胡厚宣的《厦门大学所藏甲骨文字》《华西大学所藏甲骨文字》。研究汉晋简牍的著作有向达的《斯文海定楼兰所获缣素简牍遗文抄》，罗振玉、王国维的《流沙坠简》及其《考释》《补遗》《附录》，王国维的《屯戍丛残》《流沙坠简补正》，罗振玉的《简牍遗文》，贺昌群的《流沙坠简校补》等。研究敦煌文书的著作有《鸣沙石室遗书》《鸣沙石室古籍丛残》，陈垣的《敦煌劫余录》，许国霖的《敦煌石室写经题记》《敦煌杂录》，向达的《敦煌丛钞》等。

1912 年至 1927 年间，我国开始出现了初期的科学考古活动。

1918 年起，中国北洋政府开始与外国学术单位合作进行考古工作，聘请瑞典地质和考古学家安特生作矿业顾问，与中国地质调查所的丁文江、翁文灏等共同进行古脊椎动物化石的采集工作。1921 年，安特生和奥地利的师丹斯基在北京周口店龙骨山采集到一批化石，1926 年，师丹斯基在研究这批化石时，发现了一枚人牙化石，引起了学术界的关注。

1921 年，安特生、师丹斯基及地质调查所采集员刘长山、地质学家袁复礼到河南渑池县仰韶村进行考古发掘，获得一批石器和陶器，其中以彩陶为显著特征，提出了"仰韶文化"的命名。"仰韶文化"属新石器时代的遗存。之后，安特生又到甘肃、青海进行史前遗址的调查发掘，又发现了一些新石器时代的文化遗存。安特生根据在仰韶和甘青地区的发掘著有《中华远古文化》《甘肃考古记》《黄土的儿女》《中国史前史研究》《朱家塞遗址》《河南史前遗址》等论著，将这些地区远古文化划分为齐家、仰韶、马厂、辛店、寺洼、沙井期等6期，并认为黄河流域的彩陶文化是从中亚地区传来的，甘肃北山与南山之间及兰州附近黄河流域为其交通上的孔道。

安特生所做的考古工作，比较粗糙，他的一些结论在后来的考古发现中逐渐受到了修改和否定。但他在周口店首次发现第一枚人牙化石，以及在仰韶进行的首次新石器时代遗址的发掘，仍具有重要意义。和安特生大约同时在我国搞考古调查的法国天主教神父桑志华、德日进于 1922—1923 年在河套地区的宁夏银川水洞沟和内蒙古自治区萨拉乌苏河一带发现了河套人。

在欧洲的近代考古学影响下，中国开始建立考古学的学术团体，并主持野外发掘工作。1922 年，北京大学成立了考古研究室，马衡任室主任。1924 年，北京大学考古研究室又设立考古学会。1926 年，清华学校国学研究院人类学教师李济（1896—1979），湖北钟祥人。他主持山西夏县西阳村新石器时代遗址的发掘工作，这是首次由中国学者主持进行的田野考古工作。这次发掘收获并不很大，主要是一些石器、骨器和陶器，发掘报告《西阳村史前的遗存》于次年出版。这样，中国人自己研究的近代考古学就开始了。

（二）科学考古学的发展

1927—1937 年，是我国在考古学上取得辉煌成就的十年。

史前遗址的发掘方面，1927 年北京周口店龙骨山洞穴内，首次发现了"北京猿人"遗骸。1929 年 12 月，我国古生物学家裴文中在该地发现了第一个猿人头盖骨化石，国内外学术界为之震动。1933 年在龙骨山的山顶洞内又发现 18000 年前的 8 个人类个体，其中较完整的有 3 具，为我国新人化石，蒙古人种的祖先。1930—1931 年，历史语言研究所考古学组的李济和梁思永在山东历城县城子崖进行考古发掘，发现一种以磨光黑陶为显著特征的新石器时代遗存，它区别于仰韶彩陶，被称为"龙山文化"。这次发掘的成果由傅斯年、李济、梁思永等编著了我国第一部田野考古报告集《城子崖》。城子崖遗址是由中国考古学者发现和发掘的第一处新石器时代遗址。后来，梁思永又在安阳后岗进行发掘，发现小屯殷商文化、龙山文化和仰韶文化自上而下相叠的地层关系，解决了仰韶、龙山、殷商文化的相对年代问题，这就是著名的"三叠层"的发现。1936 年，西湖博物馆施更昕在杭县发掘了良渚遗址，发现了"良渚文化"，这是在我国南方第一次发现的一种新石器时代文化，发掘报告《良渚》于 1938 年出版。这一时期，还在甘肃的河套、吉林的顾乡屯等地发现了与"山顶洞人"同期的文化遗存。这些重大的发现，对我国原始社会史研究具有重大意义，史前期考古学由此兴起。

殷墟甲骨文的发掘和研究方面，1928—1937 年，中央研究院史语所考古组的李济、董作宾等对殷墟进行发掘，前后共 15 次，获带字甲骨 24832 片，董作宾编为《殷墟文字》甲乙编，郭沫若亦将部分编入《卜辞通纂》。河南博物馆也于 1929 年、1930 年两次对殷墟进行发掘，得甲骨 3656 片，由关伯益编为《殷墟文字存真》，孙海波编为《甲骨文录》。

简牍发掘方面，1927 年中国以学术团体名义，与瑞典探险家斯文赫定合组"西北科学考察团"，北京大学教授徐炳昶任中方团长，由黄文弼代表北京大学考古学会参加该团到西北进行考古工作，考察持续到 1933 年，于居延故塞发现汉代居延都尉府的简牍 11000 多枚，于罗布淖尔得汉代简牍及其他古物，于吐鲁番发现高昌古墓群得陶砖甚多，又于库车得壁画及写经，还有其他出土文物，以后陆续发表了《罗布诺尔考古记》《吐鲁番考古记》《塔里木盆地考古记》和《高昌陶集》《高昌砖集》，这就是著名的新疆考古"三记二集"。劳干则根据"居延汉简"写出了著名史著《居延汉简考释》。

西安宝鸡周秦墓的发掘也是这一时期重要的考古成果。1933 年，北平研究院史学研究会组织到陕西渭河流域进行调查发掘，由徐炳昶领导，黄文弼、苏秉琦等参加，发掘了这一地区的周秦及汉代墓葬，历时 2 年。后来，由苏秉琦将宝鸡斗鸡台处的周秦墓葬资料进行整理研究，于 1948 年发表了《宝鸡台沟东区墓葬的报告》，在报告中，苏秉琦首创按器物形制学划分墓葬随葬陶器组合的共存关系，作为分期断代的标准方法，为后来的形制学研究树立了楷模。同时，他在研究中还提出了探索周文化渊源的线索，把我国考古学的研究进一步引向深入。

1937 年全民族抗战爆发，侵华日军肆意摧残中国文化事业，对文物或掠夺或焚毁，据 1945 年 10 月"战时文物保存委员会"登记，战时文物损失共 360 多万件又 1870 箱，古迹 741 处。为避免文物遭日军掠夺、破坏，中国考古机构将所藏文物西迁。七七事变后，中央博物院筹备处即着手选择藏品，分装多箱，一部分密存南京朝天宫故宫仓库和上海兴业银行，大部分珍品则于 1937 年 7 月离宁迁汉，旋入川，在重庆南岸沙坪坝建库贮藏。1939年 5 月，重庆遭日本飞机轰炸，6 月，中央博物院文物分 3 批迁昆明，小部分存四川乐山。1940 年 6 月，因太平洋战争爆发，昆明遭日机轰炸，8 月，中央博物院筹备处再迁四川南溪李家庄。故宫博物院的文物在 1937 年 8 月运出第一批，由南京出发，经汉口、长沙，最后到贵阳安顺，1944 年再迁巴县；第二批文物从水陆两路抢运水路经汉口、重庆到乐山，陆路从南京下关装火车，经宝鸡、汉中、成都到峨眉。

中国考古学者在抗战后方的西南和西北地区，在艰难条件下，尽最大努力开展考古工作。

1937 年中央博物院筹备处主任李济邀请留学欧美的吴金鼎、曾昭燏、冯汉冀、夏鼐等一批年轻的考古学者到筹备处工作。1938 年，他们都来到了四川。冯汉骥只身一人前往四川西北部岷江上游羌族地区进行考察，在汶川县清理了石棺葬，后发表《岷江上游的石棺葬文化》一文，首次科学地报道了这类墓葬。1938 年 11 月，吴金鼎去云南苍洱境大理附近调查南诏时期太和故城、白王冢、三塔寺等遗址和马龙、龙泉、中和等史前遗址；次年 3 月，他和曾昭燏、王介忱发掘大理附近的马龙、清碧、佛顶等 6 处遗址，同时又调查发现了一些新遗址；他们将苍洱境发现的史前文化和华北仰韶、龙山文化做了比较，发现苍洱境文化中的断线压纹陶与半月形石刀具有独特性，故将其取名为"苍洱文化"。曾昭燏等对室内文物进行整理和研究，在李庄等处举办了多次文物展览。

1941—1942 年，中央研究院史语所、中央博物院筹备处和中国营造学社合组川康古迹考察团，去四川彭山县双江镇附近发掘汉崖墓，清理了 77 座崖墓和 2 座砖室墓，出土陶俑等文物数百件，发现的一件陶质佛座对研究佛教传入具有重要价值。彭山崖墓还为研究汉代建筑和艺术提供了许多珍贵资料。1942 年，史语所、中央博物院筹备处和四川省博物馆合作，由吴金鼎主持发掘成都附近的五代前蜀王建墓，取得了较大收获。

1942 年，史语所和中央博物院筹备处等合组西北史地考察团。敦煌组由向达负责，主要考察了敦煌千佛洞，针对少数人对敦煌壁画的破坏，提出了保护敦煌的措施。历史组由劳干负责，注重考察汉代遗迹，收集汉简。史前组由石璋如负责，开始在敦煌附近的额济纳河流域考察汉代长城和烽燧遗址，后转往关中地区，在陕西调查了邠、乾、长安、武功、鄠、扶风诸县，共获遗址 66 处。

1944 年，史语所、中央博物院筹备处、中国地理研究所、北京大学文科研究所合组西北科学考察团，考古方面由向达、夏鼐、阎文儒负责。他们调查了兰州十里店、西果园一带的史前遗址，又自酒泉往金塔北海子探汉代烽燧遗址、瓜州故城；5 月，在敦煌附近发掘魏晋和唐代墓葬；11 月，考察汉玉门关、阳关和长城、烽燧遗址，发现一批汉代木简。1945 年春，夏鼐在甘肃宁定县阳洼湾齐家墓葬发掘中，从墓葬的墟土中找到了仰韶文化的彩陶片，从地层证据证明齐家文化晚于仰韶文化，他写了《齐家墓葬的新发现及其年代的改正》一文，纠正了安特生关于齐家期早于仰韶期的年代错误。

除上述规模较大的考古活动外，在四川还有不少零星的考古活动。1937 年，中央大学金毓黻、常任侠等在重庆附近调查崖墓，后又调查清理沙坪坝汉墓。1940 年，卫聚贤、郭沫若、常任侠调查重庆江北培善桥汉墓遗物。1941 年，凌纯声、马长寿等在理番发掘汉墓。1942 年，史语所和中央博物院筹备处合作进行川康古迹考察发掘，在陈家偏、牧马山老江口、李家沟等处发现了一批史前时期和汉代遗存等。

原在史语所、抗战初期奔赴延安的尹达于 1942 年在延安大砭沟发现了龙山文化遗址，还出版了《中国原始社会》一书。1946 年，他又在华北解放区邯郸附近清理一座汉墓，首次发现了散乱的玉衣片。

1946 年底，中央博物院筹备处李庄与乐山两处人员暨文物返运南京。1947 年，故宫博物院先将乐山、巴县、峨眉 3 处文物集中重庆，然后全部运返南京。新中国成立前夕，国民党政府下令将大量文物运往台湾岛，其中有故宫文物 231910 件，中央博物院筹备处文物 11729 件。

从 1926 年李济主持西阳村史前遗址发掘到新中国成立，中国考古学经过 20 余年的发展已初具规模，做了不少调查发掘工作，开辟了自己的道路，摸索出一套适合中国特点的田野工作方法，积累了一批通过正规发掘的科学资料，出版了一批考古学论著，为我国考古学的发展奠定了基石。

第三章　古今中西之争与中国学术转型

从戊戌维新时期到 1928 年中央研究院设立的 30 余年间，是中国现代学科体系、学术体系的创立时期，或者说是从传统学术体系向现代学术体系转型的过渡阶段。清末民初的学人们在开创中国现代学科体系的过程中体现了"会通古今、会通中西、会通文理"的学术取向。中国现代学术之建立是一场古与今、国故与新知、传统性与现代性之间的穿越沟通，离不开现代性学术范式、现代性知识话语的建构，还要传承中国古典学术传统；是一场国学与西学之间的跨语际对话，要引入西方现代学术并实现与"世界学术"的对接，还必须重视国学传承及知识形态转换，实现西学东渐与中学西传互补，"以中评西"与"以西释中"并用，学理、路径、话语三者中西贯通；还包括文理会通，体现在西方现代科技与中国人文传统之间的交融、理工农医与人文社会科学之间的交叉与学术大师知识结构上的文理交汇。

清末民初，是混而不分的传统学术形态向分科日趋细化的现代学术形态实现全面转型的重要时期，国际化与本土化成为中国学人在实现中国现代学术转型中同步并趋的双向追求。学术转型中的国际化与本土化同步并趋、国际借鉴与历史传承兼顾并重，是中西融合、综合创新的文化观念在学术领域的延伸与体现。"学术国际化"主要体现在学科体系、学术体制的国际化，学术观念、学术方法的国际化，学术名词、学术话语的国际化，从具体学科来说，图书馆学的建立是"西学东渐"之背景下引入西方学术分科观念、现代知识分类体系的产物。近代学人也表现出了强烈的学术本土化倾向，如图书馆学从建立之初就启动了本土化进程，体现为"三个注重"，即注重适应中国历史文化背景，注重适应中国目前社会的实际需要，注重整理中国固有的目录学、校雠学等本土学术资源。

1925 年梁启超提出"建设中国的图书馆学"，启动了建立中国本土化的图书馆学的进程，在中国学术本土化中走在了前列；他从"读者"与"读物"两个角度论证了构建中国图书馆学必须从中国国情出发，走中国本土化之路，不能简单引进国外图书馆学学科体系、学术体系。推进中国图书馆学本土化发展，需要传承中国古代图书整理、图书管理的知识、思想与方法，传承藏书学、校雠学的知识系统，使国学、使本土资源成为我国图书馆学知识生产的重要源头。无论是图书馆学基础理论还是"应用的"图书馆学都需要借鉴、传承国学中的相关资源。

一、中国学术现代转型中的"三个会通"
——一以图书馆学、哲学与社会生物学为重点[①]

从戊戌维新时期到 1928 年中央研究院设立的 30 余年间，是中国现代学术体系的开创时期。清末以来，学界与相关机构通过借鉴西方学术分科体系，提出了各种学科分科、学术分类方案，如 1913 年教育部颁布《大学令》和《大学规程》，规定设置文、理、法、商、医、农、工七门学科，混而不分的古典学术转向了现代的"七科之学"，包括哲学、历史学、考古学、图书馆学、社会学、民族学等人文社会学科在内的各门现代学科纷纷建立。在中国学术现代转型过程中，既呈现了治学日趋专门、学科日趋分化的趋势，也展现出将古今中西各种知识加以整合的倾向。康有为在 1895 年的《上清帝第二书》中对中国缺少"通古今达中外"之士人深感遗憾。王国维在民国初年写成的《〈国学丛刊〉序》中力主"学无新旧、无中西、无有用无用之说"[②]。今人何兆武先生则曾将清华学人共同的情趣风貌概括为"会通古今、

---

① 本节曾以论文形式在《山东社会科学》2021 年第 5 期发表，作者为于作敏、俞祖华。
② 王国维：《〈国学丛刊〉序》，方麟选编《王国维文存》，江苏人民出版社 2014 年版，第 702 页。

会通中西、会通文理"①。清末民初的学人们在开创中国现代学科体系的过程中，体现了"传统（旧学）——现代（新学）""中国（国学）——世界（外学）"与"科学——人文""三个会通"的学术取向，从而使学术转型呈现出传统性与现代性并重、国际化与本土化兼备、科学精神与人文精神融通的特征。

（一）古今会通：旧学与新知的创造性转化

中国现代学术之建立是一场古与今、国故与新知、传统性与现代性之间的穿越沟通，一方面要推动现代学术分类谱系、现代学术理论、现代学术方法、现代学术话语、现代学术制度与现代学术精神的确立；另一方面则要以"古学复兴""文艺复兴"与"整理国故"相号召，传承中国古典学术，诠释古学的"现代意义"，在融合古今的基础上实现中国学术现代转型。有学者将西方与现代性直接挂钩，将古今之争等同于中西之争或将会通古今等同于会通中西，实则中国古典学术也蕴涵可现代化元素或者说中国古学也是现代性的重要源点，而西方在启蒙时代现代性生发之前也有"古学"，中国学人的"古学复兴""整理国故"思想在一定程度上正是受到了西方文艺复兴思想的影响，故而"会通古今"与"会通中西"是有区别的，"会通古今"不啻中国古学与现代学术的融通，中外现代学术与西方古学、与其他古文明之间也在进行对话；且"古"与"今"是相对的，古人也在进行"会通古今"，如司马迁的"通古今之变"。

一个时代有一个时代的主题，一个时代有一个时代的学术。中国现代学术的建立，离不开对时代精神、"现代意义"的追寻，离不开现代性学术范式、现代性知识话语的建构，离不开新观念、新理论、新知识、新方法的倡导。晚清一代与五四一代学人们，为"构建具有鲜明现代性的新的学术体系"② 包括建立现代性人文社会科学学术新范式，作出了开创性的贡献。康

---

① 何兆武：《也谈"清华学派"》，《读书》1997 年第 8 期。
② 姜义华：《章太炎与中国现代学术基础的奠定》，《史林》2016 年第 4 期。

有为被其弟子梁启超称为引领中国现代化的"先时人物"，他大力倡导以创新立国，尤其重视学术创新，认为"泰西之强，不在军兵炮械之末，而在其士人之学、新法之书"，主张"中国今日不变法日新不可，稍变而不尽变不可，尽变而不兴农、工、商、矿之学不可"①。梁启超致力于文化学术领域的现代性追求，他不仅在文学领域提出了文界革命、诗界革命、小说界革命的"三界革命"主张，还在学术领域提出了"史学革命""有新学术，然后有新道德、新政治、新技艺、新器物"②等学术革新的主张，并以"新史学"、学术史书写等学术实践推动学科结构、学术内容、学术话语实现革命性变革。新文化运动的倡导者以现代性标准审视儒学、批判纲常名教、反思传统文化。陈独秀指出，"欧美今日之人心，不但不为其古代圣人亚里斯多德所拘囚，且并不为其近代圣人康德所支配"③，中国的风俗人心、中国的学术发展也不应该被古代圣人孔子、被古代学说儒学所束缚，儒术孔道缺点多多，"尤与近世文明社会绝不相容者，其一贯伦理政治之纲常阶级说也"④。李大钊表示自己之所以抨击孔子，是因为其说教已不适应"今之社会"，"使孔子而生于今日，或且创民权自由之大义亦未可知，而无如其人已为残骸枯骨，其学说之精神，已不适于今日之时代精神何也"⑤。胡适在1919年12月发表的《新思潮的意义》一文中，提出以"评判的态度"即尼采所说"重新估定一切价值"讨论国故，重新估定孔教、旧文学、纲常名教"在今日还有什么价值"；他以《〈红楼梦〉考证》等文开启了"新红学"，以第一本用现代学术范式书写《中国哲学史大纲》开创了中国哲学史学科，以现代科学方法论会通"清代学者的科学方法"引领了新考据学派，"在文学、哲学、史学等

---

① 康有为：《日本书目志·自序》，《康有为全集》第3集，中国人民大学出版社2007年版，第263—264页。

② 梁启超：《近世文明初祖二大家之学说》，《饮冰室合集》第2册，中华书局1989年版，文集之13，第1页。

③ 陈独秀：《孔子之道与现代生活》，《陈独秀文章选编》上册，生活·读书·新知三联书店1984年版，第152页。

④ 陈独秀：《答吴又陵（孔教）》，《陈独秀文章选编》上册，第169页。

⑤ 李大钊：《自然的伦理观与孔子》，《李大钊文集》上册，人民出版社1984年版，第264页。

众多领域内实际起到了总结既往与开拓未来的转折作用"，"使现代中国学术发展重新建构一套涉及价值与方法转型的新'范式'成为可能"。①

中国现代学术之建立，还要承接、传承中国古典学术传统，实现旧学与新学的接轨，使古学中与现代科学相通、与现代生活相适应的部分得以彰显，使传统文化实现创造性转化创新性发展并成为现代学术生产的知识源头。学术先贤们注意到，欧洲文艺复兴史表明，西方现代学术的兴起与"古学复兴"有着密切的关系。梁启超指出，近世文明的开启得益于"古学复兴"，"凡稍治史学者，度无不知近世文明先导之两原因，即十字军之东征，与希腊古学复兴是也"。② 因此，他认为中国学术发展也需要重视古学、旧学，为此提出了"淬厉其所本有而新之"③、清代学术二百余年间"总可命为古学复兴时代"④、清代学术一言以蔽之"以复古为解放"⑤ 等主张。马君武阐述了新学术与古学的关系，他强调"西方新学之关键，曰古学复兴（Renaissance）"⑥。清末国粹派从西方文艺复兴"欧洲以复古学而科学遂兴"⑦、通过复兴古学而生成现代性中得到启发，大力倡导"古学复兴"论，提出"吾人今日对于祖国之责任，惟当研求古学，刷垢磨光，钩玄提要，以发见种种之新事理，而大增吾神州古代文学之声价"；主张不仅要发扬光大"孔子之学"，"诸子之学，湮没既千余年，其有新理实用者，亦当勤求而搜讨之"⑧。蔡元培曾以医学为例说明了学术应当会通古今、融合新旧，他指出

① 章清：《重建"范式"：胡适与现代中国学术的转型》，《复旦学报》1993 年第 1 期。
② 梁启超：《论学术之势力左右世界》，《饮冰室合集》文集之 6，中华书局 1989 年版，第 111 页。
③ 梁启超：《新民说》，《饮冰室合集》第 6 册，中华书局 1989 年版，专集之 4，第 5 页。
④ 梁启超：《论中国学术变迁之大势》，《饮冰室合集》第 1 册，中华书局 1989 年版，文集之 7，第 103 页。
⑤ 梁启超：《清代学术概论》，《饮冰室合集》第 4 册，中华书局 1989 年版，文集之 34，第 6 页。
⑥ 马君武：《新学术与群治之关系》，《马君武文选》，广西师范大学出版社 2000 年版，第 138 页。
⑦ 许守微：《论国粹无阻于欧化》，《国粹学报》第 7 号，1905 年。
⑧ 邓实：《古学复兴论》，《国粹学报》第 9 号，1905 年。

西医是"新医学"、是"以最新之科学为根据者"，但中医、传统医学仍有传承的价值；从整个学术发展的角度而论，"科学之成立，率在近代，而人类经验之暗合学理者，则自昔为昭……是故鉴旧学之疏，而以新学进之则可，谓既有新学而一切旧日之经验皆得以吐弃之则不可"①。他还提出"以近代科学方法整理中国固有的学术，俾适用于现代"②。此后，"整理国故"的口号提出并被付诸实践，催生了中国现代学术史上的新考据学派。1919 年 1 月初，北京大学学生傅斯年等创办《新潮》刊物，旨在"唤起国人对于本国学术之自觉心"③；同月，其同学薛祥绥等成立《国故》月刊社，标榜"昌明中国固有之学术"。在两刊论争中，傅斯年提出了"整理国故"的说法，他指出："研究国故有两种手段：一、整理国故；二、追摹国故。由前一说，是我所最佩服的：把我中国已往的学术、政治、社会等等做材料，研究出些有系统的事物来，不特有益于中国学问界，或者有补于'世界的'科学。中国是个很长的历史文化的民族，所以中华国故在'世界的'人类学、考古学、社会学、言语学等等的材料上，占个重要的部分。或者因为中华国故的整理的发明，'世界的'学问界上，生一小部分新彩色。"④ 同年 12 月，胡适在其发表的《新思潮的意义》一文中提出"研究问题、输入学理、整理国故、再造文明"的口号，指出"我们对于旧有的学术思想有三种态度。第一，反对盲从；第二，反对调和；第三，主张整理国故……积极的只有一个主张，——就是'整理国故'。整理就是从乱七八糟里面寻出一个条理脉络来；从无头无脑里面寻出一个前因后果来；从胡说谬解里面寻出一个真意义来；从武断迷信里面寻出一个真价值来"⑤。

　　清末民初学人"以新理新法治旧学"，在温故而知新、整理国故"俾适

① 蔡元培：《〈医学丛书〉序》，《蔡元培全集》第 3 卷，浙江教育出版社 1997 年版，第 112 页。
② 蔡元培：《中国的文艺中兴》，《蔡元培全集》第 5 卷，浙江教育出版社 1997 年版，第 87 页。
③ 傅斯年：《〈新潮〉发刊旨趣书》，《傅斯年全集》第 1 卷，湖南教育出版社 2003 年版，第 79 页。
④ 傅斯年：《毛子水〈国故和科学的精神〉识语》，《傅斯年全集》第 1 卷，第 262 页。
⑤ 胡适：《新思潮的意义》，《胡适全集》第 1 卷，安徽教育出版社 2003 年版，第 698 页。

用于现代"、实现古学的现代转换上，进行了大量开启性的学术创新工作，有力推动了中国学术现代转型。他们将中国古学的知识系统、中国古人的治学方法与现代学理、现代科学方法进行对接，赋予传统学术以"新知""新义"与"新工具"的意义，将其纳入中国现代学科学术体系之中。如在学科内容体系上，他们提出传承藏书学、目录学、校雠学等传统学问的知识系统，使其成为构建"中国的图书馆学"的重要学理源头。梁启超 1925 年 6 月在中华图书馆协会成立大会上发表演说时提出"建设中国的图书馆学""须要对于中国的目录学（广义的）和现代的图书馆学都有充分智识"，除了吸取、借鉴世界共通的"图书馆学的原则"，还主张"应用现代图书馆学的原则"去整理中国古籍，主张传承藏书学、"中国的目录学（广义的）"的知识系统。他指出："中国从前虽没有'图书馆学'这个名词，但这种学问却是渊源发达得很早。自刘向、刘歆、荀勖、王俭、阮孝绪、郑樵，以至近代的章学诚，他们都各有通贯的研究，各有精到的见解。所留下的成绩，如各史之艺文经籍志，如陈振孙、晁公武一流之提要学以至近代之《四库总目》，如佛教之几十种经录，如明清以来各私家藏书目录，如其他目录学专家之题跋和札记，都能供给我们以很丰富的资料和很复杂的方法。中国现代青年，对于外国图书馆学得有根柢之后，回头再把中国这种目录学（或用章学诚所定名词叫他做校雠学）加以深造的研究，重新改造，一定能建设出一种'中国的图书馆学'来。"① 杜定友指出："我国向来有目录学、校雠学，也差不多有图书馆学的意思"，"历来中国学者，凡是饱学之士，没有不研究目录、版本之学"，"中国向来也有一些似是而非的图书馆专门学问，我们对于这种学问，也非痛下一番研究不可"②。中国古代没有"图书馆学"这一名词，学界对中国古典学术中是否存在"古代图书馆学"也存有争议，但中国古学中与图书馆相关的学问"渊源发达得很早"如藏书学、校雠学等，这

---

① 梁启超：《论中国学术思想变迁之大势》，《饮冰室合集》第 5 册，中华书局 1989 年版，文集之 42，第 44—45 页。

② 杜定友：《图书馆学的内容和方法》，《教育杂志》1926 年第 9 期。

是建立中国现代图书馆学时需要加以传承的。① 在治学方法上，梁启超、胡适等人肯定了考据、校勘等古人治学方法的现代科学方法论意义。梁启超指出，戴震少时读《大学》右经一章以下"一再发问塾师，"此一段故事，非惟可以说明戴氏学术之出发点，实可以代表清学派时代精神之全部，盖无论何人之言，决不肯漫然置信，必求其所以然之故，常从众人所不注意处觅得间隙，既得间，则层层逼拶，直到尽头处；苟终无足以起其信者，虽圣哲父师之言不信也。此种研究精神，实近世科学所赖以成立。"② 胡适指出："清朝的'汉学家'所以能有国故的大发明者，正因为他们用的方法无形之中都暗含科学的方法。钱大昕的古音之研究，王引之的《经传释词》，俞樾的《古书疑义举例》都是科学方法的出产品。这还是'不自觉的'（Unconscious）科学方法，已能有这样的成绩了。"③ 他相信，将考据学"不自觉的"科学方法与现代学术"自觉的科学方法"结合，必能在研究国故上取得更大的成绩，如陈垣先生在"中国古来的校勘学"之基础上进而采用"科学的校勘"，其所校《元典章》"可以说是中国校勘学的第一次走上科学的路"④。

清末民初学人的"会通古今"既包括挖掘中国古学的现代性元素以促进中国学术现代转型，也包括将西方古学、外国古学吸收到中国现代学术体系之中。吴宓主张"存旧立新"，其所欲存之"旧"，并非是中国旧礼教，而是指西方古学，"世之誉宓毁宓者，恒指宓为儒教孔子之徒，以维持中国旧礼教为职志。不知宓所资感发及奋斗之力量，实来自西方。质言之，宓爱读《柏拉图语录》及《新约圣经》。宓看明（1）希腊哲学（2）基督教，为西洋文化之二大源泉，及西洋一切理想事业之原动力"。他把包括古希腊哲学与基督教在内的西方古典文明看成西洋"真正之文化"，认为可持此以归

---

① 详见于作敏、赵慧峰《国学传承与民国前期图书馆学的本土化》，《鲁东大学学报》2020年第2期。

② 梁启超：《清代学术概论》，《饮冰室合集》第4册，中华书局1989年版，专集之34，第25—26页。

③ 胡适：《论国故学（答毛子水）》，《胡适全集》第1卷，安徽教育出版社2003年版，第418页。

④ 胡适：《校勘学方法论》，《胡适全集》第4卷，安徽教育出版社2003年版，第155页。

以"了解中国文化之优点与孔子的崇高中正"①。汤用彤以现代学术视野、现代学术方法从事佛教史研究，因其熟悉中、西、印古代哲学，故可对在中国流传的佛教各派追踪溯源，撰写了《汉魏两晋南北朝佛教史》等著作，成为"古今结合"的学术范例。

（二）中西会通：国学与西学的跨语际对话

中国现代学术之建立，一方面要引入西方现代学术并实现与"世界学术"的对接；另一方面则应立足本土资源并着力诠释、解答本土问题，呈现为国际化（或称"世界化"）与本土化（或称"中国化"）双向展开的过程。

在中国学术现代转型中，多位学人阐述了中西会通的思想主张。康有为认为"中国人才衰弱之由，皆由中西两学不能会通之故"，主张"泯中西之界限，化新旧之门户"②。严复提出"必将阔视远想，统新故而观其通，苞中外而计其全，而后得之"③，主张中西会通。梁启超批评了"徒为本国学术思想界所窘，而于他国者未尝一涉其樊也"与"徒为外国学术思想所眩，而于本国者不屑一屑其意也"两种倾向，主张既要输入外国学术思想，又要传承本国学问，宜将中外学术"汇万流而剂之，合一炉而冶之"；他预言20世纪为泰西文明与泰东文明、欧美文明与中华文明"两文明结婚之时代"，称"彼西方美人，必能为我家育宁馨儿以亢我宗也"；他相信"外学之输入者果昌，则其间接之影响，必使吾国学别添活气，吾敢断言也。但今日欲使外学之真精神普及于祖国，则当转输之任者，必邃于国学，然后能收其效。"④ 在他看来，西方学术的引进不仅不会使中国学术归于消灭，而且能使国学"别添活气"而获得新生；同时，真正能够胜任"转输"西方现代性之重任者，

---

① 吴宓：《〈吴宓诗集〉卷末》，中华书局1935年版，第162页。

② 康有为：《请将经济岁举归并正科，并各省岁科试迅即改试策论折》，《康有为全集》第4集，中国人民大学出版社2007年版，第306页。

③ 严复：《与外交报主人书》，《严复集》第3册，中华书局1986年版，第560页。

④ 梁启超：《论中国学术思想变迁之大势》，《饮冰室合集》第1册，中华书局1989年版，文集之7，第1—4、104页。

必然是像严复那样既精通西学而又"邃于国学"的学人。高旭提出"对于我国固有之学，不可一概菲薄，当思有以发明而光辉之；对于外国输入之学，不可一概拒绝，当思开户以欢迎之"，坚持"吸食与保存两主义并行"，"于西学庶免食而不化之讥，于中学冀呈晦变明之象"。① 凡人提出，对待中学与西学，应该"合数千年吾国国学之精粹，各取其长，进而参考东西各科之新理，以求其是"，"合古今、贯东西而熔铸于一炉"。② 陈寅恪指出："其真能于思想上自成系统，有所创获者，必须一方面吸收输入外来之学说，一方面不忘本来民族之地位。此二种相反而适相成之态度，乃道教之真精神，新儒家之旧途径，而二千年吾民族与他民族思想接触史之所昭示者也。"③

　　中国现代学术的创立是在西学东渐的背景下完成的，正是在引入西方学术分科体系、西方学术理论、西方学术方法的基础上，中国学术研究新的范式得以重建。从严复主张"痛除八股而大讲西学"、胡适提倡"输入学理"、梁启超呼唤"外来思想之吸受"，到鲁迅力主"拿来主义"，都体现了全面引入西方现代学术的坚决态度、坚定立场。严复翻译"严译名著"，介绍了涉及伦理学、社会学、政治学、经济学、逻辑学等学科在内的西方学理，引入了包括"考订""贯通""试验"三个环节的实证方法与包括"内导（归纳）""外导（演绎）"两者的逻辑方法，还推出了包括玄学（名学、数学）、玄著学（力学，包括水、火、音、光、电磁诸学；质学即化学）、著学（天学、地学、人学、动植之学，其中，人学又包括生理学、心理学）、群学（政治、刑名、理财、史学）、专门学（农学、兵学、御舟、机器、医药、矿物等）5类的学科分类体系④，有力推进了中国学术现代转型的启动。各具体学科的分立都离不开西方学术分科体系、西方学理与西学方法的引入。如中

---

① 师夔（高旭）：《学术沿革之概论》，杨天石、王学庄《南社史长编》，中国人民大学出版社 1995 年版，第 46 页。

② 凡人：《开通学术议》，《辛亥革命前十年间时论选集》第 3 卷，三联书店 1977 年版，第344 页。

③ 陈寅恪：《冯友兰中国哲学史下册审查报告》，《金明馆丛稿二编》，三联书店 2001 年版，第 284—285 页。

④ 严复：《西学门径功用》，《严复集》第 1 册，中华书局 1986 年版，第 92—95 页。

国图书馆学的开创与西学东渐密不可分，在清末与民国初年先以日本为中介引入西方图书馆观念，其中，1917 年北京通俗教育研究会译自日本图书馆协会编写的《图书馆小识》与次年上海医学书局出版的顾实编纂之《图书馆指南》"实东洋图书馆学流入之代表作"①；1918 年后直接从欧美引入图书馆学成为主流，戴志骞 1919 年从美国学成归来后推出了《图书馆学术讲稿》，"戴氏所论大半，皆根据美国之办法，自是以还，美国式之图书馆概念，遂逐渐靡布全国，与民国初年步伍日本之趋势对立"②，介绍"杜威十进分类法"等各种西方图书分类法的论著也相继发表。包括中国哲学史在内的哲学学科的建立，也是以包括西洋哲学在内的世界哲学的介绍为先导的，蔡元培于 1915 年初编成出版了《哲学大纲》，该书编写"多采取德国哲学家之言"，"以德意志哲学家厉希脱尔氏之《哲学导言》为本，而兼采包尔生、冯德两氏之《哲学入门》以补之"③；胡适撰写了《五十年来之世界哲学》等论著介绍当时西洋各个哲学流派，他尤为推崇杜威的实用主义哲学，其"大胆假设，小心求证"的治学方法就源自杜威的《思维术》。

中国现代学术的创立还必须重视国学传承及知识形态转换，重视对本土经验的分析与本土学术资源的摄取。随着西学、"外学"的输入，19 世纪中叶以后出现了与其对应的"中学""内学"等词，到了 20 世纪初进而使用"国学""国粹"等词以指称中国古典学术。梁启超率先使用了"国学""国粹"等词，他在 1901 年发表的《中国史叙论》一文中提及了"国粹"一词，在 1902 年曾有创办《国学报》的设想，还主张"养成国民，当以保存国粹为主义，取旧学磨洗而光大之"④。同年 9 月，黄遵宪在写给梁氏的信中称"《国学报》纲目，体大思精，诚非率尔遽能操觚"⑤。稍后，梁氏又在《论中

---

① 金敏甫：《中国图书馆学术史》，《国立中山大学图书馆周刊》1928 年第 2 期。

② 刘国钧：《现时中文图书馆学书籍评》，《图书馆学季刊》1926 年第 2 期。

③ 蔡元培：《哲学大纲》，《蔡元培全集》第 2 卷，浙江教育出版社 1997 年版，第 300 页。

④ 丁文江、赵丰田编：《梁启超年谱长编》，上海人民出版社 1983 年版，第 278 页。

⑤ 黄遵宪：《致梁启超函（1902 年 9 月）》，龙扬志编著《黄遵宪集》，广东人民出版社 2018 年版，第 121 页。

国学术思想变迁之大势》一文中使用了与"外学"相提并论的"国学"一词。1904 年，邓实在《政艺通报》发表《国学保存论》。1905 年 1 月，邓实等以"研究国学，保存国粹"为宗旨在上海成立国学保存会，发行《国粹学报》。从 1906 年秋起，章太炎在日本东京开办了"国学讲习会"，持续到 1909 年。此后，"国学""国粹"等词开始广为流行。到了新文化运动时期，又出现了旧派、新派人物均认可且使用过的"国故"一词。无论是"保存国粹""保存国学"还是"整理国故"，都体现了在西学、外学冲击下传承本土学术资源以纳入现代知识体系的取向与努力。

为了促进中西学术的会通融合，促进学术世界化与学术中国化的结合，清末民初的学人、学界领袖们尤其注重从以下方面加以倡导并着力推动：

其一，西学东渐与东学西渐（中学西传）两种途径互为补充，促成中西方的相互了解与中西学术文化的双向交流，使世界学术走进中国与中国学术走向世界同频共振。

洋务运动时期，西学东渐与中学西传均已展开并产生了深远的影响。被称为"中国留学生之父"的容闳赴美国留学接触了西方文明，回到祖国后"以为予之一身既受此文明之教育，则当使后予之人，亦享此同等之利益。以西方之学术，灌输于中国，使中国日趋于文明富强之境"[①]；恽铁樵、徐凤石将容闳以英文写成的传记译成中文并于 1915 年出版，取名为《西学东渐记》。也是在这个时候，陈季同开始向西方讲述中国故事，他于 1884 年在法国巴黎翻译出版了译自《聊斋志异》26 篇故事的《中国故事》，于 1886 年在法国巴黎出版了以法文写成的、向西方介绍中国戏剧的读物《中国人的戏剧》。

西学在清季的中西文化交流中处于强势地位，故当时的学人更为关注的是从西方输入学理。严复被誉为"近世西学第一人"，他在西学东渐、介绍西方学术文化中发挥了巨大的作用。他们对中学西传、对中国文化走向世界也是满怀信心且高度重视的。梁启超在《论中国学术思想变迁之大势》一

---

① 容闳：《西学东渐记》，湖南人民出版社 1988 年版，第 23 页。

文中指出:"故合世界史通观之,上世史时代之学术思想,我中华第一也;中世史时代之学术思想,我中华第一也;惟近世史时代,则相形之下,吾汗颜矣。虽然,近世史之前途,未有艾也,又安见此伟大国民不能恢复乃祖乃宗所处最高尚最荣誉之位置,而更执牛耳于全世界之学术思想界者。"① 他认为国学足可与西学在世界是"双峰并峙",中西学"两文明结婚",既可为中国学术转型提供契机,也可为世界学术繁荣作出贡献。

民国初年,国人继续重视引进西方学术文化;同时由于第一次世界大战爆发从而使西方文明弊端得以充分暴露,中外人士比之前更为重视中国学术文化。学术大师们重视包括西学东渐与中学西传的双向交流,他们一面呼吁输入学理,一面倡导推动中国文化走向世界。蔡元培希望"现代学者当为东西文化作媒介",在促进"东西文化结合"上发挥作用,既要"以西方文化输入东方",通过翻译、介绍欧美学者的著作,"十年二十年后,必能使全国人民都接触欧美文化";又要"以东方文化传布西方",有的学者"用科学方法整理中国旧籍而翻译之,如吾友胡适的《墨子哲学》,是其中的一种"②。李大钊在《东西文明根本之异点》一文中,既表示"当虚怀若谷以迎受彼动的文明,使之变形易质于静的文明中,而别开一生面";又希望中华文明在"其古代文明,扩延及于高丽,乃至于日本,影响于人类者甚大"后,"可以于世界文明为第二次之大贡献"③。梁启超在《欧游心影录》中提出"拿西洋的文明,来扩充我的文明,又拿我的文明去补助西洋的文明,叫它化合起来成一种新文明"④。

其二,"以中评西"("以旧释新")与"以西释中"两种格义方式交相为

① 梁启超:《论中国学术思想变迁之大势》,《饮冰室合集》第1册,中华书局1989年版,文集之7,第2页。
② 蔡元培:《东西方文化结合——在华盛顿乔治城大学演说词》,《蔡元培全集》第4卷,浙江教育出版社1997年版,第351—353页。
③ 李大钊:《东西文明根本之异点》,《李大钊文集》上册,人民出版社1984年版,第561—562页。
④ 梁启超:《欧游心影录》,《饮冰室合集》第7册,中华书局1989年版,专集之23,第35页。

用，促进中西学术的相互贯通，推动中国现代学术在中西学理深度融合基础上的综合创新。

"以中评西"或"以旧释新""是运用中国传统文化的观点分析、吸取西方文化"①。明清之际与近代初期的"西学中源"说、"古已有之"论，就是以中释西的一种形式。康有为以"公羊三世"比附君主、君民共主与民主的社会发展进程，宣传自己"托古改制"的政治思想，是"西学中源"说在政治思想领域的发展，籍"以中释西"学术包装自己的变法主张。在新儒家学人中，"梁漱溟以中国的直觉评西方的理智、熊十力以中国的修养评西方的知识"是"以中评西"的论说。②

"以西释中"是以西方学术的学理、概念与话语来诠释中国古典学术。严复是西学大师，他自然更倾向于以西学"格义"中学，以西学疏导中学，"转于西学得识古之用"。他根据"西人名学"即逻辑学有关"内籀之术（归纳）"与"外籀之术（演绎）"的划分，将司马迁所说的《易》本隐而之显，《春秋》推见至隐"诠释为"迁所谓'本隐之显'者外籀也，所谓'推见至隐'者内籀也"③。王国维强调"欲通中国哲学，又非通西洋之哲学不易明也。近世中国哲学之不振，其原因虽繁，然古书之难解，未始非其一端也。苟通西洋之哲学以治吾中国之哲学，则其所得当不止此。异日昌大吾国固有之哲学者，必在深通西洋哲学之人，无疑也"④。冯友兰"以西方哲学为标准指出中国哲学的弱点"是"以西释中"，《新理学》是"以西释中和中西结合的典范"⑤。

其三，承古人义理、考据与辞章三位一体之思路，从学术理论、学术方法与学术话语三者入手，推动中西学术理论、中西治学方法与中西学术话语的深度融合，建设国际化与本土化并重的中国现代学术体系。

---

① 欧阳哲生：《戊戌时期严复与康有为学术思想之歧异述评》，《中州学刊》1995 年第 4 期。
② 周炽成：《中国哲学研究方法的中、西视野论》，《江淮论坛》2014 年第 1 期。
③ 严复：《〈天演论〉自序》，《严复集》第 5 册，中华书局 1986 年版，第 1319 页。
④ 王国维：《哲学辨惑》，方麟选编《王国维文存》，第 72 页。
⑤ 周炽成：《中国哲学研究方法的中、西视野论》，《江淮论坛》2014 年第 1 期。

学术义理的中西互释。新儒家学人"援西入儒"，援引西学资源重新诠释儒学，建立了被称为"新儒学"的现代思想——知识体系，这里的"新儒学"之"新"就是从西方引入的：梁漱溟所说的"老根新芽"之"新芽"，是要"吸收近代西人所长"，主要指科学、民主，指"科学技术，团体组织"；熊十力"新唯识论"之"新"，如胡秋原所说，"先生之学，盖以易经有科学，春秋有民主，周礼有社会主义"①；牟宗三所说"返本开新"之"新"，是要"开这个时代所需要的外王，亦即开新的外王"，即开出民主与科学；贺麟"新心学"之"新"，是通过"西洋文化的输入"而"促进儒家思想的新开展"；冯友兰"新理学"之"新"，是以西方学术思想如现代逻辑、新实在论诠释宋明理学，建立中国哲学的"新统"。新子学思想则是以西学诠释老庄思想等诸子之学，严复在《〈老子〉评语》《〈庄子〉评语》等论著中就以西学疏解老庄哲学，例如他解释《老子·三十五章》中的"往而不害，安、平、太"时称"安，自由也；贫，平等也；太，合群也"②。中国共产党人则通过"马克思列宁主义的理论和中国革命的实践相结合"、和中华优秀传统文化相结合形成了毛泽东思想，实现了马克思主义中国化的第一次飞跃。

治学方法的中西融合。现代学术中的四种主流方法即科学实证方法、马克思主义唯物辩证法、义理阐释法与直觉体悟法，均由中国古人治学方法与西方现代科学方法融合而形成，"西方科学实证主义与中国传统的考据学的融合而成科学实证方法；西方马克思主义唯物辩证法与中国传统的朴素辩证法的融合而成中国特色的唯物辩证法；西方诠释学方法、直觉方法与中国传统的义理方法、直觉方法的融合而成义理阐释方法、直觉体悟方法"③。

学术话语的中西兼采。近代学人以古汉语的字词翻译外来学术术语、学术名词并引入中国现代学术话语体系。如严复使用了"群学"（今译"社

---

① 转引自李锦全《对儒学当代发展问题的思考》，东莞学人文丛《李锦全集》，花城出版社2013年版，第407页。

② 严复：《〈老子〉评语》，《严复集》第4册，中华书局1986年版，第1090页。

③ 薛其林：《西学东渐与现代学术范式的确立》，《湖南社会科学》2001年第5期。

会学")、"计学"（今译"经济学"）、"名学"（今译"逻辑学"）等词汇，其中，"物竞天择""适者生存""天演""观察""试验""阻力""离心力""乌托邦"等"顺利地融入现代汉语"，"成为现代汉语中的（相对意义上的）'永久性'的常用词"。①

（三）文理会通：人文与科技的互嵌式交融

清末民初中国学术现代转型中的"会通"，不仅指古今会通、中西会通，还包括文理会通；文理会通体现在文化整体层面西方现代科技与中国人文传统之间的交融、学科建设层面理工农医与人文社会科学之间的交叉与学术大师知识结构上的文理交汇。

其一，西方科技传统与中国人文精神的交融。洋务运动时期已流行"中道西器"之说，此后又有多位学人阐述了西方重科技、中国重人文或是西方重物质、中国重精神的中西比较模式，如严复指出"中土不幸，其学最尚词章，致学者习与性成，日增惛慢……然而西学格致，则其道与是适相反。一理之明，一法之立，必验之物物事事而皆然，而后定之为不易"②；李大钊在《东西文明根本之异点》一文中指出，东洋文明与西洋文明"一为艺术的，一为科学的"，"一为精神的，一为物质的"③；胡适称"在中国方面，除了宋应星的《天工开物》一部奇书外，都只是一些纸上的学问，从八股到古音的考证固然是一大进步，然而终究还是纸上的工夫，西洋学术在这几十年中便已走上了自然科学的大路"④；梁漱溟称"西方的文明是成就于科学之上，而东方则为艺术式的成就也"⑤。鉴于中国传统文化在科技上的欠缺与中国近代科学技术的落后，晚清与民国的学人们多重视推动人文与科学的结

---

① 尚宏：《严复翻译话语系统对学术话语的建构》，《中州学刊》2011年第2期。

② 严复：《救亡决论》，《严复集》第1册，第45页。

③ 李大钊：《东西文明根本之异点》，《李大钊文集》上册，第558页。

④ 胡适：《治学的方法与材料》，《胡适全集》第3卷，安徽教育出版社2003年版，第137页。

⑤ 梁漱溟：《东西方文化及其哲学》，《梁漱溟全集》第1卷，山东人民出版社1989年版，第355页。

合、推动传统文化与现代科技的融合。新文化运动的倡导者与文化保守主义者在人文与科技的结合上，在某种程度上可以说是有共识的。新文化运动主要领袖陈独秀批评了"科学无用了""西洋人倾向东方文化了"的观点，坚决维护科学的权威；但他也反对割裂科学与人文的关系，批评"现在主张新文化运动的人，既不注意美术，音乐，又要反对宗教，不知道要把人类的生活弄成一种什么机械的状况，这是完全不曾了解我们生活活动的本源，这是一桩大错，我就是首先认错的一个人"①。新儒家学人虽对新文化运动有所批评，但都主张中华人文传统与西方科技传统的会通；主张既要守护中国人文精神、守护儒家道统，还要吸纳西方科学、民主。梁漱溟指出，"西方的学术思想，处处看去，都表现一种特别的采色，与我们截然两样，就是所谓'科学的精神'"，而科学与民主"是无论世界上哪一地方人皆不能自外的"，中国也需要"通盘受用"。②牟宗三提出了"返本开新"说、"三统之说"，除了肯定儒学"道统"，还要通过"学统之开出"与"政统之继续"、通过开出科学民主"新外王""以充实中国文化生命之内容"，其中，"学统之开出""此即转出'知性主体'以融纳希腊传统，开出学术独立性"③。后来，钱穆更明确指出，心学与史学是"中国传统学术中两大主干"，中国文化重在"格心"，西方科学重在"格物"，"故西方现代科学传入中国，正于中国传统文化有相得益彰之妙，而并有水乳交融之趣。格物之学与格心之学相会通，现代科学精神与中国传统道德精神相会通，正是中国学术界此下应努力向往之一境，亦是求中国文化进展所必应有之一种努力也"。又说："唯我敢深信，中国传统文化中之道德修养，其精神决不与西方现代科学之探讨精神相违背。故一位理想之现代科学家，同时极易成为中国传统文化中所理想之道德完人，而实唯科学与道德之二途会一，始可为将来人类创造新文化。"④

---

①　陈独秀：《新文化运动是什么?》，《陈独秀文章选编》上册，三联书店 1984 年版，第 515 页。

②　梁漱溟：《东西方文化及其哲学》，《梁漱溟全集》第 1 卷，第 362、370 页。

③　牟宗三：《〈道德的理想主义〉序》，《牟宗三集》，群言出版社 1993 年版，第 86 页。

④　钱穆：《中国文化与科学》，罗义俊编：《理性与生命当代新儒学文萃》（一），上海书店 1994 年版，第 428—430 页。

　　其二，文理不同学科之间的交叉。从学理层面看，清末民初文理学科之间的交叉以生物学与社会学的结合最为彰著，从而使生物社会学的影响盛极一时。严复在 19 世纪末通过翻译《天演论》和《原强》等政论文章，把斯宾塞"用今格致之理术，以发挥修齐治平之事"的社会有机体论、社会进化论介绍到中国，从而使当时先进的中国人认识到人类社会与生物界一样遵循着"物竞天择"的规律，"种与种争，群与群争，弱者常为强肉，愚者常为智役"①，所以应当自强争胜。傅斯年在 1919 年发表于《新潮》创刊号的《人生问题发端》一文中，介绍了斯宾塞以生物学来解释社会学、以生物进化规律解释人类社会发展规律的生物社会学，称"到了斯宾塞把孔德所提出的社会学，研究得有了头绪，更把生物学的原理，应用到社会人生上去，于是乎人和人的关系，又明白个大概"。他提醒学界在思考人生问题、社会问题时"不可不理会这层最精最新的道理"，重视"拿自然界做根据，解释人生"。②潘光旦在建构生物社会学、人文生物学上用力颇深，他在 20 世纪 20 年代发表了《社会生物学观点下之学庸论孟》（后以《孔门社会哲学的又一方面》发表于《留美学生季报》第 11 卷第 4 号，1927 年 5 月 20 日）、《生物学观点下之孔门社会哲学》（《留美学生季报》第 11 卷第 1、3 号，1926 年 3 月 20 日、1927 年 1 月 20 日），认为孔门社会哲学与"近代社会生物学所公认之事实与原则"并无抵触；他出版了作为"人文生物学论丛"的《优生概论》（新月书店 1928 年版）、《人文史观》（商务印书馆 1937 年版）、《民族特性与民族卫生》（商务印书馆 1937 年版）、《优生与抗战》（商务印书馆 1944 年版）等多种著作。从治学方法角度看，清末民初的学人们倡导并尝试以自然科学方法研究社会科学，也体现了文理会通、文理交叉。陈独秀指出，"科学"从广义来说包括社会科学，"社会科学是拿研究自然科学的方法，用在一切社会人事的学问上，像社会学、伦理学、法律学、经济学等，凡用自然科学方法来研究、说明的都算是科学"；他主张以科学方法研究哲学，

---

① 严复：《原强》，《严复集》第 1 册，第 16 页。
② 傅斯年：《人生问题发端》，《傅斯年全集》第 1 卷，第 85—86 页。

"杜威博士在北京现在演讲《现代的三个哲学家》：一个是美国詹姆士，一个是法国柏格森，一个是英国罗素，都是代表现代思想的哲学家，前两个是把哲学建设在心理学上面，后一个是把哲学建设在数学上面，没有一个不采用科学方法的"[1]。傅斯年甚至反对蔡元培将哲学归入文科，称"中国人之研治哲学者，恒以历史为材料，西洋人则恒以自然科学为材料，考之哲学历史，凡自然科学作一大进步时，即哲学发一异彩之日"[2]。

其三，学术大师知识结构的文理交汇。清末民初的学术大师们以文理会通、科技与人文兼融鼓励学子。梅贻琦就曾以"文理会通"要求清华学人，他说："今日而言学问，不能出自然科学、社会科学与人文科学三大部门。曰通识者，亦曰学子对此三大部门，均有相当准备而已，分而言之，则对每门有充分之了解，合而言之，则于三者之间，能识其会通之所在，而恍然于宇宙之大、品类之多、历史之久、文教之繁，要必有其一以贯之之道，要必有其相为因缘与依倚之理，此则所谓通也。"[3] 梁启超告诫留美学习建筑的长子梁思成"分出点光阴多学些常识，尤其是文学或人文科学中之某部分"[4]。后来，梁思成在其发表的《半个人的时代》的讲演中，主张科技与人文的融合，批评了只懂技术而灵魂苍白的"空心人"与不懂科技而奢谈人文的"边缘人"。清末民初的学术大师自身就多是文理兼修、文理兼通的复合型人才。严复从学习海军专业转向从事思想启蒙，鲁迅为了疗治国人心灵而"弃医从文"，胡适从学农转向学习西方哲学，潘光旦从学习生物到研究人类学、社会学……这些人文科哲大师都有理科的学习背景与知识素养；杜亚泉、丁文江等则是以科学家为本业，但他们有着深厚的人文情怀、人文素养，且以思想家的角色在舆论场发声。他们在中国学术现代转型中的开拓性贡献，充分表明了会通中西、会通古今、会通文理的学风对开创中国现代学术具有重要意义。

① 陈独秀：《新文化运动是什么?》，《陈独秀文章选编》上册，第512—513页。
② 傅斯年：《致蔡元培：论哲学门隶属文科之流弊》，《傅斯年全集》第1卷，第37页。
③ 梅贻琦：《大学一解》，《清华学报》第13卷第1期（1941年）。
④ 梁启超：《梁启超家书》，中国青年出版社2011年版，第180页。

继承中国近代学人在从中国古典学术到现代学术转型过程中所开辟的"会通古今、会通中西、会通文理"的学术传统，坚持不忘本来、吸收外来、面向未来的学术取向，对构建充分体现中国特色、中国风格、中国气派的哲学社会科学学科体系、学术体系与话语体系，具有重要意义。

二、国际化与本土化：清末民初现代学术转型中的双向追求
——以"中国图书馆学"的建立为重点①

清末民初，是混而不分的传统学术形态向分科日趋细化的现代学术形态实现全面转型的重要时期。这种转型大致在 19 世纪 60 年代到 90 年代的洋务运动时期开始发生，到 19 世纪末 20 世纪初大致成型，到民国初期（北洋军阀统治时期）基本确立，再到 20 世纪 30 年代最终完成。如同其他领域一样，中国现代学术转型也要面对、因应中西学关系问题。一方面学术转型的实现，是与西方学术分科观念、分科方法的导入，与西方知识系统、现代学科体系的引入分不开的，中国现代几乎每一个学科的分设甚至学科名称的确立都是从欧美或日本移植、借鉴过来的；另一方面中国学人有着在全球化情境中建立中国话语体系、确立学科主体身份的强烈愿望，他们希望将中国历史文化传统、中国本土资源与西方学理、西学方法有机结合，面对中国问题、发出中国声音、作出中国贡献，建立起中国化、本土化的学科体系。国际化（或称"世界化"）与本土化（或称"在地化""中国化"）成为中国学人在实现中国现代学术转型中同步并趋的双向追求。

（一）会通中西的文化取向

清末民初经历了一场数千年未有之社会变局，"也发生了一次翻天覆地的知识形态转换"②。中国传统学术以经典尤其是儒家经典为研究对象，学术

---

① 本节曾以论文形式在《鲁东大学学报》2019 年第 2 期发表，作者于作敏。
② 褚孝泉：《中国传统学术的知识形态》，《中国文化研究》1996 年第 4 期。

门类与典籍对应，如与《诗》《书》《礼》《乐》《易》《春秋》六种典籍对应的"六艺"，将古籍区分为经史子集四类的"四部分法"，与经学典籍相关的德行、政事、言语、文学等"孔门四科"或义理、考据、辞章、经济等"儒学四门"，知识生产以经典为中心、以演绎圣学为基本形式。到了近代，中国传统学术迎来了异质文明——西方文明的挑战，受到了西学、西方文化的冲击，以自然现象与社会现象为研究对象、以具体对象的类别为学术分科、以经验归纳为知识生产基本形式的西方知识形态被引入东方文明古国，"从一种知识形态到另一种知识形态的大转换"成为中国现代学术转型的基本轨迹。

学术转型中的国际化与本土化同步并趋、国际借鉴与历史传承兼顾并重，是中西融合、综合创新的文化观念在学术领域的延伸与体现。面对"西学东渐"的激烈碰撞与"古今中西"的复杂交织，虽也有全面排外或"全盘西化"的偏颇主张，但这一时期的主流观念是主张中西兼采、中西互补、中西会通，反映在学科学术建构上就是力主西潮与中学、新知与国故、外学与国学的打通、整合。"中西会通"或"中西融合"的呼声在清末民初的学界不绝于耳。

洋务派提出"中体西用"作为处理中学与西学关系的基本原则。1895年（光绪二十一）4 月，南溪赘叟在《万国公报》上发表《救时策》一文，首次明确表述了"中学为体，西学为用"的概念。次年，礼部尚书孙家鼐《议复开办京师大学堂折》中再次提出"自应以中学为主，西学为辅；中学为体，西学为用"。1898 年，洋务派后期健将张之洞撰写了著名的《劝学篇》，对"中体西用"思想进行了系统阐述。《抱冰堂弟子记》称《劝学篇》的宗旨是"会通中西，权衡新旧"，《劝学篇》指出："中学为内学，西学为外学；中学治身心，西学应世事。"[①]

维新派试图构建一种"不中不西，亦中亦西"的新学派。康有为提出"中国人才衰弱之由，皆由中西两学不能会通之故"，主张中西两学"二者相

_____

① 张之洞：《劝学篇》，上海书店 2002 年版，第 11 页。

需，缺一不可"，应该"泯中西之界限，化新旧之门户"。① 梁启超指出："舍西学而言中学者，其中学必为无用；舍中学而言西学者，其西学必为无本，无用无本，皆不足以治天下，虽庠序如林，逢掖如鲫，适以蠹国，无救危亡。"② 由梁启超草拟的《京师大学堂章程》提出了"中学为体，西学为用"的指导思想和"中西并用，观其会通，无得偏废""以西文为学堂之一门，不以西学为学堂之全体"的办学方针。严复提出"必将阔视远想，统新故而观其通，苞中外而计其全，而后得之"③，主张对西学兼收并蓄。

辛亥革命时期，融合中学与西学、推进学术转型的思想得到进一步的阐发。高旭在《开通学术议》一文中指出，无论是对于中学还是西学都不应该一概接受或一概排斥，他批评了"欲造新中国，必将中国一切旧学扫而空之，尽取泰西之学，一一施于吾国"与"我欲强我国，行我古代圣王之法而有余，不必外求，或但取其艺学"两种极端化的主张，认为"夫我国之学，可遵守而保持者固多，然不合于世界大势之所趋者亦不少，故对于外来之学不可不罗致之。他国之学固优美于我国，然一国有一国之风俗习惯，夏裘而冬葛，北辙而南辕，不亦为识者所齿冷乎？然则对于我国固有之学，不可一概菲薄，当思有以发明而光辉之；对于外国输入之学，不可一概拒绝，当思开户以欢迎之。"④ 凡人在《开通学术议》一文中主张"合数千年吾国国学之精粹，各取其长，进而参考东西各科之新理，以求其是"，"融合东西之学说"以建立现代学术。⑤

民国初年，王国维、蔡元培、鲁迅等人也都主张中西学的会通与融合。王国维在 1914 年 6 月写成的《国学丛刊序》中提出"学无新旧也，无中西

---

① 康有为：《请将经济岁举归并正科并各省岁科试迅即改试策论折（代宋伯鲁作）》，《康有为全集》第 4 集，中国人民大学出版社 2007 年版，第 306 页。

② 梁启超：《西学书目表后序》，《饮冰室合集》第 1 册，中华书局 1989 年版，文集之 1，第 129 页。

③ 严复：《与〈外交报〉主人书》，《严复集》第 3 册，中华书局 1986 版，第 560 页。

④ 高旭：《学术沿革之概论》，《醒狮》1905 年第 1 期。

⑤ 凡人：《开通学术议》，张枬、王忍之编《辛亥革命前十年间时论选集》第 3 卷，三联书店 1977 年版，第 344 页。

也，无有用无用也"，力主中西学"化合"，认为"中、西二学，盛则俱盛，衰则俱衰，风气既开，互相推助。且居今日之世，讲今日之学，未有西学不兴而中学能兴者，亦未有中学不兴而西学能兴者"，批评"虑西学之盛之妨中学，与虑中学之盛之妨西学者均不根之说也"。① 章太炎口述《菿汉微言》以"会通华梵圣哲之义谛，东西学人之所说"自许。② 杨昌济认为"中国固有文明，经、史、子、集意蕴宏深，正如宝藏遍地，万年采掘而曾无尽时，前此之所以未能大放光明者，尚未谙取之之法耳"，强调"用新时代之眼光来研究吾国之旧学"，提出"吾国人能输入西洋之文明以自益，后输出吾国文明以益天下，既广求世界之智识，复继承吾国先民自古遗传之学说，发挥而光大之"，"合东西洋文明一炉而冶之"。③ 蔡元培提出"所得于外国之思想、言论、学术，吸收而消化之，尽为'我'之一部，而不为其所同化"④，强调研究学术"非徒输入欧化，而必于欧化之中为更进之发明；非徒保存国粹，而必以科学方法，揭国粹之真相"⑤。鲁迅在早年的《文化偏至论》中就提出过"取今复古，别立新宗"的思想，后来不断展开了其融合中西的主张。早期马克思主义者也发表了在中西融合的基础上追求创新的思想，如李大钊认为"东西文明，互有短长，不宜妄为轩轾于其间"⑥，恽代英提出"宜沟通中西文明之优点，以造吾国之新精神"⑦。

　　梁启超等人将这种中西融合的思想贯彻到具体学科的创设之中，他们在建立"中国的图书馆学""中国化的社会学"等学科的实践中，展开了对国际化与本土化的双向追求。人类学、民族学、考古学等学科的创立也是如

---

① 王国维：《国学丛刊序》，《王国维文存》，江苏人民出版社 2014 年版，第 132—133 页。
② 章太炎：《菿汉微言》，蔡尚思主编《中国现代思想史资料简编》第 1 卷，浙江人民出版社 1982 年版，第 221 页。
③ 杨昌济：《劝学篇》，《杨昌济文集》，湖南人民出版社 1980 年版，第 203 页。
④ 蔡元培：《在清华学校高等科演说词》，《蔡元培全集》第 3 卷，浙江教育出版社 1997 年版，第 50 页。
⑤ 蔡元培：《〈北京大学月刊〉发刊词》，《蔡元培全集》第 3 卷，浙江教育出版社 1997 年版，第 450 页。
⑥ 李大钊：《东西文明根本之异点》，《李大钊文集》上册，人民出版社 1984 年版，第 560 页。
⑦ 恽代英：《经验与知识》，《东方杂志》1917 年第 10 期。

此，都经历了国际化与本土化的双向互动过程。

（二）在与国际接轨中实现学术转型

中国现代学术的开创与西方学术观念、学术范式、学术话语的引入有着密切的关系，可以说中国现代学术是学术国际化的产物，自然科学是如此，人文社会科学也是如此。从事现代学术事业必须有国际学术视野，要有全球化的整体的学术眼光。王国维曾经指出："异日之发明广大我国学术者，必在精通世界学术之人而不在一孔之陋儒，固可决也。"[1] 他还在《论近年之学术界》一文中呼吁学术争论只论"是非真伪之别"，而"无论其出于本国或出于外国"。

晚清民国时期，康有为、梁启超、严复、王国维、章太炎、蔡元培、胡适等近代学人，倡导全面学习、借鉴西方学术，他们力促国学与西学进行世界性对话，努力推进中国学术在走向世界、与国际接轨中实现现代转型。他们所倡导的"学术国际化"主要体现在：

其一，学科体系、学术体制的国际化。受"凡学必有分科"的西方学术分科观念影响，近代学者对学术分类日见注重，"20 世纪中国学术明显受到西潮的影响，以西学分科为基准强调学术的专科化大约是 20 世纪中国学术与前不同的主要特征之一"[2]。在洋务时期讲求"声光电化"后，严复引介西方政治学、经济学、社会学等学科名著，自然科学与人文社会科学的分野也日趋清晰。19 世纪末 20 世纪初，"六斋之学""七科分学""八科分学"等方案纷纷提出，1896 年翰林院侍讲秦绶章在《整顿书院疏》中提出将四部之学扩充为六斋之学，即经学、史学、掌故之学、舆地之学、算学、译学；1902 年的《钦定京师大学堂章程》（"壬寅学制"）分立政治、文学、格致、农业、工艺、商务、医术等七大学科 30 个科目，学术分科日趋细化，自然科学之下又细分为"声光电化"、理工农医，而人文社会科学则分成文

---

[1]　王国维：《奏定经学科大学文学科大学章程书后》，《国学丛刊序》，《王国维文存》，第 51 页。

[2]　罗志田：《西学冲击下近代中国学术分科的演变》，《社会科学研究》2003 年第 1 期。

史哲经法教；1904 年颁布的《钦定学堂章程》（"癸卯学制"）规定大学分设八科，即经学科、政治科、文学科、医科、格致科、农科、工科和商科等。正是传统学术分化改造与现代学科体制建立的过程中，在从"通人之学"向"专门之学"转型的过程中，法学、经济学、考古学、生物学等现代学科纷纷分科设学，从而建构了迥然不同于传统国学的"现代学科谱系""现代知识谱系"。中国现代图书馆学也在民国初期从传统学术中"分科立学"，开始构建相对独立的知识生产体系与人才培养体系。

其二，学术观念、学术方法的国际化。在观念方面，近代学人将进化论等西方理论运用于新学科创建，如梁启超将进化论运用到"新史学"，他在《新史学》中指出"历史者，叙述人群进化之现象而求得其公理.公例者也"，批评了旧史学的历史循环论；王国维将进化论运用到文学研究，称"凡一代有一代之文学，楚之骚、汉之赋、六代之骈语、唐之诗、宋之词、元之曲，皆所谓一代之文学，而后世莫能继焉者也"[1]。马宗荣于 1926 年在为日本图书馆学杂志《圕》所发的贺辞《祝贺圕志发刊》提出要建立"世界共通的国际的图书馆学"。

在方法方面，近代学人引介了实验方法、逻辑方法、调查法等西方科学方法论。康有为在成稿于 19 世纪 90 年代初的《实理公法全书》中，推介了他称之为"实测"的西方实验法。严复倡导、推崇西方的经验归纳法即其所说的"实测内籀之学"，他在《原强》《救亡决论》等文中称赞西人"其为学术也，——皆本于即物实测"[2]，"内籀者，观化察变，见其汇通，立为公例者也"[3]；还翻译了 J.S. 密尔著的《穆勒名学》和耶芳斯的《名学浅说》，将西方逻辑方法介绍到我国，希望籍以纠正中国传统学术的"心成之说"。蔡元培在 1901 年为友人杜亚全著作所写的序中介绍了归纳法、演绎法，也特别强调了归纳法，他说："科学大法有二：曰归纳法，曰演绎法。归纳者，致曲而会其通，格物是也。演绎者，结一而毕万事，致知是也。二者互相为

---

① 王国维：《〈宋元戏曲史〉序》，《王国维文学论著三种》，商务印书馆 2010 年版，第 46 页。

② 严复：《原强修订稿》，《严复集》第 1 册，中华书局 1986 年版，第 23 页。

③ 严复：《〈原富〉译事例言》，《严复集》第 1 册，第 98 页。

资，而独辟之智，必取径于归纳。"① 王国维赞扬并主张借鉴西洋人"长于抽象而精于分类"的治学方法以达到学术之自觉，他说："我国人之特质实际的也，通俗的也。两洋人之特质，思辨的也，科学的也，长于抽象而精于分类，对世界一切有形无形之事物，无往而不用综括（Generalization）及分析（Specification）之二法，故言语之多，自然之理也。吾国人之所长，宁在于实践之方面，而于理论之方面，则以具体的知识为满足，至分类之事，则除迫于实际之需要外，殆不欲穷究也。"② 杨昭悊在1923年出版的《图书馆学》一书中，将归纳法、演绎法等科学方法引入图书馆学研究中。民国图书馆学人还纷纷借鉴西方图书分类法，编制不同于传统分类法的新式分类法，如沈祖荣、胡庆生1917年编制的《仿杜威书目十类法》，杜定友1922年编制的《世界图书分类法》，王云五1928年编制的《中国图书统一分类法》，刘国钧1929年编制的《中国图书分类法》，共达30余种。

其三，学术名词、学术话语的国际化。"近世中国为中西文化的交汇期，出现并逐渐流通开了一些反映新事物、新观念、新制度的新语词；一些旧语词在使用中也被赋予了新的意义。"③ 在清末民初传统学术向现代学术转型的过程中，也有不少新名词、新概念、新话语被创造、被引入，体现了中国学术与国际化话语的接轨。王国维在《论新学语之输入》一文中提到了当时学界"最著之现象"即"新语之输入"。近代以来有不少新名词、新概念是经日本这一"中介"输入的。王国维注意到了这一现象并表示了有"二便"故不妨拿来使用，他指出："又有一日本焉，为之中间之驿骑，于是日本所造译西语之汉文，以混混之势，而侵入我国之文学界。"又称："窃谓节取日人之译语，有数便焉：因袭之易，不如创造之难，一也；两国学术有交通之便，无扞格之虞，二也……有此二便而无二难，又何嫌何疑而不用哉？"④

① 蔡元培：《化学定性分析》，《蔡元培全集》第1卷，浙江教育出版社1997年版，第299页。
② 王国维：《论新学语之输入》，《王国维文存》，第682页。
③ 郭倩、王洪波、黄兴涛访谈：《从一般新名词研究到"概念史"》，《中华读书报》2011年8月3日。
④ 王国维：《论新学语之输入》，《王国维文存》，江苏人民出版社2014年版，第683—684页。

不妨再以"中国图书馆学"的建立为例，简略回顾这一学科的国际借鉴、国际化进程。"中国图书馆学"的开创与"西学东渐"的背景密切相关。① "西学东渐"指西方科学技术与人文社会科学向中国传播的历史过程，它对中国近世的历史进程产生了巨大而深刻的影响，不仅促进了近世中国由传统社会向现代社会的转型，也促进了中国文化的现代转换与学术知识体系的现代转型，包括促进了中国图书馆学的建立和发展。随着"西学东渐"的发生，以学术分科为特色的现代学术知识体系被引入中国，图书馆学在现代知识分科体系中取得了独立的学科地位，图书馆学作为独立学科的建立在很大程度上是"西学东渐"之背景下引入西方学术分科观念、现代知识分类体系的产物，"属于'移植'与'接轨'相结合的模式"②。西方图书馆学理论的"东渐"、输入中国，大致经历了三个阶段："规模东瀛"——清季与民国初年，主流是以日本为中介引入西方图书馆观念；"取法泰西"——大致在 1917 年后直接从欧美引入图书馆学成为主流；"致力本土化"——大致在1925 年后，主流为在融合中西的基础上致力于图书馆学的本土化，开始努力建设"中国图书馆学"。第一代图书馆学人不仅重视借鉴西方图书馆学理论以奠定"中国图书馆学"的科学性基础，还注意吸取西方图书馆学中的技术、方法、教育思想运用于本土图书馆建设、图书馆事业、图书馆学教育的实践，如梁启超对美国群众图书馆或称公共图书馆的事业及其管理方法颇为推崇，他表示："我们很信中国将来的图书馆事业，也要和美国走同一的路径，才能发挥图书馆的最大功用。"③

（三）中国学术现代转型中的本土化倾向

与清末民初学术国际化的趋向相辅相成，近代学人也表现出了强烈的学术本土化倾向。早在戊戌维新运动时期，梁启超就强调学术国际化追求应

① 于作敏：《西学东渐与中国现代学术的建立》，《东岳论丛》2015 年第 7 期。
② 索传军：《中国图书馆学学科史》，科学技术出版社 2014 年版，第 5 页。
③ 梁启超：《中华图书馆协会成立会演说辞》，《饮冰室合集》第 5 册，中华书局 1989 年版，文集之 42，第 43 页。

该立足于中国文化传统，应该与中国学术传统密切结合。他说："必深通六经制作之精意，证以周秦诸子及西人公理公法之书以为之经，以求治天下之理；必博观历朝掌故沿革得失，证以泰西希腊、罗马诸古史以为之纬，以求古人治天下之法；必细察今日天下郡国利弊，知其积弱之由，及其可以图强之道，证以西国近史宪法章程之书，及各国报章以为之用，以求治今日之天下所当有事，夫然后可以言经世。"①

学术本土化指西方学术、西方知识体系引入中国，在被应用于解决中国问题的过程中，与中国国情、本土传统文化有机融合而具有"中国作风和中国气派"，成为中国化、本土化的学科学术；在建立现代学科知识体系的过程中，重视民族文化传统、重视本土学术资源、确立学术文化主体性的思想倾向。民国时期，中国化、本土化的说法非常流行，"马克思主义中国化""社会学中国化""教育学中国化""哲学中国化""经济学中国化""科学中国化"等提法纷纷出现。关于"马克思主义中国化"，毛泽东在1938年党的六届六中全会上所作的《论新阶段》的政治报告中最先提出了"马克思主义中国化"的命题。关于"社会学中国化"，1925年社会学家许世廉在《社会学杂志》发表的《对于社会学教程的研究》一文中提出建设"本国社会学"；孙本文1931年在中国社会学社的第一次年会发表的《中国社会学之过去现在及将来》一文中提出"采用欧美社会学上之方法，根据欧美社会学家精密有效的学理，整理中国固有的社会思想和社会制度，并依据全国社会实际状况，结合而成有系统有组织的中国化的社会学"；吴文藻在《北平晨报》副刊《社会研究》1935年第111、112期发表《功能派社会人类学的由来与现状》，提出只有"扎根于中国的土壤之上"，"社会学才算彻底的中国化"。关于"教育学中国化"，舒新城1923年撰文提出"我们所当急于预备者，不在专读外国书籍，多取外国材料，而在用科学的方法，切实研究中国的情形，以求出适当之教育方法"，"使中国的教育中国化"②；李璜1925

---

① 梁启超：《湖南时务学堂学约》，《饮冰室合集》第1册，文集之2，第28页。
② 舒新城：《论道尔顿制精神答余家菊》，《中华教育界》1923年第8期。

年撰文提出"所谓本国化之义，就是要使欧美的教育能够适于民族性与国情"①；比较教育学者庄泽宣1927年在《如何使新教育中国化》一文中称"如何能使新教育中国化，这是一件很大的问题，很复杂的问题，而且非经专家长期的研究与实验不可"，认为"新教育中国化"需要具备"合于中国的国民经济力""合于中国的社会状况""能发扬中国民族的优点""能改良中国人的恶根性"等条件。②关于"哲学中国化"，艾思奇1938年在《自由中国》创刊号上所发《哲学的现状和任务》提出"现在需要来一个哲学研究的中国化、现实化"③。关于"经济学中国化"，王亚南在抗战时期提出建立"中国经济学"，"站在中国人立场来研究经济学"。④关于"科学中国化"，张申府提出"在推广科学上，更应特别注意科学法（算数的经验主义），科学精神，科学态度，科学脾气。还应使科学成为中国的，不但要中国科学化，同时也要科学中国化，使中国对科学有其极特色的贡献，使科学在中国有其极特殊的特色"⑤。

图书馆学从建立之初就启动了本土化进程，正如有学者所强调："图书馆学本土化问题自从图书馆学被引入我国之始就一直存在。"该学者还称"图书馆学本土化是使来源于西方国家的图书馆学中的合理成分同本土社会的实际相结合，以增强图书馆学对本土图书馆现象的认识和在本土图书馆实践中的应用，形成具有本土特色的图书馆学理论、方法的一种学术活动和学术取向"⑥。图书馆学本土化意识的彰显，以1925年6月2日梁启超在《中国图书馆协会成立演说辞》提出"建设中国的图书馆学"的思想为标志。6月，梁启超在中华图书馆协会成立会的演说中指出：协会的责任之一是"建设中国的图书馆学"，"图书馆学怎么会有'中国的'呢？不错，图书馆学的

---

① 李璜：《本国化的教育与外国化的教育》，《中华教育界》1923年第7期。

② 庄泽宣：《如何使新教育中国化》，民智书局1929年版，第23—26页。

③ 艾思奇：《哲学的现状和任务》，《艾思奇文集》上卷，人民出版社1981年版，第387页。

④ 王亚南：《中国经济原论》，商务印书馆2014年版，第9页。

⑤ 张申府：《什么是新启蒙运动》，《张申府文集》第1卷，河北人民出版社2005年版，第50页。

⑥ 刘兹恒、周佳贵：《试析图书馆学本土化的艰难性》，《图书情报工作》2013年第3期。

原则是世界共通的，中国诚不能有所立异。但中国书籍的历史甚长，书籍的性质极复杂，和近世欧美书籍许多不相同之点，我们应用现代图书馆学的原则去整理它，也要很费心裁，绝不是一件容易的事。从事整理之人，须要对于中国的目录学（广义的）和现代的图书馆学都有充分智识，且能神明变化之，庶几有功。这种学问，非经许多专家继续的研究不可，研究的结果，一定能在图书馆学里成为一独立学科无疑，所以我们可以叫他做'中国的图书馆学'"。[①] 1926 年，杜定友在《图书馆学的内容和方法》一文中也提出"要养成一班高深的图书馆学者，以建设中国图书馆学"[②]。1929 年，金敏甫在《中国现代图书馆概况》提出"中国图书馆学"是"适合乎中国图书馆应用之图书馆学也"[③]。

图书馆学本土化应做到"三个注重"：一是注重适应中国历史文化背景。中国书籍的历史很长，书籍的性质也颇为复杂，与欧美书籍有许多不同之处；藏书的历史也很长，可上溯至周代，形成了以官府藏书、私人藏书、道观藏书和书院藏书四种类型为主的藏书体系。"中国图书馆学"的建设、发展要与中国书籍、藏书、藏书楼的传统相对接，要与中国历史文化背景相适应。二是注重适应中国目前社会的实际需要。西方图书馆学理论与方法有其特有的文化土壤，不能完全适应中国社会的当前需要。梁启超肯定美国群众图书馆或称公共图书馆在中国是一种发展方向，将来"也要和美国走同一的路径"，但他觉得当时不适合建设大量公共图书馆。杜定友等学人提出图书分类要适合中国国情。三是注重整理中国固有的目录学、校雠学、分类编目等本土学术资源。梁启超指出："中国从前虽没有'图书馆学'这个名词，但这种学问却是渊源发达得很早。自刘向、刘歆、荀勖、王俭、阮孝绪、郑樵，以至近代的章学诚，他们都各有通贯的研究，各有精到的见解。所留下的成绩，如各史之艺文、经籍志，如陈振孙、晁公武一流之提要学，以至近

---

① 梁启超：《中华图书馆协会成立会演说辞》，《饮冰室合集》第 5 册，文集之 42，第 44—45 页。
② 杜定友：《图书馆学的内容和方法》，《教育杂志》1926 年第 9 期。
③ 金敏甫：《中国现代图书馆概况》，广州图书馆协会 1929 年刊本，第 31 页。

代之《四库总目》，如佛教之几十种经录，如明清以来各私家藏书目录，如其他之目录学专家之题跋和札记，都能供给我们以很丰富的资料和很复杂的方法。"他相信将外国图书馆学与我国目录学加以结合，"一定能建设出一种'中国的图书馆学'来"①。杜定友指出："我国向来有目录学、校雠学，也差不多有图书馆学的意思，不过内容却大不相同"，"我国早有是科，我们现在只要继续先贤的事业，比较他们便当得多"。② 中西结合不仅催生了中国图书馆学，而且传统目录学、校雠学等也获得了新生，出现了杜定友的《校雠新义》、姚明达的《目录学》等学术成果。

三、民国前期中国学术本土化的开启
——以图书馆学、社会学与民族学为重点③

中国现代学术转型、中国现代学术体系创立发生在中西文化碰撞的时代背景之下，与古今中西之争相伴而行，呈现为国际化（或称"世界化"）与本土化（或称"中国化"）双向展开的过程。近年来，建构中国特色、中国风格、中国气派的"中国学派"的呼声日趋强烈，实际上中国学人这种对学术本土化的探索，在中国现代学术体系创立之初就已经提出来了。考察"晚清一代"与"五四一代"学人推进学术中国化、学术本土化的进程，对构建中国特色哲学社会科学学科体系、学术体系、话语体系，具有重要借鉴意义。

（一）从"输入外国学说"到学术本土化开启

中国现代学术体系创立是中西交融的产物，经历了一个吸收外来与传承本来、移植西方学术体系与植根本土学术资源、学术世界化与学术本土化

---

① 梁启超：《中华图书馆协会成立会演说辞》，《梁启超全集》第 7 册，第 4322 页。
② 杜定友：《图书馆学之研究》，《杜定友图书馆学论文选集》，书目文献出版社 1988 年版，第 7、9 页。
③ 本节曾以论文形式在《东岳论丛》2020 年第 7 期发表，作者于作敏、俞祖华。

双向互动的过程。一方面，现代学术转型离不开西方学术分科体系、西方现代知识体系的引入，离不开西方学术理论、学术方法与学术话语的引入；另一方面，现代学术体系创立又不能与中国古典学术、中国经验、中国问题相脱节，只有建立起中国化、本土化的学术体系，才能"对本土问题作不同角度的诠释、解答以至建议应走的路向"①，也才能真正在国际学术界有立足之地。国际化（世界化）与本土化（中国化），都是中国现代学术建设值得关注、需要坚持的视角。

其一，西学（外学）与中学（国学）、西方现代学术与中国古典学术是中国现代学术体系建立赖以支撑、缺一不可的两大知识系统。

中国现代学术建立在西学东渐的基础之上。从中国古典学术到现代学术的转型，是"从一种知识形态到另一种知识形态的大转换"，它与西学的大规模输入，与西方学术分科体系、学术理论、学术方法、学术话语的全方位引进是分不开的。从学术分科体系看，西方"分科立学""分科治学"的学术分科观念与现代意义上的各种学科被引入中国，在晚清诸如1902年的《钦定京师大学堂章程》（"壬寅学制"）提出的"七科之学"、1904年颁布的《钦定学堂章程》（"癸卯学制"）提出的"八科分学"等各种分科方案的基础上，国民政府教育部于1913年初颁布《大学令》《大学规程》，规定设置文、理、法、商、医、农、工七门学科，传统的"通人之学""四部之学"转向了现代的"专门之学""七科之学"。从学术理论看，在中国现代学术转型尤其是开创中国马克思主义史学的过程中发挥了至关重要作用的唯物史观，在五四时期传入中国，革命先驱李大钊在1919年发表的《我的马克思主义观》中将其与阶级竞争说、经济论作为马克思主义的三个主要方面，他注意到"晚近以来，高等教育机关里的史学教授，几乎无人不被唯物史观影响，而热心创造一种社会的新生"②；唯物史观在中国的传播不仅对史学产生了重要影响，也影响到社会学、政治学等处在初创时期的其他人文学科，

---

① 许纪霖：《学术的本土化与世界化》，《读书》1995年第3期。
② 李大钊：《唯物史观在现代学术上的价值》，《新青年》第8卷第4号，1920年12月1日。

如胡适都曾提到"唯物的历史观，指出物质文明与经济组织在人类进化社会史上的重要，在史学上开一个新纪元，替社会学开无数门径，替政治学开许多生路"①；其他西方学说也纷纷传入，如民族学方面的进化人类学派、德奥民族学派（播化论派）、美国批评民族学派、法国民族学派②，图书馆学方面的美国公共图书馆理念即梁启超所说的"极力提倡群众图书馆——或称公共图书馆的事业及其管理方法等项"；等。从学术方法看，"辩证法"一词在 20 世纪 20 年代经日语翻译成汉语开始为国人所熟知，1927 年以后，"唯物辩证法风靡了全国，其力量之大，为二十二年的哲学思潮史中所未有"③；王国维介绍并尝试了西方学术的综括及分析二法，他称赞西方学术"长于抽象而精于分类"，"对世界一切有形无形之事物，无往不用综括（Generalization）及分析（Specification）之二法"④；胡适在五四时期所引介的杜威的实用主义、所倡导的"细心搜求事实，大胆提出假设，再细心求实证"实验主义方法，对现代学术、现代文艺的发展，对古史辨派、新红学派的形成，产生了极大的影响；图书馆学人纷纷学习西方图书分类法，编制不同于中国古代图书分类法的新式分类法，如沈祖荣、胡庆生 1917 年编制的《仿杜威书目十类法》，杜定友 1922 年编制的《世界图书分类法》等。从学术话语看，王国维在《新学语之输入》一文中提到了当时学界出现的"近最著之现象，则新语之输入是已"，傅斯年提出"应用西洋修辞学上一切质素，使得国语欧化"⑤，不少新名词、新概念、新术语被从西方、日本"跨语际"移译，体现了中国学术在话语体系上与国际学术界的接轨。

中国现代学术创立也离不开对国学、对中国古典学术的传承。从中国古典学术到现代学术的转型，是西学输入与国学转化并行的过程，中国古典

---

① 胡适：《四论问题与主义——论输入学理的方法》，《每周评论》，1919 年 8 月 31 日。

② 陈永龄：《西方民族学之传入中国》，《中国民族》1982 年第 9 期。

③ 艾思奇：《二十二年来知识分子中国哲学思潮》，《艾思奇文集》第 1 卷，人民出版社 1991 年版，第 66 页。

④ 王国维：《新学语之输入》，方麟选编《王国维文存》，江苏人民出版社 2014 年版，第 682 页。

⑤ 傅斯年：《怎样做白话文》，《傅斯年全集》第 1 卷，湖南教育出版社 2003 年版，第 132 页。

学术并没有在学术转型中完全退场、离场，而是通过转换成一种新的知识形态继续"在场""守场"。晚清时期，"中学""国学"在西学的强势冲击下一直在坚守，从经世派的"以中国伦常名教为原本"，到洋务派的"中学为主""中学为体""中学为本"，到维新派的"以孔学、佛学、宋学为体"①，再到国粹派的"保存国粹""复兴古学"，均力图坚守中国古典学术在近代学术转变中的一席之地。民国成立后，针对当时出现的尊孔复古逆流，新文化运动的倡导者对传统文化展开了激烈的批判，但新派学人仍主张以理性、客观的态度对待中国古典学术，他们使用了既包括"国粹"也包括"国渣"的"国故"这一中性词汇并提出了"整理国故"的主张。章太炎于 1910 年出版了《国故论衡》，最早在近代意义上使用了"国故"一词，但该词流行是在"整理国故"运动发起之后。1919 年 1 月初，傅斯年等北京大学学生创办《新潮》，旨在"唤起国人对于本国学术之自觉心"②。1 月 26 日，与傅斯年同班的薛祥绥、张煊等在刘师培家中成立《国故》月刊社，标榜"昌明中国固有之学术"。在两刊争论的过程中，傅斯年提出了"整理国故"的说法。他指出："研究国故有两种手段：一、整理国故；二、追摹国故。由前一说，是我所最佩服的：把我中国已往的学术、政治、社会等等做材料，研究出些有系统的事物来，不特有益于中国学问界，或者有补于'世界的'科学。中国是个很长的历史文化的民族，所以中华国故在'世界的'人类学、考古学、社会学、言语学等等的材料上，占个重要的部分。或者因为中华国故的整理的发明，'世界的'学问界上，生一小部分新彩色。"③同年 12 月，胡适在《新青年》第 7 卷第 1 号发表的《新思潮的意义》一文中提出"研究问题、输入学理、整理国故、再造文明"的口号。他指出："我们对于旧有的学术思想有三种态度。第一，反对盲从；第二，反对调和；第三，主张整理国故……积极的只有一个主张，——就是'整理国故'。整理就是从乱七八糟里面寻出一个条理脉络来；从无头无脑里面寻出一个前因后果来；从胡说

---

① 梁启超：《康有为传》，《饮冰室合集》第 1 册，文集之 6，第 62 页。
② 傅斯年：《〈新潮〉发刊旨趣书》，《傅斯年全集》第 1 卷，第 79 页。
③ 傅斯年：《毛子水〈国故和科学的精神〉识语》，《傅斯年全集》第 1 卷，第 262 页。

谬解里面寻出一个真意义来；从武断迷信里面寻出一个真价值来。"① 胡适对整理国故运动的发展，发挥了关键的推动作用。经过讨论，学者们多认同应将"国故"，应将中国古典学术，纳入现代学术体系，进行分门别类的整理与研究。

其二，中西融合、中西会通是中国现代学术建立的基本途径，无论是学术理论的建构还是学术方法的确立，都需要超越欧化主义或复古主义，坚持综合创新、坚持中西文明互鉴的方向。

清末民初多位学人提出了中西融合、中西会通的主张，如康有为认为"中国人才衰弱之由，皆由中西两学不能会通之故"，称中学、西学"二者相需，缺一不可"，应"泯中西之界限，化新旧之门户"②。严复提出"必将阔视远想，统新故而观其通，苞中外而计其全，而后得之"③，主张对中学与西学兼收并蓄。王国维在 1914 年 6 月写成的《国学丛刊序》中力主"学无新旧也，无中西也，无有用无用也"，主张"化合"中学与西学。张岱年在 30 年代初步提出了融合中西的"综合创新"论。

学术理论层面的中西会通，包括所输入的西方学理取得中国学术的民族形态及以西方现代学术范式为指引研究国学。民国时期西方学理的中国化，已为各个领域的学者所关注，如近年学界提到的"西方哲学之中国化"④、"西方经济学说中国化"⑤、"西方文论中国化"⑥ 等，最重要的自然是"马克思主义中国化"。毛泽东在 1938 年党的六届六中全会上所作的《论新阶段》的报告中率先提出了"马克思主义中国化"的命题，在 1939 年 10 月发表《〈共产党人〉发刊词》中第一次以比较完备的形式提出了"马克思列

---

① 胡适：《新思潮的意义》，《胡适全集》第 1 卷，安徽教育出版社 2003 年版，第 698 页。

② 康有为：《请将经济岁举归并正科，并各省岁科试迅即改试策论折》，《康有为全集》第 4 集，中国人民大学出版社 2007 年版，第 306 页。

③ 严复：《与外交报主人书》，《严复集》第 3 册，中华书局 1986 年版，第 560 页。

④ 丁耘：《论西方哲学中国化的三个阶段》，《天津社会科学》2017 年第 5 期。

⑤ 程霖、张申、陈旭东：《选择与创新：西方经济学说中国化的近代考察》，《经济研究》2018 年第 7 期。

⑥ 郭勇健：《诠释学的视域融合与西方文论的中国化》，《学术月刊》2018 年第 5 期。

宁主义的理论和中国革命的实践相结合"的公式，极大地推动了马克思主义中国化的历史进程，实现了马克思主义中国化的第一次伟大飞跃。以西方学术理论重整中国古典学术则以"整理国故"运动为代表，胡适提出"用比较的研究来帮助国学的材料的整理与解释"，如"懂得了西洋的议会制度史，我们更可以了解中国御史制度的性质与价值；懂得了欧美高等教育制度史，我们更能了解中国近一千年来的书院制度的性质与价值"[①]。

学术方法层面的中西会通，体现为五四以来确立的四种主流方法即科学实证方法、马克思主义唯物辩证法、义理阐释法与直觉体悟法，都是中国传统学术方法与西方学术方法融合而形成的新的学术方法，"西方科学实证主义与中国传统的考据学的融合而成科学实证方法；西方马克思主义唯物辩证法与中国传统的朴素辩证法的融合而成中国特色的唯物辩证法；西方诠释学方法、直觉方法与中国传统的义理方法、直觉方法的融合而成义理阐释方法、直觉体悟方法"[②]。

其三，从"输入外国学说"到学术本土化开启，是清末民初现代学术转型中值得重视的一个发展趋势。清末民初30年间的学术转型，始终是国际化与本土化并行的过程，但"转"的过程中在西与中、今与古两极间发生着量的变化，"中"的元素与"今"的元素在不断积累，"在地化"与"现代化"两轮驱动，从而确立了"中国现代学术"之"中国"与"现代"这两大标识。清末民初从侧重国际化到凸显本土化的变化，大致可区分为清末十余年"中西兼采"、新文化运动前期"力倡西化"、20年代以后提出本土化三个阶段。

清季的中西兼采。梁启超在《中国近三百年学术史》中认为，清季思想界、学术界的四大流派为："第一，我自己和我的朋友。继续我们从前的奋斗，鼓吹政治革命，同时'无拣择的'输入外国学说，且力谋中国过去善

---

① 胡适：《〈国学季刊〉发刊宣言》，《胡适全集》第 2 卷，安徽教育出版社 2003 年版，第 16—17 页。
② 薛其林：《西学东渐与现代学术范式的确立》，《湖南社会科学》2001 年第 5 期。

良思想之复活。第二，章太炎（炳麟）。他本是考证学出身，又是浙人，受浙东派黄梨洲、全谢山等影响甚深，专提倡种族革命，同时也想把考证学引到新方向。第三，严又陵（复）。他是欧洲留学生出身，本国文学亦优长，专翻译英国功利主义派书籍，成一家之言。第四，孙逸仙（文）。他虽不是学者，但眼光极锐敏，提倡社会主义，以他为最先。"① 四派都主张中西兼采，但梁启超、严复更偏重"输入外国学说"，章太炎以整理古学见长，孙中山则以中西融合为特色。

新文化运动前期"力倡西化"。在新文化运动前期，思想界是以"打倒孔家店"为口号的激烈反传统主义；在学术界则是以西方学术为模板的、分门别类的中国现代学科体系基本奠定，"'戊戌'前后学术主体形态开始变为中西交汇的学术，民国初年变为西方形态，五四时期基本固定下来，直至今日"②。

20 年代以后学术本土化的凸显。马克思主义理论家在 1922 年 1 月 15 日出版的共青团中央机关刊物《先驱》在"发刊词"中提出要"努力研究中国的客观的实际情形，而求得一最合宜的实际的解决中国问题的方案"。文化保守主义者梁漱溟于 1922 年发表了《东西方文化及其哲学》，思考"中国问题"，呼吁重走"孔家的路"，开启了中国现代新儒学。作为中国现代自由主义代言人，胡适发起了整理国故运动，在其推动下，北京大学等国内各大学诞生了一批国学研究机构，尤其是 1925 年清华国学研究院的设立以留美预备学校起步的清华学堂开启了从"美国化"到"中国化"的转变。③ "中国的图书馆学""中国化的社会学"等各个具体学科的本土化主张也先后提出，到抗战时期"学术中国化"运动兴起更是蔚为大观。

---

① 梁启超：《中国近三百年学术史》，吉林人民出版社 2017 年版，第 25 页。

② 李帆：《民国学术史研究的一点思考》，《民国史研究》第 1 期，社会科学文献出版社 2017 年。

③ 朱洪斌：《从"美国化"到"本土化"：清华国学研究院的缘起》，《南开学报》2009 年第 3 期。

（二）构建具有中国特色的各"专门之学"的学科学术体系

在引入西学分科体系建立起图书馆学、社会学、民族学、经济学、教育学等"专门之学"后，各门人文社会科学分立学科即开启了整理本土资源、探究本土问题、塑造本土风格，形成本土学派的学术本土化探索，构建具有中国特色的各"专门之学"的学科学术体系。

1925 年 6 月，梁启超在中华图书馆协会成立大会上发表的演说中提出"建设中国的图书馆学"，使图书馆学在开启自觉的学术本土化进程中走在了前列。他指出："本协会头一件责任'建设中国的图书馆学'"，"图书馆学怎么会有'中国的'呢？不错，学问无国界，图书馆学的原则是世界共通的，中国诚不能有所立异。但中国书籍的历史甚长，书籍的性质极复杂，和近世欧美书籍许多不相同之点。我们应用现代图书馆学的原则去整理他，也要很费心裁，决不是一件容易的事。从事整理的人，须要对于中国的目录学（广义的）和现代的图书馆学都有充分智识，且能神明变化之，庶几有功。这种学问，非经许多专门家继续的研究不可。研究的结果，一定能在图书馆学里头成为一独立学科无疑，所以我们可以叫他做'中国的图书馆学'。"[①]他认为我国建立现代图书馆学，既要与国际接轨、与"世界共通的"图书馆学原则对接，又要从"中国书籍的历史甚长，书籍的性质极复杂"的历史特点出发，从中国读者、中国民众的实际情况出发，传承"中国的目录学（广义的）"等本土学术资源并将其与现代图书馆学贯通，建设本土化的"中国的图书馆学"。1926 年初，刘国钧在为《图书馆学季刊》所拟办刊宗旨宣示"本新图书馆运动之原则，一方参酌欧美之成规，一方稽考我先民对于斯学之贡献，以期形成一种合于中国国情之图书馆学"[②]。同年，杜定友提出"外国的图书馆学未必能适应中国的情况"，"要养成一班高深的图书馆学者，以建设中国图书馆学"；主张"我们中国要有中国的图书馆学校，以养

---

① 梁启超：《中华图书馆协会成立会演说辞》，《饮冰室合集》第 5 册，中华书局 1989 年版，文集之 42，第 44—45 页。

② 《本刊宗旨及范围》，《图书馆学季刊》1926 年第 1 期。

成中国图书馆学者，因为中国图书馆有中国的特别情形、特别应用，不是把外国的东西贩运过来，就可以用的"①。1929年，金敏甫在《中国现代图书馆概况》提出"中国图书馆学"是"适合乎中国图书馆应用之图书馆学也"②。我国现代图书馆学的创立，从早期以日本为中介引入西方图书馆观念，到1917年后直接从欧美引入图书馆学，再到1925年后提出在中西融合的基础上"建设中国的图书馆学"，呈现了从侧重国际化到凸显本土化的发展趋势。

社会学、民族学（人类学）本土化议题的提出，同样发生在中国社会学建立的早期阶段。1925年，时为燕京大学社会学系教授的许仕廉在其发表的《对于社会学教程的研究》一文中率先提出了建设"本国社会学"。1931年，孙本文在其发表的《中国社会学之过去现在及将来》一文中提出"建设一种中国化的社会学"是"今后之急务"，主张"采用欧美社会学上之方法，根据欧美社会学家精密有效的学理，整理中国固有的社会思想和社会制度，并依据全国社会实际状况，结合而成有系统有组织的中国化的社会学"③。后来，他将其细化为"中国社会学"建设的三个具体步骤："首先，要有系统地介绍世界名著和欧美的重要学说和方法，厘定译名，编辑社会学词典，编纂大学社会学教本及参考用书；其次，整理中国固有的社会学史料；第三，实地研究中国社会之特性，建设一种适合于中国国情的应用社会学，详细研究中国社会问题；加紧探讨中国社会事业与社会行政，切实研究中国社会建设方案。"④ 吴文藻提出了社会学的中国化："以试用假设始，以实地证验终。理论符合事实，事实启发理论，必须理论与事实糅合一起，获得一种新综合，而后现实的社会学才能植根于中国土壤之上，又必须有了本此眼光训练出来的独立的科学人材，来进行独立的科学研究，社会学才算

①　杜定友：《图书馆学的内容和方法》，《教育杂志》1926年第9期。

②　金敏甫：《中国现代图书馆概况》，广州图书馆协会1929年刊本，第33页。

③　孙本文：《中国社会学之过去现在及将来》，中国社会学社编《中国人口问题》，世界书局1932年版，第19页。

④　孙本文：《当代中国社会学》，胜利出版公司1948年版，第286页。

彻底的中国化。"① 吴文藻所倡导的"社会学的中国化"包括了民族学（人类学）的中国化，正如有学者指出吴文藻"提出借鉴功能学派的观点和方法，实现包括民族学在内的社会学中国化的思想"②，"吴文藻先生早在30年代就提出人类学、社会学中国化的主张，要使人类学与中国国情相结合，植根于中国土壤之上"③。

其他刚刚建立的学科也纷纷提出了本土化、中国化的主张，如舒新城、庄泽宣倡导"使中国的教育中国化"④、"使新教育中国化"⑤，艾思奇提出"需要来一个哲学研究的中国化、现实化"⑥，王亚南在抗战时期提出建立"中国经济学"，张申府提出"科学中国化""使科学在中国有其极特殊的特色"⑦ 等。

（三）推进学术理论、学术方法与学术话语的本土化建设

清代学人姚鼐等人提出学问之道应当是义理、考据、辞章三位一体，这三者庶几可对应现代人文学术研究中的学术理论、学术方法与学术话语。清末民初之际的学人在建构中国现代学科体系学术体系的过程中，主张全面传承、借鉴中国古典学术中的义理、考据、辞章三个层面的本土资源，以推进学术理论、学术方法与学术话语的本土化建设。

一是探究国学、国情之"义理"，注重古典学术文本学理内涵之诠释与本土问题之调研，使本土资源、本土经验成为构建各人文社会学科学术理论的重要源头。

在图书馆学方面，梁启超、杜定友等人主张从中国古代学问中传承藏书学、校雠学、目录学、版本学等相关知识，以推进"中国的图书馆学"建设。梁启超指出："中国从前虽没有'图书馆学'这个名词，但这种学问却

---

① 吴文藻：《功能派社会人类学的由来与现状》，《社会研究》1935年第111、112期。
② 王建民：《中国民族学史（1903—1949）》，云南教育出版社1997年版，第283页。
③ 黄淑娉：《人类学中国化的理论、实践和人才》，《广西民族学院学报》1994年第4期。
④ 舒新城：《论道尔顿制精神答余家菊》，《中华教育界》1923年第8期。
⑤ 庄泽宣：《如何使新教育中国化》，民智书局1929年版，第23—36页。
⑥ 艾思奇：《艾思奇文集》上卷，人民出版社1981年版，第387页。
⑦ 张申府：《关于文化政策》，《张申府文集》第1卷，河北人民出版社2005年版，第250页。

是渊源发达得很早。自刘向、刘歆、荀勖、王俭、阮孝绪、郑樵，以至近代的章学诚，他们都各有通贯的研究，各有精到的见解。所留下的成绩，如各史之艺文经籍志，如陈振孙、晁公武一流之提要学以至近代之《四库总目》，如佛教之几十种经录，如明清以来各私家藏书目录，如其他目录学专家之题跋和札记，都能供给我们以很丰富的资料和很复杂的方法。中国现代青年，对于外国图书馆学得有根底之后，回头再把中国这种目录学（或用章学诚所定名词叫他做校雠学）加以深造的研究，重新改造，一定能建设出一种'中国的图书馆学'来。"① 杜定友指出：我们中国向来所有的校雠之学，"这种学问，是图书馆学者必需的，所以我把他归纳在书目学内。其实这种科学，也有独立的价值。这种科学，实先于图书馆学，不过一向没有什么人去作科学的研究。到了现在，一般外国图书馆学者，方着力于是。我国早有是科，我们现在只要继续先贤的事业，比较他们便当得多"② 他指出，图书馆学是一个新名词，成为专门学是近几年之事，"我国向来有目录学、校雠学，也差不多有图书馆学的意思"，"历来中国学者，凡是饱学之士，没有不研究目录、版本之学"，"中国向来也有一些似是而非的图书馆专门学问，我们对于这种学问，也非痛下一番研究不可"。③ 在中国图书馆学开创初期，还有如杨昭悊、洪有丰、刘国钧、沈祖荣等早期学者都致力于图书馆学本土化进程，他们"将图书馆学研究中国化的根基建立在'我斯民对于斯学之贡献'之上，努力在中国古代图书馆学思想资源中寻找智慧"④。

在社会学方面，早期社会学学人主张从吸取中国古典学术中的社会学相关资源入手、从实地调查中国社会实际情况并致力于解决中国社会问题入手，推进"本国社会学""中国化的社会学"的构建。他们注重从老子、孔

---

① 梁启超：《中华图书馆协会成立会演说辞》，《饮冰室合集》第5册，中华书局1989年版，文集之42，第45页。

② 杜定友：《图书馆学之研究》，《图书馆杂志》1925年创刊号。

③ 杜定友：《图书馆学的内容和方法》，《教育杂志》1926年第9期。

④ 李满花、傅荣贤：《20世纪初我国图书馆学研究中国化诉求得失评》，《图书情报工作》2008年第12期。

子、庄子、孟子、荀子等中国思想家的论著中"挖掘关于社会秩序、社会结构、社会互动、社会治理的经典论述"作为"社会学学科本土化的重要基础"。① 如潘光旦将《中庸》中的"致中和，天地位焉，万物育焉"的思想、"孔门社会哲学"与西方生物进化论思想、西方社会学理论加以结合，发表了《社会生物学观点下之学庸论孟》（《留学生季报》第 11 卷第 1、3 号，1926 年 3 月 20 日、1927 年 1 月 20 日）、《生物学观点下的孔门社会哲学》（《留学生季报》第 11 卷第 4 号，1927 年 5 月 20 日），提出了"社会位育论"，表达了安其所、遂其生的人文理想，在推进社会学本土化上作了有益的探索。他们撰写了一批以实地调查为基础、以研究中国社会各种具体问题为导向的学术成果，从而推进了社会学本土化、中国化的进程。这些成果如：潘光旦的《中国之家庭问题》（新月书店 1928 年版），陈达的《中国劳工问题》（商务印书馆 1929 年版），李景汉的《北平郊外之乡村家庭》（"社会研究丛刊"第三种，商务印书馆 1929 年版）与《定县社会概况调查》（中华平民教育促进会 1933 年版），陶孟和的《北平生活费之分析》（"社会研究丛刊"第六种，商务印书馆 1930 年版），许仕廉的《中国人口问题》（商务印书馆 1930 年版），费孝通的《江村经济》（1939 年英文版），等。更值得一提的是，马克思主义理论家运用唯物史观研究中国社会问题，推出了毛泽东的《湖南农民运动考察报告》、李达的《现代社会学》、陈翰生的《现今中国之土地问题》、冯和法的《农村社会学大纲》等成果，开创了中国马克思主义社会学派。

在民族学方面，从蔡元培 1926 年发表《说民族学》一文首次提出"民族学是一种考察各民族的文化而从事于记录或比较的学问"这一学术概念之初，就开始注意到应当借鉴本土古典学术资源。他指出："记录的民族学，发端很早，我国有《山海经》一书……这部书固然以地理为主，而且有许多古代神话的材料，但就中很有民族学的记载"，"后来如《史记》有'匈奴'、

---

① 张文宏：《本土化：中国社会学学科体系、学术体系和话语体系创新的必然路径》，《济南大学学报》2017 年第 3 期。

'西南夷'等列传，此后专史，都有这一类的列传。又如唐樊绰的《蛮书》、宋赵汝适的《诸蕃志》，元周达观的《真腊风土记》，明邝露的《赤雅》等，也算是这一类的专书。"至于"比较的民族学"要"举各民族物质上行为上各种形态而比较他们的异同"，自然要涉及我国古人的材料，如"古人穴居的遗迹，法兰西、西班牙等国已发现多处，在我国不难觅得"；我国古人实际已经对不同民族进行比较，如《小戴记·王制篇》中列举了"五方之民"即"中国蛮夷戎狄"在居住、饮食、衣饰等方面的特点。① 在民族学作为独立学科出现后，我国学者以引进的民族学（人类学）理论阐释中国民族史问题，推出一批民族学（人类学）本土化的理论成果，如被称为"中国人类学第一人"的李济完成了博士论文《中国民族的形成》及 1925 年在中国科学社年会上发表的《湖北人种测量之结果》，石声汉、任国荣撰写的《瑶山调查》（1928），颜复礼、商承祖的《广西凌云瑶人调查报告》（1929）等。

二是传承国学之"考据"，将考据学等传统学术方法与现代科学方法融会贯通，确立中国现代人文学术研究中以实证性研究为代表的学术研究模式。

在中国现代学术体系创立初期，学人们一面从西学中引入诸如"内籀"（归纳推理）、"实验主义""综括（Generalization）及分析（Specification）之二法"等学术方法，一面又推动"载籍""考据"等传统学术方法实现现代转换，赋予其"现代学术之方法论的意义"。② 梁启超、胡适等人肯定了乾嘉考据学的现代科学方法论意义。梁启超曾以戴震为例，说明清学的学术方法与近代科学方法是相通的。戴震少时围绕"《大学》右经一章以下"一再发问塾师，"此一段故事，非惟可以说明戴氏学术之出发点，实可以代表清学派时代精神之全部，盖无论何人之言，决不肯漫然置信，必求其所以然之故，常从众人所不注意处觅得间隙，既得间，则层层逼拶，直到尽头处；

① 蔡元培：《说民族学》，《蔡元培全集》第 5 卷，浙江教育出版社 1997 年版，第 441—445 页。

② 贺昌盛：《载籍·考据·立论——现代中国学术的方法论转换》，《学术月刊》2008 年第 7 期。

苟终无足以起其信者，虽圣哲父师之言不信也。此种研究精神，实近世科学所赖以成立。"①胡适认为，"宋儒的格物说，究竟可算得是含有一点归纳的精神。'即凡天下之物，莫不因其已知之理而益穷之'一句话，的确含有科学的基础"；他更认同清代学者的治学方法，认为"中国旧有的学术，只有清代的'朴学'确有'科学'的精神"，如"训诂学是用科学的方法，物观的证据，来解释古书文字的意义"，"校勘学是用科学的方法来校正古书文字的错误"，"他们用的方法，只是两点：(1) 大胆的假设，(2) 小心的求证"。②以王国维、胡适、顾颉刚、傅斯年等为代表的新考据学派，将从西学引进的实证方法与从清学传承的考据之学结合起来，倡导大胆假设、小心求证的学术方法，既为现代学术发展打开了全新的局面，也使传统学术方法被赋予现代科学方法论意义而获得了新生，从而推动了现代学术方法的本土化转型。

如果说新考据学派强调史学、考古学等学科通过大量新旧材料进行实证性研究，那么，当时从事社会学、民族学、人口学等学科科学研究的学者还非常重视通过实地调研探究中国国情并提出符合国情的方案、措施、策略，因此，从实地调查或田野调查入手成为学术方法本土化的又一重要途径。人类学、地质学等学科建立时虽从西方引入了田野调查法，但重视实地考察也是中国古典学术的一个传统，如胡适在《清代学者的治学方法》中就称赞朱熹"一生有时颇能做一点实地的考察"，"读万卷书行万里路"的古训更是为一代代学人所推崇。民国时期，刚建立的现代社会科学各个学科都重视社会调查，近年出版的《民国时期社会调查丛编》共 3 编 24 卷 45 册，就收集了近千种民国时期的社会调查史料，可以从一个侧面展现中国现代学术关注本土问题、借重本土方法的历程。

三是以原处于从属地位的民间口语（白话文）改造"国语"之"辞

---

① 梁启超：《清代学术概论》，《饮冰室合集》第 8 册，中华书局 1989 年版，专集之 34，第 25—26 页。

② 胡适：《清代学者的治学方法》，《胡适全集》第 1 卷，安徽教育出版社 2003 年版，第 361—388 页。

章"，构建中国本土化的现代性学术话语体系。

从戊戌维新时期开始，学人们即已致力于学术话语本土化建构。严复以精英阶层所熟悉的文言文翻译西方学术名著，以古汉语中的字词翻译外来学术名词与学科术语，"一名之立，旬月踟蹰"，发明了诸如"群学"（今译"社会学"）、"计学"（今译"经济学"）、"名学"（今译"逻辑学"）、"民直"（rights）、"群己权界"等新词、新术语，其中，"物竞天择""适者生存""天演""观察""试验""阻力""离心力""乌托邦"等"顺利地融入现代汉语"，"成为现代汉语中的（相对意义上的）'永久性'的常用词"①，在建构本土化学术话语上作出了有益尝试。以梁启超为代表的学人则选择了以同样为本土资源的民间话语——白话文，来传播西学并从事知识生产。裘廷梁于1898年8月在《无锡白话报》第19、20合期上发表了《论白话为维新之本》一文，提出了"崇白话而废文言"的主张。梁启超强调"言文分则非多读古书通古义，不足以语于学问，故近数百年来，学者往往瘁毕生精力于说文尔雅之学，无余欲以从事于实用，夫有不得不然者也"②，他倡导被称为"新民体""梁启超体"的、"言文一体"的新体散文，对传统古文进行了猛烈的冲击，为学术话语变革开辟了道路。

五四新文化运动确立了白话文在文学上的正宗地位，也开启了以白话文作为"国语"书写学术文本及其他文件的历程。确立大众化之白话文的"国语"地位，以其取代仅限于士大夫阶层使用的文言文，打破了"语"与"文"、大众与精英之间的隔绝状态，但这种变革不过是两种本土书写方式之间的一次话语转换，仍然体现了"现代民族主义语言的追求"③；它使当时一些学人通过倡导"世界语"、汉语拉丁化的普遍性冲动、国际化诉求得以遏制。作为五四白话文运动的倡导者，胡适认为一种方言要变成国语要有"两种资格"，即"通行最广"与"产生的文学最多"，而白话文"是一种通行最

---

① 尚宏：《严复翻译话语系统对学术话语的建构》，《中州学刊》2011年第2期。

② 梁启超：《新民说·论进步》，《饮冰室合集》第6册，中华书局1989年版，专集之4，第57页。

③ 旷新年：《五四白话文运动：一种话语的考察》，《文艺理论与批评》2009年第3期。

广最远又曾有一千年的文学的方言"，故被全国人公认为"中国国语"，因
此，要"推行出去，使他成为全国教科书的用语，使他成为全国报纸杂志的
文字，使他成为现代和将来的文学用语"①，同样，还要使其成为一种现代的
本土化学术话语。胡适倡导"文学改良"并出版白话诗集《尝试集》，推动
了白话文学运动；同时，他出版《中国哲学史大纲》，尝试以白话文进行学
术书写，是白话文运动在学术领域的开拓性尝试。此后，白话文成为现代学
术话语的通用形式，标志着传统学术话语现代转型的实现。中国古典文学史
上产生了许多白话诗、白话词、白话小说、白话元曲，但在经学史、学术史
领域完全是由文言文主导的，因此，以白话文书写严肃的学术作品是更具有
革命性的尝试，也是学术本土化突破性进展的实绩。

四、国学传承与民国前期图书馆学的本土化②

民国前期是从传统学术体系向现代学术体系转型过渡的重要阶段。1913
年教育部颁布《大学令》和《大学规程》，规定设置文、理、法、商、医、
农、工七门学科，传统的"四部之学"转向了现代的"七科之学"，1928 年
中央研究院的设立标志着中国现代学术转型的完成。中国现代学术体系的开
创是在中西文化碰撞、融合的背景下完成的，一方面引进了西方学术体系、
学科体系与知识体系，一方面传承了中华优秀传统文化的资源，经历了一个
从外部引入到逐步本土化的过程。1925 年 6 月梁启超提出"建设中国的图
书馆学"，启动了建立中国本土化的图书馆学的进程，在中国学术本土化中
走在了前列。考察民国前期传承中华优秀传统文化的资源以推进图书馆学等
学科的本土化历程，对构建中国特色哲学社会科学学科体系、学术体系、话
语体系，具有重要借鉴意义。

---

① 胡适：《国语文法概论》，《胡适全集》第 1 卷，第 423 页。
② 本文曾以论文形式在《鲁东大学学报》2020 年第 2 期发表，作者于作敏、赵慧峰。

（一）"建设中国的图书馆学"

从 1925 年 6 月梁启超在中华图书馆协会成立大会上所发表的演说中提出"建设中国的图书馆学"，中国图书馆学的开拓、发展经历了近百年的历程。梁启超指出："本协会头一件责任'建设中国的图书馆学'"，"图书馆学怎么会有'中国的'呢？不错，学问无国界，图书馆学的原则是世界共通的，中国诚不能有所立异。但中国书籍的历史甚长，书籍的性质极复杂，和近世欧美书籍许多不相同之点。我们应用现代图书馆学的原则去整理他，也要很费心裁，决不是一件容易的事。从事整理的人，须要对于中国的目录学（广义的）和现代的图书馆学都有充分智识，且能神明变化之，庶几有功。这种学问，非经许多专门家继续的研究不可。研究的结果，一定能在图书馆学里头成为一独立学科无疑，所以我们可以叫他做'中国的图书馆学'。"[1] 梁启超阐明了在中西文化碰撞的背景下构建中国图书馆学学科体系、学术体系所应采取的立场，即引进与传承并重、国际化与本土化并行，既引进世界共通的"图书馆学的原则"，"应用现代图书馆学的原则"，追求与世界接轨，与世界现代学术发展趋势接轨；又要从"中国书籍的历史甚长，书籍的性质极复杂"的国情出发，从中国读者、中国民众的实际情况出发，传承"中国的目录学（广义的）"的知识系统，在将中国古代校雠学的理论方法和西方现代图书馆学理论方法融会贯通的基础上，建设具有中华文明特色的"中国的图书馆学"。

梁启超从"读者"与"读物"两个角度论证了发展中国图书馆事业、构建中国图书馆学必须从中国国情出发，走中国本土化之路，而不能照搬国外的图书馆模式、不能简单引进国外图书馆学学科体系、学术体系。

从读者的角度看，与美国等西方发达国家"几乎全国人都识字，而且都有点读书兴味"不同，而中国"就读者方面论，实以中学以上的在校学生

---

[1]　梁启超：《中华图书馆协会成立演说辞》，《饮冰室合集》第 5 册，文集之 42，第 44—45 页。

为中坚，而其感觉有图书馆之必要最痛切者，尤在各校之教授及研究某种专门学术之学者，这些人在社会上很是少数。至于其他一般人，上而官吏及商家，下而贩夫走卒，以至妇女儿童等，他们绝不感有图书馆之必要"①。由于当时中美两国在读者、在阅读主体上存在上述差异，决定了两国的图书馆事业要走不同的路子，决定了中外图书馆学构建要选择不同的路径。美国全民识字且多有读书的兴趣，因此，美国"图书馆学"关注的问题是"设法令全国大多数人能够享受图书馆的利益，与及设法令国内多数图书馆对于贮书借书等项力求改良便利"，美国图书馆事业的模式是"极力提倡群众图书馆——或称公共图书馆的事业及其管理方法等项"②。"中国的图书馆学"将来要与"世界共通的""图书馆学的原则"接轨，"中国将来的图书馆事业也要和美国走同一的路径"即走"群众图书馆"，也就是"公共图书馆"之路，但以现阶段读者极少的情形，中国图书馆事业的发展模式只能是"只是供给少数对于学术有研究兴味的人的利用，纵使有人骂他是'贵族式'，但在过渡时代，不能不以此自甘"，"群众图书馆，我在原则上并不反对，而且将来还希向这条路进行。但在今日现状之下，我以为徒花冤钱，决无实益。"③ 如果完全照搬美国的经验广设"阅书报社式"的群众图书馆，在现阶段只能是枉费人力、物力、财力。"中国的图书馆学"的构建面对的是中国现阶段读者极少这种情形。

从读物的角度看，与美国等西方发达国家公共图书馆有着丰富的、适合公众阅读的公共文化产品不同，现阶段中国图书馆馆中储备的是群众中没有几人会看的外国文书与一般人无从读起的古籍，"若讲一般群众最欢迎的读物，恐怕仍是《施公案》《天雨花》一类的旧书和《礼拜六》一类的定期出版物"，而这些书又品味不高、与提倡新文化的宗旨格格不入，如果让推荐"几部书能适应群众要求，令群众看着有趣且有益"，"叫我推荐读物，以

---

① 梁启超：《中华图书馆协会成立演说辞》，《饮冰室合集》第5册，文集之42，第43页。
② 梁启超：《中华图书馆协会成立演说辞》，《饮冰室合集》第5册，文集之42，第42页。
③ 梁启超：《中华图书馆协会成立演说辞》，《饮冰室合集》第5册，文集之42，第43—44页。

我的固陋，只怕连十部也举不出来"。目前只能是"收罗外国文的专门名著和中国古籍，明知很少人能读，更少人喜读，但我们希望因此能产生出多数人能读喜读的适宜读物出来"①。以现在没有多少人能读懂且感兴趣的西书、古籍，显然与西方国家"群众图书馆"或"公共图书馆"面向公众的理念之间有不可避免的矛盾。要多设、广设适合广大群众的"群众图书馆"或"公共图书馆"，只有等将来读者的水平得到广泛的提高且"能产生出多数人能读喜读的适宜读物出来"。

因此，要与西方公共图书馆理念、与"世界共通的""图书馆学的原则"接轨，知识精英的任务是很艰巨的，一要从事文化启蒙，培养识字且多有读书的读者，培养与"群众图书馆"或"公共图书馆"相适应的群众或公众；二要从事公共文化产品的生产，生产群众或公众"能读喜读的适宜读物"。但在梁启超生活的年代，中国图书馆事业与"中国的图书馆学"还只能着眼于"少数对于学术有研究兴味的人"，只能先"收罗外国文的专门名著和中国古籍"。这是从古代藏书楼到现代图书馆、从"中国的目录学（广义的）"到"中国的图书馆学"的过渡阶段。

（二）使本土资源成为我国图书馆学知识生产的重要源头

要构建"中国的图书馆学"、推进中国图书馆学本土化发展，需要传承中国古代图书管理、图书整理的知识、思想与方法，传承藏书学、"中国的目录学（广义的）"的知识系统，使国学、使本土资源成为我国图书馆学知识生产的重要源头。

现代意义上的"图书馆""图书馆学"等词都是从海外引进的外来词。在古代汉语中，"图书馆"一词曾见于古诗，如北宋诗人黄庭坚在《见子瞻粲字韵诗和答三人四返不困而愈崛奇辄次韵寄彭门三首》一诗中有"还从股肱郡，待诏图书馆"的诗句。近代在我国文献中最早出现当为1894年《教育世界》第62期中刊出的《拟设简便图书馆说》一文。"图书馆学"一词由

---

① 梁启超：《中华图书馆协会成立演说辞》，《饮冰室合集》第5册，文集之42，第43页。

德国图书馆学家施莱廷格（M.W.Schrettinger）于 1807 年提出，这一概念的提出标志着现代图书馆学的诞生；该词最早由谢荫昌引入我国，他于 1910 年 10 月在《四川教育官报》发表的译文《图书馆教育》一文（三个月后《图书馆教育》一书出版）中，共使用了 10 次"图书馆学"一词。① 此前，即有学者认定谢荫昌是第一个将"图书馆学"一词引入中国的人，不过认为谢氏在《四川教育官报》发表的译文《图书馆教育》一文使用了 3 次"图书馆学"一词。② 1917 年，由日本图书馆协会编、我国通俗教育研究会翻译的《图书馆小识》一书中也使用了"图书馆学"一词。1923 年，杨昭悊（1891—1939）所编《图书馆学》由商务印书馆出版，这是我国第一部以"图书馆学"命名的概论性图书馆学著作，该书将图书馆学的内容体系区分为"纯正的"与"应用的"两部分，即"纯正的图书馆学专为说明图书馆的原理原则，或现有的事实……应用的图书馆学，专为图书馆指导图书馆实施的方法"③。洪有丰在 1926 年出版的《图书馆组织与管理》一书中给出了我国学者关于"图书馆学"的最早定义："故图书馆对于图书，若何处理，对于阅览者，若何指导，以及一切事业，若何推广，若何改进，研究其原理，而应用适当之方法，此种学术，是谓之图书馆学。"④

在 19 世纪初现代图书馆学产生之前，中外都没有"图书馆学"这个名词，但均已为现代图书馆学的孕育积累了丰富的知识与局部的理论。梁启超在 1925 年中华图书馆协会成立大会上的演说中指出："中国从前虽没有'图书馆学'这个名词，但这种学问却是渊源发达得很早。自刘向、刘歆、荀勖、王俭、阮孝绪、郑樵以至近代的章学诚，他们都各有通贯的研究，各有精到的见解。"⑤ 次年，杜定友指出："图书馆学成为专门科学，也非一朝一

---

① 吴稌年、顾烨青：《"图书馆学"一词的引进与我国图书馆学体系的初步形成》，《中国图书馆学报》2018 年第 5 期。

② 平保兴：《关于图书馆学术史问题的商榷》，《大学图书馆学报》2013 年第 6 期。

③ 杨昭悊：《图书馆学》，商务印书馆 1923 年版，第 32 页。

④ 洪有丰：《图书馆组织与管理》，商务印书馆 1926 版，第 2 页。

⑤ 梁启超：《中华图书馆协会成立演说辞》，《饮冰室合集》第 5 册，文集之 42，第 45 页。

夕偶然间事……自从周室之守藏史老聃起，已有藏书之官。汉刘向、刘歆起，就有目录之学……其他如郑樵的《校雠学》、章学诚的《校雠通议》，也都是研究图书馆学的成绩。"① 1928 年，金敏甫指出："图书馆学术，在吾国古代，早已有之，如目录学、校雠学、版本学等，实际上即为图书馆学之一部分耳。"② 《周礼·秋官·司约》中有："若有讼者，则珥而辟藏。其不信者服墨刑。"就足以说明"图书馆学"这种学问，诚如梁启超所言在中国"渊源发达得很早"。

　　我国古代已有丰富的图书馆学相关知识、相关学问、相关方法，但还无"图书馆学"这一学科名词，还没有确立起现代图书馆学的基本框架与内容体系，那么，"中国古代图书馆学"的概念是否能够成立？有的学者认为中国古代没有图书馆学，如李刚等认为"中国古代存在着与今天图书馆学某些类似的整理文献的专门学问，传统学人称之为目录、版本、校雠之学。这些学问在学理上和现代图书馆学有着巨大的性质差异"，因此，"中国古代并不存在一门叫'图书馆学'的专门学科，'图书馆学'这个概念本身就是现代性的一部分"③；戎军涛等认为"中国古代图书馆学思想和 20 世纪以后的中国图书馆学严格意义上并没有学术继承与血缘关系，中国图书馆学并不是在我国古代图书馆学思想基础上形成的，它们是两套学术系统"④。有的学者认为中国古代产生了图书馆学，"中国古代图书馆学"的概念可以成立。如谢灼华指出："中国古代能否产生图书馆学？或者说，古代关于藏书管理的知识（经验）能否称作图书馆学的范围？回答是肯定的。""漫长的封建社会中，丰富的图书馆工作内容必然逐步促进了图书馆工作知识和经验的积累，因此，也就逐步孕育了古代图书馆学的产生和发展。"⑤ 他将"古

---

① 中国图书馆学学会：《中国图书馆学学科史》，中国科学技术出版社 2014 年版，第 56 页。

② 金敏甫：《中国图书馆学术史》，《图书馆周刊》1928 年第 2 期。

③ 李刚、倪波：《分期的意识形态——兼论"20 世纪中国图书馆学"》，《图书馆情报工作》2002 年第 6 期。

④ 戎军涛、吴杏冉：《中国图书馆学理论发展史的历史分期问题研究》，《图书馆建设》2008 年第 3 期。

⑤ 谢灼华：《中国图书馆学史序论》，《武汉大学学报》1985 年第 3 期。

代图书馆学"进一步划分为四个阶段：古代图书馆学思想的酝酿时期（汉魏六朝）、古代图书馆学思想的形成时期（隋唐五代）、古代图书馆学体系建立时期（宋元）和古代图书馆学体系完善时期（明清）。王余光承担了 2013 年立项的国家哲学社会科学基金重大项目"中国图书馆学史（项目编号：13&ZD153）"，他认为古代有藏书管理的思想、方法即藏书学，有藏书整理的部分思想与方法即校雠学，"藏书管理和校雠学即是中国古代的图书馆学"，"中国'古代图书馆学'的概念是成立的，受到西方图书馆学话语体系的影响而认为中国古代没有图书馆学是不合适的"。① 他将中国图书馆学发展的历史分为四个时期：中国古代图书馆学（20 世纪以前）、中国近代图书馆学（20 世纪前期）、中国现代图书馆学（20 世纪后期）和中国当代图书馆学（21 世纪以来）。熊静指出："古代藏书活动就是中国古代的图书馆事业，而在古代藏书活动实践和发展过程中，形成的经验、理论、方法，可以被称为古代图书馆学，同样也是中国图书馆学史研究的重要内容。古代图书馆学应当在中国图书馆学的历史分期中占据一席之地。"② 刘春云等认为，"尽管中国古代图书馆学在学术界尚存些许争议，但中国古代存在图书馆学的事实越辩越明"③。有的学者没有使用"古代图书馆学"这一概念，而使用了"传统图书馆学""前图书馆学""经验图书馆学"等。袁宝龙将古代存在的藏书理念等相关学问称之为"传统图书馆学"，他指出："中国图书馆学学术体系诞生于 20 世纪初，由中国传统藏书理念与西方现代思潮两者碰撞融合而成，传统图书馆学与现代图书馆学理念也因此成为中国图书馆学的两大源流。"④ 张树华将古代整理图书、鉴定图书、藏书管理及应用的知识和理论称之为"前图书馆学"，她说："有关整理图书的知识发展为'目录学'，有关鉴定图书的知识发展为'版本学'、'校勘学'。公、私家有关图书的访求、整理、庋藏、保管、管理及利用的知识和理论也日益增长，并日趋完善。这些知识

---

① 王余光：《试论中国图书馆学史研究中的几个问题》，《图书馆论坛》2015 年第 4 期。
② 熊静：《论中国图书馆学的历史分期》，《山东图书馆学刊》2016 年第 1 期。
③ 刘春云、龚腾蛟：《中国古代图书馆学研究述评》，《图书馆建设》2017 年第 9 期。
④ 袁宝龙：《当代视域下的传统图书馆》，《图书馆学研究》2014 年第 5 期。

和理论可以说是中国图书馆学的一部分，我称之为'前图书馆学'。"①况能富将古代与图书馆有关的学问称之为"经验图书馆学"，他在《图书馆学思想史纲》中，将中国图书馆学发展史划分为4个阶段：图书馆学知识的萌芽与积累、经验图书馆学的形成（唐宋）、经验图书馆学的发展和终结（明清）和理论图书馆学的产生和发展（1840—　）。②

我们认为，应当从传统学术向现代学术转型、从"四部之学"到"七科之学"转型、从混而不分的"通人之学"向分科治学的"专门之学"转型这一视角，来讨论中国图书馆学的创立问题。现代图书馆学是在引进现代学术分科体系的背景下独立而为一门专门之学的，其知识体系的建立既有赖于移植西方图书馆学知识系统，也需要借助于从混而不分的传统学术、从"四部之学"中分解出诸如目录学、藏书学、版本学等与现代图书馆学相近的知识、理论、方法，但这些知识、理论、方法不宜将其称之为似乎系统而独立的"古代图书馆学"。事实上，注重博通的传统"四部之学"没有诸如"古代图书馆学"之类的学术门类，直至晚清受到西方"分科立学""分科治学"观念影响而提出的各种方案中也没有专门的图书馆学，图书馆学的分立是民国时期的事情；国学内容在被"分科立学"的现代学科传承时往往是交叉的，目录学、藏书学、版本学学问就不仅为建立现代图书馆学时所传承，也为历史学、地理学、文献学、宗教学等其他学科建立时所不可或缺；从"四部之学"传承现代图书馆学所需要的知识、理论、方法，还需要将散落在不同时期、散落在"四部"所属不同文献的相关知识加以整合、体系化的过程，并无一个现成的、系统的"古代图书馆学"可以拿来就用；"古代图书馆学"的概念尤其难以成立，首先从断代的角度，古代与近代的分期是1840年鸦片战争爆发，而现代图书馆学的分立是民国成立以后的事情。还是需要回归梁启超的思路：中国古代与图书馆学相关的学问"渊源发达得很早"，这就是"中国的目录学"（广义的），建立"中国的图书馆学"需要将

---

① 张树华：《中国"前图书馆学"的发展及其有关文献》，《大学图书馆学报》2012年第3期。

② 况能富：《应当开设"图书馆学思想史"课程：谈图书馆学基础理论教学的改革》，《图书馆情报知识》1986年第2期。

其加以传承、改造，但建立"中国的图书馆学"才刚刚破题。

无论"古代图书馆学"的概念是否成立、传统学术中与现代图书馆学相关的内容以何名称命名，但实现图书馆学的本土化必须传承本土资源中相应部分如藏书学、目录学、版本学、校勘学等内容则是毫无疑义的。王余光将国学中与现代图书馆学相关的内容分成两部分，即"古代藏书管理（有学者将其称为藏书学，即书籍的收集、保存、利用与传承）的思想、方法等"与"古代藏书整理的部分思想与方法，即校雠学（至20世纪多称'文献学'，但校雠学仍有沿用）"①。我们不妨看看古代在藏书学、校雠学方面的重要成就。

1. 关于藏书学。学界对古代藏书学、藏书家、藏书楼等多有关注。古代藏书学文献如：

隋朝牛弘撰《请开献书之路表》，"是我国第一篇专门论述古代国家藏书盛衰兴败的论文"②，该文将我国文献典籍所遭受的政治与战争劫难概括为"五厄"，建议"大弘文教，纳俗升平，而天下图书尚有遗逸，非所以仰协圣情，流训无穷者也。臣史籍是司，寝兴怀惧。昔陆贾奏汉祖云：'天下不可马上治之'，故知经邦立政，在于典谟矣。为国之本，莫此攸先。今秘藏见书，亦足披览，但一时载籍，须令大备。不可王府所无，私家乃有。然士民殷杂，求访难知，纵有知者，多怀吝惜，必须勒之以天威，引之以微利。若猥发明诏，兼开购赏，则异典必臻，观阁斯积，重道之风，超于前世，不亦善乎！"③

宋朝程俱（1078—1144）著《麟台故事》，该书记述中国北宋政府藏书制度的著作，共有5卷12篇，于绍兴元年（1131）七月上呈朝廷，受到朝廷重视，不久即颁布实施，成为南宋时国家藏书事业所循准则。"麟台"系唐代武则天时期掌管政府和皇家所藏典籍机构名称，此前曾称秘书省。该书多载入《永乐大典》，经清四库馆臣辑出为一种，但已十二亡其三，仅存"沿革""省舍""储藏""修篡""职掌""选任""官联""恩荣""禄廪"等9篇。

① 王余光：《试论中国图书馆学史研究中的几个问题》，《图书馆论坛》2015年第4期。
② 徐雁：《中国古代藏书学文献简介》，《宁夏图书馆通讯》1985年第2期。
③ 牛弘：《请开献书之路表》，魏征等《隋书》，中华书局1973年版，第1297页。

明朝胡应麟（1551—1602）著《径籍会通》，保留了有关书籍流传的相关重要文献，考证典籍源流和演变，评论书目优劣，分析类例得失。介绍了自家藏书，总结了"因、益、通、互"四种整理保存图书的方法。载《少室山房笔丛》卷1至卷4，由北京燕山出版社2008年出版。

明末祁承㸁（1563—1628）著《澹生堂藏书约、藏书训略》，"澹生堂藏书约"，包括《读书训》《聚书训》，为我国现存最早的一部由藏书家撰写古籍善本保管方面的书籍；"藏书训略"分为购书、鉴书两节，提出"眼界欲宽、精神欲注、心思欲巧"的购书三术和"审轻重、辨真伪、核名实、权缓急和别品类"的鉴书五法。作者为明藏书家，万历三十二年甲辰（1604）进士，入仕后每到一地均访求图书，聚书达10万余卷，在绍兴梅里建有旷园，内有藏书的"澹生堂"。

明清之际曹溶（1613—1685）著《流通古书约》，是一篇藏书理论专论，收入《静惕堂集》。该文指出历代藏书家重收藏轻流通的危害，认为古籍散佚的重要原因是藏书家将其藏书视为私有珍宝，百般爱惜，不愿公之于世，致使许多有价值的图书成为孤本；向藏书家大力倡导"流通古书"，通过互借传钞或刻印交换使古籍得以保存。

清代丁雄飞（1605—?）撰《古欢社约》，为图书节约条例。作者与黄虞稷同为清初南京著名藏书家，两人为至交，都以收藏阅读古籍为快事，于顺治十一年（1656）成立"古欢社"，相互借抄，以通有无，并订立了7条借阅条例，是为《古欢社约》。

其他还有清代周永年的《儒藏说约》、清代郑元庆的《吴兴藏书录》、清代丁申的《武林藏书录》、清季叶昌炽的《藏书纪事诗》、清季叶德辉的《藏书十约》与《书林清话》等。

2. 关于校雠学。校雠学是研究中国古代整理文献的方法的学科，包括与藏书活动直接相关的目录学、版本学，间接相关的辑佚学、辩伪学，及校勘、注释等相对独立的学问。梁启超在讲演中，提到了与现代图书馆学有直接关系的有"通贯的研究""各史之艺文经籍志"、提要学与目录学等三类：

"通贯的研究"。梁启超提及的校雠学家有刘向、刘歆、王俭、阮孝绪、郑樵、章学诚等。校雠成为一项独立的学问始于西汉，西汉刘向（前77—前6）、刘歆（前50—23）父子在整理宫廷藏书的校雠实践中率先归纳总结了校雠规程，刘向编成《别录》，著录图书603家，计13219卷，分为6大部类、38种，每类之前有类序，每部之后有部序，叙录内容包括书目篇名、校勘经过、著者生平思想、书名含义、著书原委，书籍性质、学术源流、书籍价值等；刘歆据此序录删繁就简，编成《七略》，《别录》唐代已佚。荀勖（？—289）为三国至西晋时音律学家、文学家、藏书家，他曾校正音律修正典籍，研制笛律12支，以校正音律，又与中书令张华等依照刘向的《别录》《七略》整理宫内藏书。王俭（452—489）为南朝齐文学家、目录学家，据《南齐书·王俭传》称其"上表求校坟籍，依《七略》撰《七志》40卷，上表献之，表辞甚典。又撰定《元徽四部书目》"；编撰成南齐图书总目《七志》30卷（已佚），分经典志、诸子志、图谱志、文翰志、军书志、阴阳志，又附佛经、道经两类，其中图谱一志，打破刘歆《七略》中收书不收图的旧例，又特立"文翰"一目，以诗赋文集属之；撰有《宋元徽元年四部书目录》4卷（已佚），收书2020帙，15074卷。阮孝绪（479—536）为南朝齐梁时期处士、目录学家，撰有《七录》，该书是继西汉刘歆《七略》、南朝齐王俭《七志》之后的一部图书目录分类专著，一定程度上总结了前代目录学的成就，成为《隋书·经籍志》的重要依据。郑樵（1104—1162）为宋代史学家、目录学家，所著《通志·校雠略》是中国古典文献学、目录学理论著作，在《校雠略》中总结了他编修志书的经验，补前人之不足，详辨得失。章学诚（1738—1801）为清代史学家、文学家，所著《校雠通义》共4卷，该书总结了自汉代刘向、刘歆以来目录学的成就，继承与发展了宋代郑樵的目录学理论，提出目录的任务是"辨章学术、考镜源流"；提倡图书编目的应用辅助著录法"互著与别裁"；主张编制索引。

"各史之艺文经籍志"。"艺文志"或"经籍志"是中国古史书中记载的图书目录，如班固所撰《汉书·艺文志》为《汉书》"十志"之一，是我国古代第一部史志目录，收录了先秦时期重要图书典籍；《隋书·经籍志》首次将典籍分为经、史、子、集四部40类，另附佛、道两类，四部分类法一直沿用到清代编《四库全书》。

提要学、目录学。提要学方面，有南宋目录学家、藏书家晁公武（1105—1180）所著具有提要内容的私藏书目《郡斋读书志》，南宋藏书家、目录学家陈振孙（1183—约1261）的私家藏书目录《直斋书录解题》等。目录学方面，有"佛教之几十种经录"，如西晋聂道真撰《众经目录》1卷，东晋成帝时支敏度撰《经论都录》和《别录》各1卷，石赵时《二赵经录》1卷；有"明清以来各私家藏书目录"，如邓咏秋、李万健编《清代私家藏书目录题跋丛刊》（国家图书馆出版社2010年版）共有18册；有各种共藏书目，《明清以来公藏书目汇刊》（国家图书馆出版社2017年版）一书，汇集了明清以来公藏书目近200种，包括明清两代内阁、民国时期教育、外交、内政各部及明清以来书院、公立图书馆等机构藏书目，尤以近代图书馆藏书目为多，涉及古籍近10万种，及近代出版的各类图书数十万种。

以上各种古代藏书学、校雠学方面的文献，"能供给我们以很丰富的资料和很复杂的方法"，是我们建构"中国的图书馆学"、推进图书馆学学科体系、学术体系、学术体系、话语体系的本土化必须加以借鉴、加以传承的学术资源。

（三）理论与应用的图书馆学都需传承国学中的相关资源

梁启超在《学与术》一文中将"学术"一词区分为"学"与"术"，即"学也者，观察事物而发明其真理者也；术也者，取所发明之真理而致诸用者也"[①]。严复也对"学"与"术"做过分疏，他在其译作《原富》一书的按语中指出："盖学与术异。学者考自然之理，立必然之例。术者据既知之理，求可成之功。学主知，术主行。"[②] 现代图书馆学也可区分为"学"与"术"，因此在"中国的图书馆学"开创之初杨昭悊已将其区分为"纯正的"与"应用的"两部分，但无论是图书馆学基础理论还是"应用的"图书馆学都需要

---

① 梁启超：《学与术》，《饮冰室合集》第3册，文集之25，第12页。

② 严复：《〈原富〉按语》，《严复集》第4册，中华书局1986年版，第885页。

借鉴、传承国学中的相关资源。

图书馆学基础理论方面，古代的目录学、版本学、校勘学等传统学问实现现代转换并成为现代图书馆学的分支学科。在"中国的图书馆学"开创的背景下，版本学、目录学、校雠学等分支学科的知识体系实现了新的突破。古籍版本学著作如：孙毓修（1871—1922）著《中国雕版源流考》，于1918年由商务印书馆出版，分雕版之始、官本、家塾本、坊刻本、活字印书法、巾箱本、朱墨本、刻印书籍工价、纸、装订等篇，采择正史、笔记、书志、方志中相关记载排比成篇，资料较为丰富；叶德辉（1864—1927）著《书林清话》，于1920年由中华书局出版，是中国版本学史上一部极有影响的版本学专著；钱基博（1887—1957）著《版本通义》，于1933年由上海商务印书馆出版，是较早以"版本"冠名的版本学力作；等。目录学如20世纪30年代出版的著作：刘纪泽著《目录学概论》（1931）、余嘉锡著《目录学发微》（1932）、刘异著《目录学》（1933）、汪国垣著《目录学研究》（1934）、周贞亮著《目录学》（1935）、程会昌著《目录学丛考》（1937）等。校勘学著作如：杜定友著《校雠新义》（1930）、姚名达著《目录学》（1933）与《中国目录学史》（1937）、胡朴安与胡道静合著《校勘学》（1934）、刘咸著《目录学》（1934）、毛坤著《目录学通论》（1934）、蒋元卿著《校雠学史》（1935）、向宗鲁著《校勘学》（1944）、张舜徽著《广校雠略》（1945）等。

应用图书馆学方面，"图书馆学里头主要的条理，自然是在分类和编目"[1]，图书分类、图书编目都需要借鉴传统学术。如"中图分类法"传承了中国古代的四部分类法的某些元素；古籍整理编目，需要借鉴中国古代目录学的一些经验、做法。

总之，中国古代藏书学、校雠学等国学的知识系统，是建设"中国的图书馆学"的重要理论源头，是推进图书馆学本土化的学术根基。通过借鉴中国古代藏书学、校雠学推进图书馆学本土化进程，是推动中华优秀传统文化创造性转化、创新性发展的有益尝试。

---

[1]　梁启超：《中华图书馆协会成立演说辞》，《饮冰室合集》第5册，文集之42，第43页。

第四章　中国现代文化思潮与文化论争

晚清至民国的思想文化舞台上，主要活跃着三大文化思潮，它们是自由主义、文化保守主义与马克思主义。这三大思潮是三个鼎立的、互相抗衡的价值系统，三者的联合与对抗，形成了中国现代史上文化思潮的主要格局和发展趋势。自由主义、文化保守主义和马克思主义三大文化思潮在现代中国的思想文化舞台上的互相冲撞激荡，既有斗争，又有联合，从而形成内外交织、色彩斑斓的思想斗争画面。

三大文化思潮在文化取向上彼此对立：自由主义者主张西化，文化保守主义者维护传统，马克思主义者努力将马克思主义基本原理同中国革命具体实际、同中华优秀传统文化相结合，以实现马克思主义的中国化。它们代表着三种中国现代化模式的不同选择和冲突：自由主义者主张照搬西方的经验，走西方工业文明即西方发达国家的老路；文化保守主义者认为中国的现代化应是中国传统的"精神文明"加西方近代的"物质文明"，到现代新儒家的第二代代表人物那里，更明确地提出以"儒家资本主义"为中国现代化道路的选择；马克思主义者则坚持把马克思主义基本原理同中国具体实际相结合、同中华优秀传统文化相结合。三大文化思潮由于文化取向的不同，曾经展开过多次思想文化论战。

尽管三大文化思潮之间存在着相互背离的一面，但也有互通交融、相同相似之处。美国哈佛大学中国近代思想史专家史华兹教授认为，中国现代史上的马克思主义、自由主义和保守主义同时出现的事实，说明它们在许多共同观念的架构里运作。如，它们都具有强烈的民族主义热情。保守主义是伴随着民族主义发展起来的，民族矛盾愈尖锐，保守主义情绪愈炽热；保守主义者认为，中国文化历史上"曾产生过伟大的事物"，应敬重、发扬优秀民族文化传统，以此启发人们捍卫民族自尊的意识。"至于民族主义与自由主义的关系，人们终究爱自己的国家，这完全因为它是'自由的乐土'，或者像严复、梁启超，甚至胡适，认为自由主义因为能增强国力而有价值"①。中国现代史上的自由主义属后一种情况，即将自由作为民族国家达到富强的一种手段。马克思主义之所以能够在中国逐渐传播开来，其重要原因之一是，它是作为挽救中华民族危亡的思想武器而出现的。当时中国所面临的最大问题是国内的封建军阀统治与国际上帝国主义列强对中国的侵略。中国共产党成立后，即在党的二大上制定了反帝反封建的民主革命纲领。中国的马克思主义者将民主主义与民族主义革命有机地结合在一起。再如，三大文化思潮都具有不同程度的容纳中西古今文化的开放意识。保守主义虽以开掘和继承传统文化为本位，但也并不完全隔绝自己与西方文化，包括思维方式和思想学说的联系，也许西方文化思想对中国保守主义影响相对较小，但它们毕竟成为中国保守主义思想酝酿的养料。自由主义也是中西兼采、新旧兼备，一些自由主义的文化代表人物如胡适的"国学"根底就很不错，他们的思想完全是中西结合的产物，他们在中西文化冲突中所持的矛盾态度与他们本身固有的"理智上要学习西方，情感上却倒向传统"的认识方式有着密切联系。马克思主义者对中西文化均持弃其糟粕、取其精华，批判继承、综合创新的态度。还有，他们也都不反对中国实现现代化，只是各自选择的方向和道路有所不同而已；都具有改造社会、经世致用的强烈的实践倾向等。

---

① ［美］本杰明·史华慈：《论五四前后的文化保守主义》，载王跃、高力克《五四：文化的阐释与评价——西方学者论五四》，山西人民出版社 1989 年版，第 155 页。

一、中国现代文化思潮的离合

（一）自由主义思潮

中国的自由主义者在文化上基本上是一些不同程度的西化论者。作为西化派，他们对传统文化持批判乃至否定的态度，全面肯定西方近世文明的优越性，主张用西方文化来批判、改造乃至取代中国文化，实现以西方文化为体的中西结合或全盘西化。基于西方文化的价值观，他们主张个人本位、文化多元与科学主义。

自由主义在政治上的基本特征是主张渐进、温和的改良，反对激烈的革命。由严复、梁启超等维新派开启的自由主义思潮，由于坚持渐进论，随着反清革命的发展，很快被淹没在激进主义的声浪中。民国成立后，自由主义思潮复苏，并很快在新文化运动中走向高潮。新文化运动时期，自由主义思潮最典型的代表人物是蔡元培和胡适。蔡元培作为近代中国杰出的教育家，把自由主义推行到学术和教育层面。他在阐述自己办大学的指导思想时说："大学者，囊括大典网罗众家之学府也"[1]；于教育如是，对于学术"仿世界各大学通例，循'思想自由'原则，取兼容并包主义"[2]。在他的倡导下，北京大学成为荟萃各种人才、容纳各派学说的场所。当时，北大学派林立，百家争鸣，他本人也成了"兼收并蓄""学术自由"的象征。胡适自由主义思想表现在人生观上，他鼓吹易卜生主义，提倡个人主义，喊出了"世界上最强有力的人就是那个最孤立的人"的口号；在社会政治生活中，他主张"一点一滴的改造"，反对根本解决；在东西文化论战中，号召以"评判的态度"重估贞操、孝道、孔教等传统的价值，要求全力西化。

此后，胡适成为中国自由主义的主要代言人。20 世纪 20 年代初，他致

---

① 蔡元培：《〈北京大学月刊〉发刊词》，《蔡元培全集》第 3 卷，浙江教育出版社 1997 年版，第 451 页。

② 蔡元培：《答林琴南的诘难》，《蔡元培全集》第 3 卷，第 576 页。

力于提倡"好人政府主义"，其所涉及的政治监督、谋全民的谋利、发展个性、宪政的政府、公开的政府等主张，一直是自由主义者所追求的政治目标。20 世纪 30 年代，胡适、罗隆基等提出"反对摧残人权，要求保障自由"的口号，掀起了一场"人权运动"，与国民党的专制暴政进行了抗争。他们还在文化上与国民党发起的复古主义进行斗争。胡适在 1929 年用英文写的《中国今日的文化冲突》一文中用了"wholesale westernization"一词，意为"全盘西化"。胡适虽然是最早使用"全盘西化"一词的人，但他主张的是"充分西化"或"充分的世界化"。陈序经于 1934 年 1 月出版了《中国文化的出路》一书，他在此书的"绪言"中认为中国文化的出路不外三种：一是复古，二是折中，三是全盘西化。他认为"折中的办法既办不到，复古的途径也行不通"，"我们的惟一办法，是全盘接受西化"。此外，张佛泉提出"从根上西化才是我们民族的出路"。① 西化派与受国民党当局暗示的"中国本位文化"论进行了论战。

九一八事变后，随着民族危机的发展，自由主义者逐渐采取与国民党政府合作的立场，他们中有不少人参加了国民党政权。全民族抗战爆发后，胡适出任了国民政府的驻美大使。在抗日救亡的洪流中，自由主义者"独立"的声音趋于低落。抗日战争胜利后，自由主义者又一度活跃起来。他们从国共两党的对峙中发现了有可能实现其政治理想的机会，幻想在国共两党的建国方案外走"第三条道路"。这一时期，除胡适等少数人仍坚持个人本位的自由主义外，大多数自由主义者转而主张兼采自由主义与社会主义的"新自由主义"，主张"在政治上在文化上自由主义者尊重个人，因而也可说带了颇浓的个人主义色彩，在经济上，鉴于贫富悬殊的必然结果，自由主义者赞成合理的统制，因而社会主义的色彩也不淡"。② 国民党反动派发动的内战的炮火很快打破了自由主义者"和平—改良"的梦幻。1949 年，随着国民党溃败到台湾，自由主义阵营最终分裂，胡适、傅斯年等辗转去了台

---

① 张佛泉：《西化问题之批判》，载《中国本位文化建设讨论集》，（台）帕米尔书店 1980 年版，第 225—226 页。

② 社评：《自由主义者的信念——辟妥协骑墙的中间路线》，《大公报》1948 年 1 月 8 日。

湾，罗隆基、章乃器、章伯钧、储安平等留在大陆。

自由主义之所以在中国遭受命运不济的冷遇，从客观上讲，是由于国民党政权坚持独裁，缺乏自由主义者施展抱负的社会环境。从主观上讲，是由于其本身思想脆弱，理论浅薄，作为其阶级基础的民族资产阶级也软弱无力。与西方自由主义相比，中国还没有出现像穆勒《论自由》、海耶克《自由之构成》这类理论巨著。

（二）文化保守主义思潮

文化保守主义主张以中国传统文化作为建构新文化的主体，肯定中国文化高于西方文化；对传统文化，认同多于批判，主张弘扬传统道德与人文精神；对西方文化，批判多于认同，认为西方文化的成就主要是在科学技术、物质文明方面，怀疑以至排斥西方以个人为本位的价值系统、精神文明；分割科学与人生、社会的关系，强调科学不能支配人生观，认为人生观问题的解决应反求诸己，靠内心修养。文化保守主义起源于清末以康有为为首的"今文经学"派和章太炎为代表的"国粹"派，而在民国时期获得较大的发展。

民国初期，具有文化保守主义特征而与新文化运动前期激进文化思潮分庭抗礼的主要是以下三派：（1）以康有为为代表的孔教派。他和他的弟子于 1913 年 9 月成立"孔教会"，出版《孔教杂志》，开办孔教大学，甚至提议定孔教为国教，试图借此提倡儒学，以与基督教相抗衡。（2）以《东方杂志》主编杜亚泉（笔名伧父）为代表的东方文化派。他们以鼓吹东西文化调和为名，实则主张西方的物质文明可以吸取，东方的道理伦理不宜改变，要求以儒家思想"统整"国内思想界，并以东方静的精神救济西方动的文明。（3）以林纾、辜鸿铭为代表的更具守旧色彩的一帮文人。林纾反对新文化运动提倡白话文及抨击孔教，辜鸿铭在其《中国人的精神》等论著中，鼓吹儒家文明的永恒价值，宣扬东方文明救西论。以上派别虽站在新文化运动的对立面，但绝不同于只认同传统而不批判传统、只排拒西学而不吸收西学的文化传统主义者。

　　五四后期，文化保守主义思潮在哲学、文学、史学领域都有所表现，形成了较为可观的阵势。在文化哲学领域，先有梁启超在 1920 年发表《欧游心影录》一书，宣告科学已经破产、西方文化已经破产，断言中国只能以"自己的文化"为基础造出一种新的文化系统，并以此拯救、超拔欧美。接着，梁漱溟于 1921 年出版了《东西文化及其哲学》，这是第一部对现代新儒家的思想方向具有定位意义的著作。梁漱溟在这部著作中通过中、西、印三大文化系统的比较，展开了"西方文化已经破产"的命题，预言世界未来文化就是"中国文化之复兴"，强调儒家思想才是中国传统文化的核心，尤其是强调宋明理学的伦理精神。玄学派主将张君劢则展开了梁启超关于"科学破产"的命题。在 1923 年至 1924 年的"科学与人生观"论战中，强调世界区分为自然领域和人文领域，认为科学可以提供关于自然领域的知识，但不能为人文领域提供价值，解决人生和社会问题不能靠科学而只能靠直觉的了解，认为宋明理学为人们提供了安心立命之本。张君劢强调科学与价值的分野，"确立了现代新儒家的另一重要的精神方向，即不仅是对于'五四'反传统主义的保守回应，而且是对于当时颇为盛行的科学主义的反动"①。

　　在文学领域、史学领域，1922 年创刊的《学衡》杂志，会集了一批文史专家，如吴宓、梅光迪、胡先骕、王国维、陈寅恪等，成为文化保守主义的重阵。"学衡"派对新文化运动的道德革命和白话文运动提出了尖锐的批评，指责道德革命动摇了中国社会的基础而使中国积贫积弱，攻击白话文除产生满纸"的啦吗呀"之小说及散文外无任何成绩可言。文学方面以梅光迪为代表，他曾深受美国白璧德"新人文主义"的影响，认为中国在文化复兴时代，向传统挑战固有其必要，但不应仅以进化论为评判标准，这样就否定了"恒常性"的一面，而应以"世界性观念"作为评判标准，声称这种观念存在于"学者与君子合一"的儒者之道中。史学上则以王国维为代表，他前期致力于西方哲学及文学研究，深受叔本华哲学的影响。民国初年出现"国几不国"的混乱局面后，他将其归咎于西学传播，由对西学的心灰意冷，转

---

① 　方克立：《现代新儒学的发展历程》，《南开学报》1990 年第 4 期。

向了中国旧学，晚年主要从事古文字、古器物、古史地的考订研究。

　　20 世纪 30 年代以后，尤其是抗战期间，文化保守主义思潮获得了长足的发展。在哲学领域，现代新儒学作为一个文化流派开始形成，并成为文化保守主义思潮的主流。熊十力在 1932 年发表了《新唯识论》文言文本，于 1944 年又推出了《新唯识论》语体文本。他以重建儒学本体论为宗旨，以宋明理学的精神，即从心性论的角度阐释《周易》，提出了"体用不二""翕辟成变"等命题。冯友兰虽受过严格的现代西方哲学教育，但他自觉地以程朱理学为自己的直接先导，宣称自己不是"照着讲"，而是"接着讲"，表明了"新理学"与程朱理学之间既继承又发展的关系。贺麟则将现代西方新黑格尔主义哲学与陆九渊、王阳明的主观唯心论融会贯通，创立了自己的思想体系——"新心学"。

　　20 世纪三四十年代，在哲学领域，除新儒学外，还有非主流的"文化建设派"和"中国本位文化派"。为进行复古主义宣传，1934 年 10 月，国民党"CC"派成立"中国文化建设协会"，同时在上海创办《文化建设》月刊，陈立夫在该刊发表《中国文化建设论》等文，提出"文化建设"是要恢复中国的固有文化与道德，同时采取外国的科学技术。在陈立夫的授意下，陶希圣等 10 位教授于 1935 年 1 月发表《中国本位的文化建设宣言》，强调文化建设要以中国本位为基础。这两个派别实际上都是重弹洋务派"中学为体，西学为用"的调子，对儒学人文精神并没有作出什么新的诠释。

　　在史学领域，这一时期保守主义思潮的主要代表是钱穆。他在 1937 年出版了《中国近三百年学术史》，于 1939 年出版了《国史大纲》，于 1943 年出版了《文化与教育》。他认为，文化是民族的生命，中华民族五千年来绵延不断，靠的就是传统文化的"优异"价值。20 世纪三四十年代文化保守主义的活动主要有：1939 年，梁漱溟、熊十力、马一浮在四川乐山乌龙寺创办复性书院；次年，梁漱溟在重庆北碚主持勉仁中学、勉仁书院；张君劢在云南大理创办民族文化书院。这些书院的宗旨都是复兴并弘扬中华文化，传播新儒学。文化保守主义者还创办了一些刊物，宣传他们的主张。1941 年，由迁徙到遵义的浙江大学的张荫麟、谢幼伟等人创办了《思想与时代》

杂志。贺麟在其创刊号上发表了《儒家思想的新开展》，首先使用了"新儒家思想""新儒学运动"的概念，并认为民族文化的复兴主要是儒家文化的复兴，被视为"现代新儒家的宣言"。张君劢先后创办了《再生》《自由钟》杂志，为"儒家思想的新开展"积极呐喊。

解放战争时期，熊十力出版了《十力语要》4卷，梁漱溟于1949年6月写成《中国文化要义》。更为引人注目的是，第二代新儒家开始在中国思想文化界崭露头角。1947年1月，熊十力的弟子牟宗三和钱穆的弟子姚汉源在南京创办了《历史与文化》杂志，致力于中国文化的弘扬与研究。同年4月，徐复观在南京创办《学原》月刊，成为新儒家的重要阵地。次年，熊十力弟子程兆熊根据牟宗三的建议，在当年朱陆之争的旧地江西铅山鹅湖重建鹅湖书院，创办《理想·历史·文化》杂志。在牟宗三等起草的《鹅湖书院缘起》中提出了"儒学三期发展论"，认为孔、孟、荀、董是第一期，程、朱、陆、王是第二期，现在是儒学发展的第三期，第三期与第一、第二期相比，所面临的任务更为艰巨。1949年中华人民共和国成立后，现代新儒家转向港台和海外，继续得到发展。

文化保守主义思潮立足于中国本位寻求中国文化的出路，着重于发掘、继承、弘扬传统文化的优异价值，致力于重新稳立民族精神；同时，又主张吸收西方文化以充实、发展儒学，建设中国的新文化，并对中西结合作了有益的尝试。这对我们从事文化建设不无借鉴意义。但实际上，对中学，文化保守主义者很难真正分清精华和糟粕；对西学，文化保守主义者仍局限于"中体西用"的模式；对人文精神的追寻，又未免过于玄虚。这是我们有必要超越的。

（三）马克思主义思潮

马克思主义从新文化运动的各种"新思潮"中脱颖而出，并从此成了现代中国文化发展的方向和主流。李大钊、陈独秀等一大批曾经热烈地追求过西方文明的先进中国人，迅速地放弃了原来的"西化"主张，开始"用无产阶级的宇宙观作为观察国家命运的工具，重新考虑自己的问题。走俄国人的路——这就是结论"①。

"走俄国人的路",这是就最基本的方向和原则而言的,决不意味着照搬照抄苏联革命模式,决不意味着把马克思主义当成僵死的教条。中国共产党人没有盲目搬用教条,而是运用其基本原理探索社会主义在中国实现的特殊途径,把马克思主义中国化。马克思主义中国化的过程,也就是新民主主义革命理论形成和发展的过程,也就是毛泽东思想科学体系形成和发展的过程。

毛泽东在1940年初发表的《新民主主义论》一文中,第一次系统地阐述了有关中国新民主主义革命的理论,包括科学地回答了文化建设中的形式与内容、吸收与继承等问题。毛泽东提出,要建设"民族的科学的大众的"中华民族的新文化,"中国应该大量吸收外国的进步文化,作为自己文化食粮的原料"。"凡属我们今天用得着的东西,都应该吸收。"但是这种吸收不是无批判、无选择地生吞活剥,照搬照抄,更不是"全盘西化",而必须经过一番"消化"的工夫,"把它分解为精华和糟粕两部分,然后排泄其糟粕,吸收其精华"。外来的先进文化必须"和民族的特点相结合,经过一定的民族形式,才有用处"。与此同时,还必须认识到"中国现时的新政治新经济是从古代的旧政治旧经济发展而来的,中国现时的新文化也是从古代的旧文化发展而来,因此,我们必须尊重自己的历史,决不能割断历史",必须对古代文化进行清理和继承,任何民族虚无主义的观点都是十分错误的。但是,"尊重"历史,"是给历史以一定的科学的地位,是尊重历史的辩证法的发展,而不是颂古非今,不是赞扬任何封建的毒素";"继承"文化,"决不能无批判地兼收并蓄,必须将古代封建统治阶级的一切腐朽的东西和古代优秀的人民文化即多少带有民主性和革命性的东西区别开来","剔除其封建性的糟粕,吸收其民主性的精华"②。

稍后,张闻天在《中国文化》第2期上发表了《抗战以来中华民族的

---

① 毛泽东:《论人民民主专政》,《毛泽东选集》第4卷,第1471页。

② 毛泽东:《新民主主义论》,《毛泽东选集》第2卷,第706—708页。

新文化运动与今后任务》一文，也就"中华民族的新文化与旧文化""中华民族的新文化与外国文化"等问题作了阐述。他指出，旧中国占统治地位的是"买办性的封建主义的文化"，新文化是对这种文化的彻底的否定。"旧文化中也有反抗统治者、压迫者、剥削者，拥护被统治者、被压迫者、被剥削者，拥护真理与进步的民族的、民主的、科学的、大众的文化因素。"这些文化因素"是过去我们的祖先留给我们的宝贵的遗产"，"是值得骄傲的"东西。"对于这些文化因素，我们有从旧文化的仓库中发掘出来，加以接受、改造与发展的责任。这就叫'批判地接受旧文化'。所以新文化不是旧文化的全盘否定，而是旧文化的真正'发扬光大'。新文化不是从天上掉下来的奇怪的东西，而是过去人类文化的更高的发展。"张闻天进而提出，中华民族的新文化还"应该充分地吸收外国文化的优良成果，而成为世界文化中优秀的一部分"。但这种"吸收"决不是完全抄袭外国文化的所谓"全盘西化"；"也决不像'中学为体，西学为用'的'中国本位文化'论者那样，只吸收外国的自然科学，来发展中国的物质文明"。相反，"它要吸收外国文化的一切优良成果，不论是自然科学的、社会科学的、哲学的、文艺的"，凡能够满足我们建设新文化需要的，"我们都应吸收过来。我们要在大胆吸收外国的优良的营养料中，使我们的新文化长大起来"。毛泽东等人的论述科学地回答了文化建设中的形式与内容、吸收和继承这些西化派、文化保守主义者没有也不可能正确回答的问题。

二、中国现代文化论争的展开

如何处理和认识中西文化的关系，也即从文化的角度回答中国向何处去，是近代以来的一个突出问题。1912年中华民国的成立，不仅没有结束清末以来持续进行的东西之争、新旧之争，而且，由于政局动荡和新思潮的输入，这种争论反而更加频繁、普遍、深入了。资产阶级自由派知识分子继续大力提倡西方资产阶级的新文化，批判封建主义旧文化，并与文化复古主义思潮展开了多次论争，如新文化运动初期围绕"孔教"的争论，《新青年》

与《东方杂志》的角逐，1919 年下半年后有关新旧"调和"和讨论，五四后期东方文化派与西方文化派的辩驳，30 年代的"中国本位"与"全盘西化"论之争等，都具有这种性质。但民国时期的文化论战与清末中西学之争又有了质的不同。这主要是指五四运动后中国产生了崭新的文化生力军，即马克思主义指导下的新民主主义文化思潮。马克思主义者对封建文化展开了英勇的进攻，并批评了西方文化派的"全盘西化"的错误倾向，从而使文化论争具有了全新的性质。通过文化论争，新民主主义文化最终以其科学性、实践性、革命性，在中国现代思想文化领域取得了主导地位。

（一）新文化运动初期的文化论争

戊戌变法、辛亥时期，资产阶级文化曾同封建文化进行过一定的斗争，但它还没有能够动摇封建文化的根基。革命果实被袁世凯篡夺后，与政治上的复辟帝制一致，在文化思想领域也掀起了一股尊孔复古的逆流。这种政治复辟和文化复古的逆流促使激进的资产阶级和小资产阶级知识分子起而与之抗争，一场新的文化运动因之而起。

1915 年 9 月 5 日，陈独秀在上海创办《青年杂志》（第 2 卷起改名《新青年》），成为新文化运动兴起的标志。陈独秀（1879—1942），字仲甫，安徽怀宁人，曾留学日本，参加过辛亥革命。1917 年，他应北京大学校长蔡元培之聘，任北大文科学长，《新青年》编辑部也随之迁往北京。当时，在北大任教的新文化界人士李大钊、胡适、钱玄同、刘半农等人参加了《新青年》的编辑工作，鲁迅、周作人、农尹默等人也为之撰稿。《新青年》与北京大学结合，扩大了阵地和影响，形成了一个以《新青年》为核心的新文化阵营。在该刊的影响下，《新潮》《国民》《湘江评论》等一系列提倡新文化的刊物如雨后春笋般涌现，新兴的进步社团如武昌的"互助社"，长沙的"新民学会"，北京的"少年中国学会"等也不断产生，一时蔚为风气。

新文化运动的基本内容是呼唤现代意识，提倡"民主"与"科学"。陈独秀在《青年杂志》创刊号上发表《敬告青年》一文，文中号召青年以"利刃断铁、快刀理麻"的锐气，抉择人间种种思想，并提出明辨是非之"六义"，即（1）自主的而非奴隶的；（2）进步的而非保守的；（3）进取的而非退隐的；（4）世界的而非锁国的；（5）实利的而非虚文的；（6）科学的而非想象的。文章郑重强调："国人而欲脱蒙昧时代，羞为浅化之民也，则急起直追，当以科学与人权并重。"

以民主和科学为宗旨，为武器，新文化运动的提倡者们对封建专制和宗教迷信进行了有力的批判。他们指出，中国欲求生存，必须抛弃千年相传的"官僚的专制的个人政治"，实行"自由的自治的国民政治"①，大声疾呼"民与君不两立，自由与专制不并存，是故君主生则国民死，专制活则自由亡"②，主张用科学办法和科学态度来对待传统观念和一切社会问题，破除偶像和迷信，打破"宗教上、政治上、道德上自古相传的虚荣、欺人、不合理的信仰"，树立起"真实合理的信仰。"

与此同时，他们还对孔子和儒学为代表的旧礼教、旧道德发动了猛烈攻击，揭起了"打倒孔家店"的大旗。鲁迅、吴虞、易白沙等人发表了一系列的小说和论文，揭露礼教的罪恶，尖锐地批判忠、孝、节伦理道德的危害。在这一过程中，他们还对妇女解放问题、家庭问题、婚姻恋爱等问题进行了热烈的讨论，宣传了男女平等、个性解放的思想。

发起文学革命，提倡白话文，反对文言文，提倡新文学，反对旧文学，也是新文化运动的重要内容。胡适的《文学改良刍议》和陈独秀的《文学革命论》，是其纲领之作。他们主张以白话文代替文言文作为"中国文学的正宗"，建立起"国民文学""写实文学"和"社会文学"，从形式到内容对传统文学进行彻底变革。此外，在教育上，他们还掀起了平民主义教育运动。一时间，运动波及文化发展的所有重要方面。

新文化运动是辛亥革命在文化思想领域里的继续，是资产阶级新文化同封建阶级文化的一次激烈交锋，它在政治上和思想上给封建主义以空前沉重的打击，破除了封建教条对人们思想的束缚，形成了新的思想解放的潮

---

① 陈独秀：《吾人最后之觉悟》，《陈独秀文章选编》上册，三联书店 1984 年版，第 107 页。
② 李大钊：《民彝与政治》，《李大钊文集》上册，人民出版社 1984 年版，第 175 页。

流，对中国人特别是广大知识青年的觉悟起了巨大作用，同时也为五四运动的发生和马克思主义的广泛传播创造了条件。

五四以前的新文化运动也有着自身的局限性。运动的倡导者们没能把新文化运动同广大群众相结合，使运动仅停留在知识分子的圈子里，新思想新文化未能深入到民众中去。同时，有的领导人如陈独秀、钱玄同等还存生着形式主义看问题的明显缺陷，这对以后文化运动的发展也产生过某些消极影响。

随着新文化运动的崛起和发展，中西文化的论争以前所未有的广度和深度迅速地趋于激化。在五四以前，激进民主主义者与孔教派和"东方文化派"之间，展开了多次争论，其中较引人注目的有尊孔与反孔之争、《新青年》与《东方杂志》间的文化论辩，以及"林蔡之争"。下面，就对这几次论争的内容作一概述。

1. 尊孔与反孔

1912 年 2 月 15 日，袁世凯经临时参议院选举成为中华民国临时大总统，窃取了辛亥革命的胜利成果。如前所述，他掌权后，在文化上推行一种文化复古的专制政策，致使社会上尊孔读经的活动愈演愈烈。

在民间，以康有为及其弟子为中坚掀起的孔教运动，客观上适合了袁世凯、张勋为复辟帝制而尊孔的需要。1912 年 10 月，陈焕章、麦孟华、沈曾植等在上海发起成立孔教会，推康有为为会长，陈焕章任总干事。总会初设上海，1913 年迁至北京，次年再迁至曲阜。在此前后，国内各地和海外一些地方都成立了尊孔团体。

康有为是孔教运动的灵魂、首脑。他鼓吹建立孔教、提倡以孔教为国教的主要理由是：第一，宗教是人类文明的普遍特征，"凡国必有所谓国教也"[1]，孔教是宗教，可定孔教为中国国教。康有为指出，欧美发达之国均信奉基督教，法国革命与日本维新皆保存"国教"，惟有生番、野人无教，"今

---

[1]　康有为：《以孔教为国教配天议》，《康有为全集》第 10 册，中国人民大学出版社 2007 年版，第 91 页。

中国不拜教主，非自认为无教之人乎？则甘与生番野人等乎"。^①他力图将孔教宗教化，以使孔教符合宗教定义。他说："孔子尊天事帝，无贰尔心，明命鬼神、为黔首则，原始反终，而知死生之说，精气为物，游魂为变，而知鬼神之情状，孔道何所不有……岂知孔子改制立法，弟子传道四方，实为中国之教主。"^②既然孔子创设了圣教，则宜遍立孔教会，广为传布，以治人心，定风俗。第二，孔子之道亘万世而常新，适合于共和时代。他指出"或者谓儒家经传，多重伦纲，今政改共和，君臣道息，诸经旧义，窒碍难行，其道既不适于今时，其教即难施于世宙"的说法，是"未知孔子之大者"，强调孔子大同之道适合于共和之世："孔子之为道，博大如天，兼备四时……若至太平大同之义，则稍微其文，以待后圣发挥其义……今孔子有平世大同之道，以治共和之世，吾国人正可欢喜恭敬，讲明而光大之。"^③孔子太平大同之义，只需经"后圣"重新诠释，自能发现人道主义、博爱、平等、自由之说，因而适合现代社会。第三，尊孔与帝制无必然联系。康有为赞赏欧美各国"妙用政策之分离"，政治与宗教两不相碍，两不相失。指出"今吾国亦宜行政教分离之时矣"^④孔教可相对独立于政治，提倡孔教与帝制复辟也无必然联系。此外，康有为还强调孔教是"中于人心"，若毁弃孔教，无异于中华"种族"之灭绝。

康有为等人的"孔教"论，强调尊重文化传统，并试图以近代精神对儒学作出转换性解释，有一定的合理成分。然而，这种"孔教"论在本质上却带有浓厚的封建性，并在客观上助长了帝制复辟。因此，康有为等人的复古尊孔言论很快成为众矢之的。新文化运动发生前，资产阶级革命派就发表过反对尊孔论、"孔教"论的言论。如章太炎于1913年12月发表了《驳建立孔教议》一文，反对立孔教为国教。

新文化运动兴起后，陈独秀、李大钊、鲁迅、易白沙、吴虞等人，对

---

① 康有为：《致黎元洪、段祺瑞书》，《康有为全集》第10册，第316页。
② 康有为：《孔教会序》，《康有为全集》第9册，中国人民大学出版社2007年版，第346页。
③ 康有为：《中华救国论》，《康有为全集》第9册，第326—327页。
④ 康有为：《中华救国论》，《康有为全集》第9册，第327页。

康有为的"孔教"论进行了猛烈攻击。针对康有为的言论，陈独秀等人的批驳也集中在三个方面：

第一，强调近代以来世界宗教已由盛而衰，孔教乃教化之教而非宗教之教，因此，反对把孔学树为宗教，更反对定孔教为国教。

关于世界宗教的发展趋势，陈独秀指出，由于宗教是反科学的迷信，"西洋教宗，且已由隆而之杀"①。他介绍了孔德关于人类进化三阶段的说法，即人类进化经历了宗教迷信时代、玄学幻想时代和科学实证时代。他认为："欧美的文化，自十八世纪起，渐渐的从第二时代进化到第三时代，一切政治、道德、教育、文学，无一不包含着科学实证的精神……一切宗教的迷信、虚幻的理想，更是抛在九霄云外。"②处在第一阶段的宗教迷信现象当属落后无疑，岂能说惟生番野人无教，而把宗教作为人类文明的象征呢？

关于孔教非宗教，蔡元培指出："孔子非宗教家，自广义的宗教言之（信仰心），必有形而上之人生观及世界观，而孔子无之；而所言者，皆伦理学、教育学、政治学之范围。孔子自言无可无不可，孟子评为圣之时者，其不立一定之信条可见。自狭义宗教言之，必有神秘思想，而孔子又无之，'未知生焉知死'，'未能事人焉能事鬼'，不语神怪……"③，也就是说，从广义上孔子不搞信仰主义，从狭义上孔子无神秘思想，因此孔教非宗教。陈独秀也强调："孔教绝宗教之实质（宗教实质，重在灵魂之救济，出世之宗也。孔子不事鬼，不知死，文行忠信，皆入世之教，所谓性与天道，乃哲学，非宗教）与仪式，是教化之教，非宗教之教。"④

陈独秀等人不赞成定孔教为国教，不赞成把孔教写入宪法。在《宪法与孔教》一文中，陈独秀指出，以四万万人共有之宪法规定独尊祀孔氏，阻碍思想信仰之自由，实在武断专横。李大钊在《宪法与思想自由》《孔子与宪法》等文中也指出，孔子是帝王专制之护符，宪法是国民自由之证券，两

① 陈独秀：《驳康有为致总统总理书》，《陈独秀文章选编》上册，第138页。
② 陈独秀：《近代西洋教育——在天津南开学校演讲》，《陈独秀文章选编》上册，第220页。
③ 蔡元培：《致许崇清信》，《新青年》第3卷第3号。
④ 陈独秀：《宪法与孔教》，《陈独秀文章选编》上册，第220页。

者渺不相涉，有人强使宪法与孔子发生关系，欲以宪法之权威为孔教壮声势，是极荒唐、荒诞的。他们均反对独树孔教，独尊祀孔氏。

第二，强调孔教不适合共和时代，不能适应现代生活。陈独秀在《孔子之道与现代生活》一文中明确指出，孔子生活在封建时代，所提倡之道德为封建时代之道德，所垂示之礼教为封建时代之礼教，所主张的政治为封建时代之政治，这种封建时代之道德、礼教、政治是为少数君主贵族服务的，与多数国民之幸福无关，因此，不适合民主共和时代。李大钊表示，他不否认孔子于其生存时代确足为圣哲，但于今日之社会则已为残骸枯骨，"其学说之精神，已不适于今日之时代精神！"[1] 他们肯定孔子及其学说在宗法社会有其存在的合理性，但又强调了这种宗法社会之道德在总体上已不适应现代生活，不适应现代中国社会，从而断然否定了在现代中国建立孔教的可能。

第三，强调孔教与帝制、尊孔与复辟有必然联系，揭露了孔教为君主专制制度服务的反动实质。陈独秀指出：孔教"别尊卑、重阶级、事天尊君"，因此，"孔教与帝制，有不可离散之因缘"。[2] 孔教借君主之力行其道，而君主假孔教之力固其位，孔教与君主相得而益彰。反动势力提倡尊孔正是为了复辟帝制，"中国政治反动一次，孔圣人便走运一次"[3]。

李大钊指出，历代专制帝王把孔丘作为偶像，"尊之祀之，奉为先师，崇为至圣"，因而孔丘之名"遂非复个人之名称，而为保君主政治之偶像"，并成为"历代帝王专制之护符"。[4] 由此，他认识到帝制复辟需要孔子这尊偶像，而打倒孔家店正是要批判"君主专制之亡灵"。

易白沙揭露了封建君主利用孔子学说的实质和原因。他指出，先秦孔学"不过九家之一"，汉代以后罢黜百家独尊儒术，而尊儒尊孔不过"利用孔子为傀儡，垄断天下之思想"。孔子学说所以能被封建统治者利用，其原

① 李大钊：《自然的伦理观与孔子》，《李大钊文集》上册，第 264 页。
② 陈独秀：《驳康有为致总理总统书》，《陈独秀文章选编》上册，第 139 页。
③ 陈独秀：《孔圣人又要走运了》，《陈独秀文章选编》中册，第 375 页。
④ 李大钊：《自然的伦理观与孔子》，《李大钊文集》上册，第 264 页。

因在于："孔子尊君权，漫无限制，易演成独夫专制之弊"；"孔子讲学不许问难，易演成思想专制之弊"；"孔子少绝对之主张，易为人所借口"；"孔子但重作官，不重谋食，易入民贼牢笼"。① 他将历代君主尊孔的秘密揭破无余。

吴虞对儒家的家庭——国家同质同构学说进行了细致入微的剖判。他明确指出，儒家家国同构的核心在于忠孝两字，忠孝二字连用，居家为孝，出则为忠，教孝就是为了教忠，"教一般人恭恭顺顺的，听他们一干在上的人愚弄，不要犯上作乱，把中国弄成一个制造顺民的大工厂"②。儒家忠孝学说，遂被封建统治者奉若至宝。

鲁迅、吴虞等人还作《狂人日记》《吃人与礼教》等文，猛烈抨击封建礼教摧残人性的罪恶，在当时产生了极大的反响。

历史上的孔教与帝制密切相关，民国以来的尊孔与复辟也有必然联系。这已为民初历史所证明。先是袁世凯为做皇帝而大搞尊孔，正如鲁迅所揭露的："袁世凯也如一切儒者一样，最主张尊孔。做了离奇的古衣冠，盛行祭孔的时候，大概是要做皇帝以前的一两年。"③ 再是张勋复辟时，孔教运动领袖康有为自始至终参与其中，正如陈独秀在《复辟与尊孔》中所说的，尊孔派都是复辟党。历史事实既如此，孔教是否与帝制相关的争论，也说自然得到了解决。张勋复辟失败后，康有为于1918年辞去孔教会会长，孔教运动随之破产。

2.《新青年》与《东方杂志》之争

1915年9月《青年杂志》（从第2卷起改名为《新青年》）创刊后，以《新青年》主编陈独秀和李大钊等为一方，以《东方杂志》主编杜亚泉为另一方，围绕比较中西文化的异同、优劣问题，又展开了论战。

《新青年》有关反对孔教，反对旧文化，提倡西方文化的言论，引起了

---

① 易白沙：《孔子平议》，《新青年》1卷6号，2卷1号。
② 吴虞：《说孝》，《吴虞集》，四川人民出版社1985年版，第173页。
③ 鲁迅：《坟·从胡须说到牙齿》，《鲁迅全集》第1卷，人民文学出版社1981年版，第249页。

守旧文人的不满。除孔教会一帮人，如辜鸿铭、林纾等起而卫道外，杜亚泉以东西文化应"取长补短"之类貌似持平的议论反对新文化运动，成为《新青年》的重要论敌。他以"伧父"的笔名在《东方杂志》上发表一系列文章，如《静的文明与动的文明》（1916）、《战后东西文明之调和》（1937）和《迷乱之现代人心》（1918）等，反对新文化运动的思想主张。陈独秀、李大钊等新文化运动的倡导者，十分重视杜亚泉的议论，并认真进行了反驳。李大钊发表了《东西文明根本之异点》（1918）等文。陈独秀先有《东西民族根本思想之差异》（1915）等文，然后，针对《东方杂志》的言论，发表了《质问〈东方杂志〉记者》（1918）、《再质问〈东方杂志〉记者》（1919）和《本志罪案之答辩书》（1919）等文，批判杜亚泉的观点。杜亚泉又以《答〈新青年〉杂志记者之质问》（1918）一文作反诘，并更系统地阐述了他的观点。至此，论争形成了高潮。

新文化运动一开始，陈独秀就通过中西比较认定中国文化落后，西方文化先进，中国文化在整体上较西方文化为劣，主张对传统文化作彻底的革新改造，而充分接纳西洋新文明。他在《青年杂志》创刊号发表《法兰西人与近世文明》，明确地把中国文化定为"未能脱古代文明之窠臼"的"古之遗"，其内容"不外宗教以止残杀，法禁以制黔首，文学以扬神威"。认为以人权说、生物进化论、社会主义为特征的欧洲近世文明，才是新的文明。他在《东西民族根本思想之差异》一文中，论证了东西文明的三个基本差异：（1）"西洋民族以战争为本位"，"恶侮辱，宁斗死"，致其国家民族"终不沦亡"，并"取得世界之霸权"；"东洋民族以安息为本位"，"恶斗死，宁忍辱"，终成"雍容文雅之劣等民族"。（2）"西洋民族以个人为本位"，"举一切伦理、道德、政治、法律之所向往，国家之所企求，拥护个人之自由权利与幸福而已"；"东洋民族以家族为本位"，宗法制度有四大恶果即"损坏个人独立自尊之人格""窒碍个人意思之自由""剥夺个人法律上平等之权利""养成依赖性，戕贼个人之生产力"，由此形成"东洋社会中种种卑劣不法、惨酷衰微之象"。（3）"西洋民族以法治为本位，以实利为本位"，人与人之间"各守分际，不相侵渔，以小人始，以君子终"；"东洋民族以感情为本位，以虚文为本位"，"外饰厚情，内恒愤忌；以君子始，以小人终"①。通过比较，陈独秀认为"西洋文明远在中国之上"②。

在新文化阵营中，李大钊也十分关注中西文化比较问题。他在《东西文明根本之差异》一文中，将东方文明与西方文明的总特征概括为"静的文明"与"动的文明"，并由此推演出几十项具体差异。他认为，东西文明"平情论之"，"互有长短，不宜妄为轩轾于其间"。他指出，中国古代文明曾对于人类进步作出过伟大贡献，但现在必须正视"中国文明之疾病，已达炎热最高之度，中国民族之命运已臻奄奄垂死之期"。东洋文明在与西方文明的冲突中"已处于屈败之势"。西方文明"虽就其自身之重累而言，不无趋于自杀之倾向"，但与东洋文明相比，则"实居优越之域"。因此，他主张"竭力以西方文明之特长，以济吾静止文明之穷"。他提倡青年人全力以赴学习和研究西方文明，"将从来之静止的观念，怠惰的态度，根本扫荡，期与彼西洋之动的世界观相接近，与物质的生活相适应"。③ 李大钊与陈独秀对东西文明异同的看法不尽一致，但结论却大体相同。

杜亚泉则提出了与新文化运动的倡导者颇为不同的中西文化观，并与陈独秀等人展开论战。他在《静的文明与动的文明》一文中，将中西差异归结为西洋为动的社会，中国为静的社会，动的社会产生动的文明，静的社会产生静的文明。以"动的文明"和"静的文明"归结东、西方文明的总特征，从字面上看，与李大钊的概括似乎一样。然而，他的结论与李大钊所主张的以动济静、提倡西洋动的文明的观念正好相反，主张用中国固有的静的文明来救济西洋动的文明的弊端，他说：欧战的惨烈使"吾人对于向所羡慕之西洋文明"不能不产生怀疑，"不可不变其盲从之态度"。"而吾国固有之文明，正足以救西洋文明之弊，济西洋文明之穷者。西洋文明浓郁如酒，吾国文明淡泊如水，西洋文明腴美如肉，吾国文明粗粝如蔬，而中酒与肉之毒者则当以水及蔬疗之也。"他也表示动的文明与静的文明要"取长补短"，却

---

① 陈独秀：《东西民族根本思想之差异》，《新青年》第 1 卷第 4 号。
② 陈独秀：《近代西洋教育》，《陈独秀文章选编》上册，三联书店 1984 年版，第 219 页。
③ 李大钊：《东西方明根本之异点》，《新青年》第 5 卷第 1 号。

又强调"不可以以静为基础"。"以静为基础"一句就表现他提倡中国固有文明的鲜明倾向。他这种文化倾向在稍后发表的《战后东西文明之调和》《迷乱之现代人心》等文中，表现得更为明显。《迷乱之现代人心》一文认定，西洋文明的输入造成了人心之迷乱、国是之丧失、精神界之破产，"此等主义主张之输入，直与猩红热梅毒等之输入无异。""救济之道，在统整吾固有之文明。"救中国，救世界都有赖于发扬光大中国固有之文明，而所谓"吾固有之文明"则是指"君道臣节名教纲常诸大端"，是指儒家思想。①

陈独秀对杜亚泉的言论进行了犀利的批驳。他坚决驳斥了杜亚泉把"儒术孔道"当作中国不可动摇的"国基""国是"，把"君道臣节名教纲常诸大端"之类的"固有文明"当作"统整"中外思想文化的"绳索"，而把西方文明输入说成"直与猩红热梅毒等之输入无异"的言论。他在深刻抨击旧文化卫道者的同时，更高地举起了"德""赛"二先生的大旗，以民主和科学与封建文化势力相抗衡，在《本志罪案之答辩书》中，他慷慨激昂地宣布："他们所非难本志的，无非是破坏礼教，破坏礼法，破坏国粹，破坏贞节，破坏旧伦理（忠、孝、节），破坏旧艺术（中国戏），破坏旧宗教（鬼神），破坏旧文学，破坏旧政治（特权人治）这几条罪案。这几条罪案，本社同人直认不讳。但是追本溯源，本志同人本来无罪，只因为拥护那德莫克拉西（Democracy）和赛因斯（Science）两位先生，才犯了这几条滔天的大罪。要拥护那德先生，便不得不反对孔教，礼法，贞节，旧伦理，旧政治；要拥护那赛先生，便不得不反对旧艺术，旧宗教；要拥护德先生又要拥护赛先生，便不得不反对国粹和旧文学。"② 表现了与封建文化势不两立的革命精神。

杜亚泉的文化思想与康有为、辜鸿铭、林纾等守旧人物的主张有所区别，但他们在反对新文化运动的基本态度上是一致的，因此，他的言论遭到陈独秀等尖锐抨击是理所当然的。杜亚泉通过观察第一次世界大战的灾难和

---

① 杜亚泉《迷乱之现代人心》等文可见陈崧编《五四前后东西文化问题论战文选》，中国社会科学出版社1985年版。

② 陈独秀：《本志罪案之答辩书》，《新青年》第6卷第1号。

民国初年的乱象，看到了西方文化的弱点，传统文化中有价值的特质的迷失和中西文化融合的必然性，有一定的合理性。但新文化运动倡导者的见解，更深刻地把握了时代的主题。他们的深刻之处在于，从文化的时代性视角出发将中西文化判为不同时代的产物并判定其优劣，确认属于"近世文明"的西方文化在整体上优于作为"古之遗"的中国古代文明，并准确地将现代文明的两大特征概括为"民主"与"科学"，从而为自己的新文化主张奠定了理论基石。

3."林蔡之争"

1919 年上半年发生的"林蔡之争"，即林纾与蔡元培之间的辩驳，是守旧势力与新文化运动激烈斗争的一个缩影。

林纾是五四时期著名的思想保守的文化人。1919 年 2—3 月，他在上海《新申报》上发表了《妖梦》《荆生》等文言小说，谩骂新文化运动。其中《荆生》一篇，以田必美影射陈独秀，以金心异影射钱玄同，以狄莫影射胡适，说三少年聚谈于京师陶然亭，主张去孔子灭伦常，废文言行白话，结果遭到隔壁"伟丈夫荆生"的指斥和殴打，荆生"指三人曰，汝适何言？中国四千余年，以伦纪立国，汝何为坏之？孔子何以为圣之时，时乎春秋，即重俎豆；时乎今日，亦重科学"，"田生尚欲抗辩，伟丈夫骈二指按其首，脑痛如被锥刺；更以足践狄莫，狄莫腰痛欲断。金生短视，伟丈夫取其眼镜掷之，则怕死如猬，泯首不已，丈夫笑曰：'尔之发狂似李贽，直人间怪物，今之吾当以香水沐吾手足，不应触尔背天反常禽兽之躯干。'"[1] 这篇小说反映了守旧文人极端仇视新文化运动及其倡导人，企图借助荆生那样的强暴势力即军阀势力扼杀新文化运动的阴狠心态。

在此之前的 1919 年 1 月，刘师培等组织《国故》月刊社，鼓吹以"昌明中国固有之学术为宗旨"，也反对新文化运动。

当时，北京大学是新文化运动的中心。著名教育家蔡元培（1868—1940），字鹤卿、号子民，浙江绍兴人。从 1917 年 1 月开始担任北大校长，

---

① 林纾：《荆生》，《新申报》1919 年 2 月 17、18 日。

他邀请陈独秀、李大钊、胡适、刘半农等新文化运动的健将来校任教，使北大的学术思想空前活跃。守旧文人对新文化运动的摇篮北京大学和新文化运动的守护者蔡元培十分仇视，因此，对北大及校长蔡元培进行谩骂。林纾在小说《妖梦》中，以"白话学堂"影射北京大学，写某人梦游阴曹地府，见一所"白话学堂"，门外大写一联："白话通神，红楼梦，水浒，真不可思议；古文讨厌，欧阳修，韩愈，是甚么东西。"校中有三个"鬼中之杰出者"即校长元绪（影射蔡元培）、教务长田恒（影射陈独秀）和副教务长秦二世（影射胡适）。某人走进学校，内有"毙孔堂"，门上也有一联："禽兽真自由，要这伦常何用；仁义太坏事，须从根本打消。"《妖梦》对蔡、陈、胡的谩骂比《荆生》更粗俗，更刻薄无聊，最后请出"罗睺罗阿修罗王"，将他们吃掉，吃了这些"无五伦之禽兽"，"化之为粪，宜矣！"[1]1919年3月18日，林纾在《公言报》上发表了致蔡元培的公开信，挑起"林蔡之争"。他攻击北京大学开展新文化运动"尽反常轨，侈为不经之谈"，"必覆孔孟，铲伦常为快"；诬蔑文学革命"尽废古书，行用土语为文字"，并挖苦说："若尽废古书，行用土语为文字，则都下引车卖浆之徒所操之语，按之皆有文法……据此则凡京津之裨贩，均可用为教授矣"；辱骂蔡元培"凭位分势力，而施趋怪走奇之教育"，还警告他"愿公留意以守常为是"。[2]《公言报》同时发表了《请看北京学界思潮变迁之近状》的长篇评论，指责陈独秀、胡适等将"旧文学一笔抹杀"，而且"绝对的菲弃旧道德，毁斥伦常，诋诽孔孟"，是"卤莽灭裂，实亦太过"，"怪诞不经"，"无异于洪水猛兽"。露骨地表现了旧派文人对新文化运动的憎恨。

面对守旧文人的挑战，蔡元培并没有退让。他读到林纾给他的公开信后，当天即写了《致〈公言报〉函并附答林琴南君函》，批驳了林纾对北京大学、对新文化运动的指责。针对"覆孔孟，铲伦常"的指责，他说："《新青年》杂志中，偶有对孔子学说之批评，然亦对于孔教会等托孔子学说以攻

---

① 林纾：《妖梦》，《新申报》1919 年 3 月 18 日。

② 林纾：《林琴南致蔡鹤卿书》，《公言报》1919 年 3 月 18 日。

击新学说者而发，初非直接与孔子为敌也。"并且质问：北大教员"曾于何书何杂志，为不仁、不义、不智、不信，及无礼之主张者？"他重申了"循思想自由原则，取兼容并包主义"的原则，表明了容许新思潮新文化在北大存在的态度。他还反问林纾："公曾译有《茶花女》《迦茵小传》《红礁画桨录》等小说，而亦曾在各校讲授古文及伦理学。使有人诋公为以此等小说体裁讲文学，以挟妓、奸通、争有夫之妇讲伦理者，宁值一笑欤？然则革新一派，即偶有过激之论，苟于校课无涉，亦何必强以其责任归之于学校耶？"① 蔡元培义正词严的答辩，使林纾无以反驳。

当时，像林纾这样思想保守的文化人并非绝无仅有。如北京大学复古派教授辜鸿铭，拖着长辫子讲授西洋文学。他于 1915 年出版《春秋大义》（即《中国人的精神》），提倡"尊孔"，鼓吹中国固有文化的价值。《东方杂志》于 1918 年 6 月从日文译载了称赞辜鸿铭《春秋大义》的文章《中西文明之评判》。再如刘师培、黄侃等于 1919 年 1 月成立国故社，创办《国故》月刊，以对抗《新青年》《新潮》等进步刊物。

在新文化阵营中，李大钊等其他人也坚决回击了守旧文人的挑战。针对林纾小说《荆生》，李大钊指出："我正告那些顽固鬼祟，抱着腐败思想的人：你们应该本着你们所信的道理，光明磊落的出来，同这新派思想家辩驳、讨论。……总是隐在人家的背后，想抱着那位'伟丈夫'的大腿，拿强暴的势力压倒你们所反对的人，替你们出出气，或是作篇鬼话妄想的小说快快口，造段谣言宽宽心，那真是极无聊的举动。"② 鲁迅在《新青年》上发表了一系列杂文，批判了封建卫道士反对新文化的顽固态度。

（二）五四后期中西文化论争的继续

在五四运动后新的形势下，原有新文化运动的队伍发生了分裂。以李大钊为代表的左翼转向"以俄为师"，接受马克思主义；以胡适为代表的右

---

① 蔡元培：《致〈公言报〉函并附答林琴南君函》，《新潮》第 1 卷第 4 号（1919 年）。
② 李大钊：《新旧思潮之激战》，《李大钊文集》上册，第 103 页。

翼固守"西方文化"的价值取向，对欧战后世界及中国历史的巨大变动无动于衷；一些由欧美归国的留学生组成的"东方文化派"，主张重新审视中西文化关系和复兴固有文化。于是，马克思主义者、西化派、东方文化派，形成了彼此互相对立的三种文化取向，使1920年至1927年间的中西文化论争，呈现了崭新的格局。

1.新文化运动队伍的分化

当新文化运动兴起的时候，1917年，俄国爆发了十月革命。这场革命和由它引起的世界革命高潮，对中国产生了难以估量的影响。其最大最深刻的影响，就是给中国人送来了马克思列宁主义，使新文化运动逐渐由一个资产阶级的文化运动，发展成为一个广泛宣传马克思列宁主义的运动。在这一过程中，李大钊发挥了先驱者的作用。

李大钊（1889—1927），字守常，河北乐亭人。早年留学日本。1916年回国，积极参加新文化运动。早在1918年，他就发表了《庶民的胜利》和《布尔什维主义的胜利》两文、欢呼"试看将来的环球，必是赤旗的世界"，成为中国最早的马克思列宁主义的文献。1919年5月，他又把《新青年》6卷5号办成了"马克思主义研究专号"，并发表了《我的马克思主义观》一篇长文，比较全面地介绍了马克思主义的思想体系。此文虽还有不完善之处，但毕竟是"先驱者的遗产，革命史上的丰碑"。此外，他还在北京大学组织"马克思主义研究会"，在其所主持的《晨报·副刊》上开辟马克思研究专栏，对传播马克思主义厥功甚伟。

马克思主义的广泛传播，引起了西化派知识分子的反感与恐惧，其代表人物胡适挑起了西化派资产阶级知识分子与早期马克思主义者之间的第一次论争。是年7月20日，他在《每周评论》上发表《多研究些问题，少谈些主义》一文，鼓吹实验主义和改良主义，公开反对马克思主义，反对马克思主义的社会革命论。胡适在该文中，竭力攻击"外来进口的主义"的"无用"与"危险"，认为空谈好听的"主义"是极容易的事情，是"阿猫阿狗""鹦鹉和留声机"都能做的事，但这不仅无用，而且"是很危险的"。他尤其反对以马克思主义为指导，"根本解决"中国社会问题，即实行社会革命。他说，自以为寻着包医百病的"根本解决"，这是自欺欺人的"梦话"。他主张社会改良主义，提出要从"具体的问题下手"，一个一个地去解决那些"火烧眉毛紧急问题"，诸如"从人力车夫的生计问题到大总统的权限问题；从卖淫问题到卖官卖国问题；从解散安福俱乐部问题到加入国际联盟问题；从妇女解放问题到男子解放问题"，等等。这无疑是投入革命潮流中的一副极其有害的涣散剂。

李大钊在《每周评论》第35期上发表《再论问题与主义》一文反驳胡适。他的反驳紧紧抓住胡适对于"主义"与"根本解决"二者的错误见解而展开。他认为，"主义"与"问题"，"有不能分离的关系"，宣传主义与研究问题二者"交相为用，并行不悖"，前者为后者提供赖以指导的世界观和方法论，更具有重要的意义。李大钊不仅坚持"主义"指导的重要性，而且强调"根本解决"即实行社会革命对于解决中国社会危机的重要意义。他说，在一个"一切机能都能已闭上"的社会里，"恐怕必须有一个根本解决，才有把一个个的具体问题都解决了的希望"。他按照马克思的唯物史观指出，社会经济制度的变革"是根本解决"；由此，政治、法律、妇女、家庭许许多多的问题，才能迎刃而解。

此后，胡适又在《每周评论》上连续发表了《三论问题与主义》《四论问题与主义》，进行辩驳。马克思主义者也继续批评胡适的观点。如陈独秀于1920年底发表《主义与努力》一文，批评"有一班妄人"，"主张办实事，不要谈什么主义、什么制度"。瞿秋白于1924年在《新青年》上发表《实验主义与革命哲学》，从哲学的高度上批判实验主义和改良主义。

"问题与主义"之争的爆发，表明了原有的新文化阵营发生了分化，分化成了以李大钊为首的"唯物史观派"和胡适为首的"西化派"。

继"问题与主义"的论争之后，早期马克思主义者与西化派资产阶级知识分子间，从1920年底起围绕"社会主义还是资本主义"展开了新的争论。张东荪于这一年12月在《时事新报》上发表了《由内地旅行而得之又一教训》一文，认为中国极端贫穷，多数人没有能过"人的生活"，中国需要的是"得着人的生活"，因此要开发实业，发展资本主义。梁启超发表

《复张东荪论社会主义运动》等文，支持张东荪关于只有资本主义才可以救中国的主张。张东荪、梁启超等人的观点，受到了陈独秀、李达等早期马克思主义者的批评。

"问题与主义"的论争与"社会主义还是资本主义"的论争，两场论争首尾衔接，彼此呼应，又恰好在关系此后中国命运与前途的两大根本问题即社会主义方向与马克思主义思想指导上，构成了一次完整的思想战。中国早期马克思主义者以自己敏锐的洞察力和一往无前的批判精神，取得了对西化派资产阶级知识分子的论战的胜利，向人们显示了科学社会主义的无限生命力。从文化史角度看，中国从此出现了文化生力军，它向帝国主义文化和封建文化展开了英勇的进攻；马克思主义与中国民族文化的结合使新文化的发展走上了光明的道路。西化派坚持资产阶级实验主义和改良主义的观点，反对马克思主义在中国的传播，无视欧洲暴露的西方资本主义文明的弊端，继续盲目颂扬西洋文明而鼓吹民族虚无主义，后来甚至宣扬失之偏颇的"全盘西化"论。

2."新旧调和"问题

随着新文化运动的深入，全然拒绝新文化的态度被证明是不合时宜的。于是一些保守文人不再像过去的封建卫道士那样把旧文化说成完美无缺，把新文化说成一无是处，来反对新文化运动，而是从新旧文化应当调和的角度否定新文化运动激进的反传统主义。1919 年下半年，发生了关于"新旧调和"问题的争论。

五四以前，就有过东西文化能否调和的议论。杜亚泉的《战后东西文明之调和》一文，就提出了东西文化的调和问题。李大钊在《东西文明根本之异点》里，主张东西文明"必须时时调和，时时融会"。陈独秀在《东西民族根本思想之差异》里则认为东西民族根本思想"若南北之不相并，水火之不相容"，因此，主张不能调和。新旧文化能否调和的问题成为论战的主题，却是在五四以后。

论争是由章士钊提出的"调和论"引起的。1919 年 9 月，章士钊在寰球中国学生会发表题为《新时代之青年》的演讲，阐述了新旧调和论。他指出：新旧时代世世相承连绵不断，不可划出明确之界限，"宇宙之进步，如两圆合体，逐渐分离，乃移行的而非超越的……最后之新社会，与最初者相衡，或厘然为二物，而当其乍占乍蜕之时，固仍是新旧杂糅也。"他所谓的"调和"就是"新旧杂糅"。他主张的"新旧杂糅"是以"保旧"为基础的，他说："凡欲前进，必先自立根基。旧者根基也。不有旧，决不有新，不善于保旧，决不能迎新；不迎新之弊，止于不进化，不善保旧之弊，则几于自杀。"他还以欧洲第一次世界大战后的情况为例，论证"道德上复旧之必要，必甚于开新。"① 尽管章士钊声明自己不是守旧者，但他的"调和论"侧重在"旧德不可忘"，这显然是与新文化运动的精神相违背的。不过，他提出了如何处理文化发展的新旧或中西关系问题。

章士钊提出"调和论"后，杜亚泉、陈嘉异等人起而响应。杜亚泉指出，新旧的意义因时而异，戊戌时代以主张西洋文明者为新，现时则以创造未来文明为新，那么，如何创造未来文明？他认为，西洋文明已不能适应新时势，"中国固有文明，虽非可直接应用于未来世界，然其根本上与西洋现代文明差异殊多，关于人类生活上之经验与理想，颇有足以证明西洋现代文明之错误，为世界未来文明之指导者"。因此，他认为未来文明之创造当是"新旧思想之折衷"，这种调和折中以中国固有文明为指导，把西洋文明"融合于吾国固有文明之中"。② 陈嘉异则提出："以极精锐之别择力，极深刻之吸引力，融合西方文化之精英"，并"尽量灌输东方文化之精蕴于欧美人士"，则"所抉择所消化之西方文化之菁英，必有与东方文化之菁英相接相契者，则虽不亟亟谋两文化之调和，而自有彼此莫逆而笑相见一堂之一日，于是世界文化或世界哲学之完成庶几可睹。"③ 可见，调和论的实质是变相的"中体西用"论，主张调和者实际上是主张以东方文化融合西方文化，以中国固有文明"统整世界之文明"。

"新旧调和论"既然是以"保旧"为基础的，自然遭到了提倡新文化的

---

① 章行严（章士钊）：《新时代之青年》，《时事新报》1919 年 10 月 1 日。
② 伧父（杜亚泉）：《新旧思想之折衷》，《东方杂志》第 16 卷第 9 号（1919 年）。
③ 陈嘉异：《东方文化与吾人之大任》，《东方杂志》第 18 卷第 1、2 号（1921 年）。

人们的反对。张东荪的《突变与潜变》《答章行严君》，蒋梦麟的《新旧与调和》《何谓新思想》，常乃德的《东方文明与西方文明》等文，体现了西方文化派对"调和论"的批判。张东荪对"调和"的概念进行了辨析，指出它与"共存""相同"两个概念是有区别的。他指出，章士钊所举的"新旧杂存"现象诚然存生，但那只是"共存"即两个东西同时存在，这两个虽则同时存在，却不是调和，譬如章太炎与唐少川、徐世昌同时生存在中国，他们的主张却是相反的；"相同"也不是调和，"譬如说旧道德主张克己，与新道德主张利他是相同的"，"只要取了新道德便够了"，也无所谓调和。① 蒋梦麟认为，新旧调和是自然的趋势，"抱新思想的人渐渐把他的思想扩充起了，抱旧思想的人自然不知不觉地受他的影响，受他的感化，旧生活渐渐自然被新生活征服——旧思想渐渐被新思想感化"。这种调和不是人为的，新旧之间是用不着调和派的。他实际上提出了虽在客观上存在调和的趋势，但在主观上却不应讲调和。常乃德径直强调中国固有文明"很欠完备"，"非走西方文明的路不可"。② 西方文化派在批驳"调和论"时肯定了批判旧文化、提倡新文化的必要，但并没有科学地解释新旧文化的关系，在强调以新代旧时，出现了"全盘西化"、民族虚无主义的倾向。

　　1919 年 12 月，陈独秀在《新青年》上发表《调和论与旧道德》一文，认为新旧杂糅、调和作为一种客观的自然现象是存在的，但不能当作主观的故意主张。这种现象是由人类惰性造成的，"改新的主张十分，社会惰性当初只能够承认三分，最后自然的结果是五分；若是照调和论者的意见，自始就主张五分，最后自然的结果只有二分五"。因此，提倡调和论必然不利于社会进步。他还批驳了"物质上应当开新，道德上应当复旧"的主张。指出"若说道德是旧的好，是中国固有的好，简直是梦话"③。陈独秀还不能运用唯物史观对新旧调和论进行批判，不时显示出简单化和偏激的弊端。

① 东荪：《答章行严》，《时事新报》1919 年 10 月 12 日。
② 梦麟：《新旧与调和》，《晨报》1919 年 10 月 13、14 日。
③ 陈独秀：《调和论与旧道德》，《陈独秀文章选编》上册，三联书店 1984 年版，第 443—445 页。

在当时的新文化阵营中，真正高人一筹的是中国最早的马克思主义者李大钊。他于 1919 年 12 月、1920 年 1 月在《新青年》上发表《物质变动与道德变动》和《由经济上解释中国近代思想变动的原因》两篇文章，最早运用唯物史观回击了"调和论"的挑战，并论证了新文化运动发生的历史必然性。针对"物质开新、道德复旧"的论调，他指出："新道德既是随着生活的状态和社会的要求发生的，就是随着物质的变动而有变动的，那么物质若是开新，道德亦必跟着开新，物质若是复旧，道德亦必跟着复旧。因为物质与精神原是一体，断无自相矛盾、自相背驰的道理。可是宇宙进化的大路，只是一个健行不息的长流，只有前进，没有反顾；只有开新，没有复旧；有时旧的毁灭，新的再兴。这只是重生，只是再造，也断断不能说是复旧。物质上，道德上，均没有复旧的道理！"① 这就从理论上否定了东方文化派提出的将旧道德与新物质，将东方的精神文明与西方的物质文明加以调和的模式，表明唯物史观是批判错误文化思潮的锐利武器。

有关调和论问题争论的实质是"以旧容新"，以东方文化为基础调和西方文化；还是"以新代旧"，以西方文化改造东方文化。陈独秀、蒋梦麟等也承认调和是客观的自然现象，但反对人们提倡调和，因为当时"调和论"的主旨在"保旧"。因此，当时主张调和与反对调和之争，实际上是在建设未来文化时是立足于"复旧"还是立足于"开新"的争论。新文化运动战士反对"调和论"的斗争，是五四前后反对复古思潮斗争的重要组成部分。这次争论涉及的是"新旧关系"这一具有相当理论深度的问题，新文化运动的倡导者很大程度上没有能科学解释如何评价传统文化、如何梳理文化遗产和新文化的来源等内容。

3. 三大思潮关于中国文化出路的争论

1920 年，梁启超出版了《欧游心影录》一书。同年，梁漱溟先后在北京、济南等地讲演《东西文化及其哲学》（次年 10 月将讲演稿整理出版）。

---

① 李大钊：《物质变动与道德变动》，《李大钊文集》下册，人民出版社 1984 年版，第 151—152 页。

他们通过抨击在第一次世界大战中得以集中暴露的西方资本主义文明的弊端，标榜"东方文化"的优越性，鼓吹在中国保留固有文明，并以中国固有文明拯救西方。这番议论自然遭到了主张全面学习西方资本主义文化的胡适等人的批驳。与此同时，一些先进分子已经举起"社会主义文化"的战旗，他们在主要反对东方文化派的同时，又对资本主义文化进行初步的解剖。于是，以《欧游心影录》和《东西文化及其哲学》的出版为起点，东方文化派、西方文化派和马克思主义文化派围绕中国文化应走什么道路的问题，又展开了激烈的争论，从而把东西文化论战推向高潮。以下将三派的主要观点介绍如下：

（1）文化保守主义者的"东方文化优越论"

关于文化保守主义者的主张，我们先看一下《欧游心影录》和《东西文化及其哲学》的基本倾向。

梁启超在《欧游心影录》中描述了欧洲资本主义世界在第一次世界大战后的凄惨衰败景象。他认为自己曾经向往的西方文明破产了，应该转向东方。据他介绍，一个法国人曾对他说："西方文化已经破产，正要等到中国的文化来救我们，你何必又到我们欧洲来找药方呢？"一位美国新闻记者也对他说："西洋文明已经破产了……我回去就关起大门老等，等你们把中国文明输进来救拔我们。"听惯了欧美人士这类话，梁启超更觉得西方物质文明是制造社会险象的种子，更觉得近代科学是靠不住的，科学成功"人类不惟没有得到幸福，倒反带来许多灾难"。他觉得既然欧美人士向往世外桃源的中国，中国人就不应藏宝不献，而要肩负对于世界文明之大责任，以中国文化拯救世界。他呼吁："我们可爱的青年啊，立正，开步走！大海对岸那边有几万万人，愁着物质文明破产，哀哀欲绝地喊救命，等着你来超拔他哩，我们在天的祖宗三大圣（指孔子、老子和墨子——引者注）和许多前辈，眼巴巴盼望你完成他的事业，正在拿他的精神加佑你哩！"

梁漱溟所著《东西文化及其哲学》一书归宗于儒学，其主旨如该书序言所说是把中国人和西洋人"都引导到至善至美的孔子路上来"。该书提出了"文化三路向说"。梁漱溟认为文化不同是由于人生的路向不同，而人生路向不同又由于意欲所向不同。他认为意欲所向有向前、自为调和持中、反身向后三种，故就有人生三路向；第一路向就是"奋力取得所要求的东西，设法满足他的要求，换一句话说是奋斗的态度"；第二路向"遇到问题不去解决，就是在这种境地上求我自己的满足……他并不想奋斗的改造局面，而是回想的随遇而安"；第三路向"遇到问题他就想根本取消这种问题或要求"。由于意欲所向，人生路向不同是以意欲向前要求为其根本精神的，他们所走是第一路向；中国人是走第二路向；印度文化是以意欲反身向后为其根本精神的，印度人是走第三路向。

在梁漱溟看来，西方、中国、印度三大系文化无所谓谁好谁坏，都对人类有很伟大的贡献，只有"合宜不合宜"的问题。从前，古希腊人、古中国人、古印度人分别走上了第一、第二和第三路向。西方人中世纪折入第三路向一千多年，到文艺复兴又重新去走第一路向，因其合于明宜故在征服自然、科学、民主上取得极大成功，成就了近世的西洋文化。中国人明明还处在第一问题未了之下就拐到第二路向，印度人更是不待第一路第二路走完而径直拐到第三路上去，都因不合时宜，只有节节失败。但从今以后，将是另一番情景，西洋人由于第一路向的过度发展而病痛百出：西方获致了物质生活的满足却造成了内心生活的疏离，"人与自然之间，人与人之间生了罅隙……弄得自然对人像是很冷而人对自然更是无情，无复那古代以天地拟人而觉其抚育万物，像对人类很有好意而人也恭敬他，与他相依相亲的样子……人对人分别界限之清，计较之重，一个个的分裂、对抗、竞争，虽家人父子也少相依相亲之意……人处在这样冷漠寡欢，干枯乏味的宇宙中，将情趣斩伐的净尽，真是难过的要死……外面生活富丽，内里生活却贫乏至于零！"梁漱溟宣称西方文化在第一路向已走到了尽头，将转而走第二路向。中国文化以前为不合时宜而此刻则机运到来，"不合时宜的中国态度遂达其真必要会"。梁漱溟预言："人类文化要有一根本变革：由第一路向改变为第二路向，亦即由西洋态度改变为中国态度。"他深信："世界未来文化就是中国文化的复兴"，更具体地说，是孔家文化的复兴。《东西文化及其哲学》为复兴儒学开辟了道路，成为新儒家思潮的开山之作。

《东西文化及其哲学》鼓吹全世界都要走"孔家的路"，无疑宣布新文化运动已选错了道路，因而应当改弦更张。所以，该书出版后，受到了反对新文化运动的一派人的热烈欢迎。严既澄的《评〈东西文化及其哲学〉》一文，表示对梁漱溟的思想"差不多全体赞同"，尤其赞赏梁对"孔家思想"的发挥，相信现今世界"中国化是救时灵药"。①一篇署名"恶石"的同一篇名的文章推崇梁漱溟的著作是"新文化里第一部有价值的著作"，是"继绝学、开太平的大发明"。②

当时，东方文化派还有学衡派和甲寅派两个分支。1922年1月，南京东南大学教授胡先骕、梅光迪、吴宓等创办《学衡》杂志，学衡派因此得名。这些人多系留学归来，乃摆出"学贯中西"的架势反对新文化运动和文学革命。在《东西文化及其哲学》问世后，学衡派发表了一些鼓吹东方文明优越，反对新文化运动的文章，呼应梁漱溟的观点。这些文章如梅光迪的《评提倡新文化者》、吴宓的《论新文化运动》、柳诒徵的《中国文化西被之商榷》等。

甲寅派以章士钊1925年所办的《甲寅》周刊得名。章士钊以"孤桐"的笔名，在该刊上发表《新旧》《评新文化运动》和《原化》等文，抨击新文化运动，鼓吹旧文化。其《原化》一文推崇《东西文化及其哲学》是"近今罕见之名著，国论归之久矣"，表示只有发扬立足农业国基础之上的、充满调和持中精神的中国文化，才能拯救濒于破产的世界文化。③

东方文化派的复古主张，遭到了西方文化派和马克思主义者的批判。

（2）来自自由主义思潮的回应

以胡适、常乃德等为代表的西方文化派批判了梁漱溟等人的文化观，并提出了自己对中西文化的一些看法。

胡适于1923年4月在《努力周报》上发表了《读梁漱溟先生的〈东西文化及其哲学〉》。他批评梁著是"主观化的文化哲学"，"犯了笼统的毛

---

① 严既澄：《评〈东西文化及其哲学〉》，《民铎》第3卷第3号（1922年）。

② 恶石：《评〈东西文化及其哲学〉》，《民国日报》副刊《觉悟》1922年3月28日。

③ 孤桐（章士钊）：《原化》，《甲寅》第1卷第12号（1925年）。

病"。其出发点是"笼统的断定一种文化若不能成为世界文化，便根本不配存在；笼统的断定一种文化若能存在，必须翻身成为世界文化"。指出梁著关于"西方化的根本精神是意欲向前要求；中国化的根本精神是意欲自为调和持中；印度化的根本精神是意欲反身向后要求"的文化公式是"闭眼说的笼统话"。事实上，印度人也是奋斗的，说印度人胆小不敢奋斗以求生活，实在是闭眼瞎说。至于"调和持中""随遇而安"，现不能说是哪一国文化的特征。他进一步指出，梁著关于"西洋生活是直觉运用理智""中国生活是理智运用直觉""印度生活是直觉运用限量"的第二串公式"更是荒谬不通了"。一切知识都需要现量、理智、直觉三种工具，只有成分轻重的不同。人脑的构造，无论在东在西，决不能因不同种而有这样的大差异。胡适在批驳梁漱溟的"三路向说"的同时，提出了自己的看法。他认为中、西、印各种民族的文化走的都是一条路，只因时代环境的关系，"走的路有迟速的不同，到的时候有先后的不同"。现在由于种种原因，欧洲人走到前头去了，中国和印度只有急起直追，也走这条路，将来中国和印度也趋向"科学化与民治化"是无可置疑的。

1926年6月，胡适在《现代评论》上发表《我们对于西洋近代文明的态度》一文，进一步批判了东方文化派，全面肯定西洋近代文明。他指出："今日最没有根据而又最有毒害的妖言是讥贬西洋文明为唯物的（Materialistic）、而尊崇东方文明为精神的（Spiritual）……近几年来，欧洲大战的影响使一部分的西洋人对于近世科学的文化起一种厌倦的反感，所以我们时时听见西洋学者有崇拜东方的精神文明的议论。这种议论，本来只是一时的病态的心理，却正投合东方民族的夸大狂；东方的旧势力就因此增加了不少的气焰。"这一分析，切中了东方文化派的要害。他指出，凡一种文明都包括物质的、精神的两种因子，没有一种文明单是物质的，也没有一种文明单是精神的。他认为，西洋文明不仅在物质方面胜过东洋，而且在精神方面也远非东洋旧文明所能梦见。

吴稚晖、张东荪、李石岑、常乃德等人也都对东方文化派提出了尖锐的批评。吴稚晖指出：梁漱溟的"三路向说""整齐得很好玩"，但"矛盾百出"，他的《东西文化及其哲学》"全书尽管天花乱坠，引证得翔实，不免都成了童騃废话了"。① 张东荪指出，《东西文化及其哲学》只是在论哲学而不是论文化，只说了文化的一部分问题；指出"梁君说中国的自得其乐主义将代西洋向前奋进主义而兴"是不符合事实的。② 李石岑指出："中国、印度和西洋都是朝前面坦荡荡的一条大路走的，不过走法不同，或走的快慢不同。"③ 都是同一个路向，并不必像梁漱溟所说的三路向。常乃德主张"世界上并没有东西文化之区别，现今一般所谓东西文化之异点，实即是古今文化之异点"。主张根本吸收西洋近代文明。④

西方文化派批判东方文化派，坚持了反对复古主义的正确方向。但他们对于西方资本主义文明的辩护和美化，则是马克思主义者不能同意的。

(3) 马克思主义者对东方文化派的批判

马克思主义者对东方文化派作了真正深刻的批判。

关于文化的定义。瞿秋白否定了梁漱溟唯心论的文化观，并努力以历史唯物论观点来说明文化的本质。他给文化下的定义是："所谓'文化(Culture)'是人类之一切'所作'：一、生产力之状况；二、根据于此状态而成就的经济关系；三、就此经济关系而形成的社会政治组织，四、依此经济及社会政治组织而定的社会心理，反映此种社会心理的各种思想系统。"⑤ 他指出，研究文化只知道高尚玄妙的思想，是首足倒置的。

关于东西文化的差异。马克思主义者批判了梁漱溟以意欲不同来解释文化不同，将中、西、印三大系文化的差别绝对化的观点。瞿秋白指出："东西文化的差异，其实不过是时间上的"。这种时间上的差异，乃由于"生

---

① 吴稚晖：《一个新信仰的宇宙观及人生观》，转引自张君劢、丁文江等《科学与人生观》，山东人民出版社 1997 年版，第 405—406 页。
② 张东荪：《读〈东西文化及其哲学〉》，《时事新报》副刊《学灯》1922 年 3 月 19 日。
③ 李石岑：《评〈东西文化及其哲学〉》，《民铎》第 3 卷第 3 号（1922 年）。
④ 常燕生（常乃德）：《东西文化问题质胡适之先生》，《现代评论》第 4 卷第 90、91 号（1926 年）。
⑤ 屈维它（瞿秋白）：《东方文化与世界革命》，见陈崧编《五四前后东西文化问题论战文选》，中国社会科学出版社 1985 年版，第 559 页。以下引瞿秋白此文不再注明。

产力发达的速度不同，所以应当经过各种经济阶段的过程虽一致，而互相比较起来，各国各民族的文化于同一时代乃呈先后错落的现象"。因此，"西方文化，现已经资本主义至帝国主义，而东方文化还停滞于宗法社会及封建制度之间"。杨明斋指出，梁漱溟以意欲不同来解释文化的不同"是梁君的主观的观念太深之故的主张"。他指出，意欲是"受自然及物质支配的"，不是人类生活的根本，更不是产生文化的本因。①

关于科学和物质文明的价值。马克思主义者批判了东方文化派把世界大战的灾难和资本主义制度的罪恶归咎于科学和物质文明，宣布"科学破产""物质文明破产"的观点。陈独秀指出：资本主义世界相互争夺和残杀的根源"是由于财产制度乃个人和私有而非社会公有，完全不是科学及物质文明本身的罪恶。我们敢说，科学及物质文明，在财产私有的社会，固可用为争夺残杀的工具；在财产公有的社会，便是利用厚生的源泉"②。

关于所谓东方文化的实质。瞿秋白指出，东方文化派"所心爱的东方文化"无非是三种元素：一是宗法社会之"自然经济"；二是"畸形的封建制度之政治形式"；三是"殖民地式的国际地位"。这种旧文化"早已处于崩坏状态之中"。

关于中国文化的发展道路。陈独秀揭露梁漱溟等东方文化论是要把中国引向"幽谷"中去。他说：东方文化派鼓吹的是"祸国殃民亡国灭种的议论，要把国人因在幽谷里，我们不得不大声疾呼的反对，看他们比曹锟、吴佩孚更为可恶，因为他们的害处大过曹、吴。梁漱溟说我是他的同志，说我和他走的是一条路，我绝对不能承认。他要拉国人向幽谷去，我要拉国人向康庄大道（不用说这康庄大道也有许多荆棘我们努力砍伐）走，如何是一条路，又如何是同志？"③瞿秋白指出了东方民族发展新文化的道路。他说："宗法社会，封建制度及帝国主义颠覆之后，方能真正保障东方之文化的发展。"

---

① 杨明斋：《评中西文化观》北京印刷局 1924 年版，第 10—14 页。

② 陈独秀：《评太戈尔在杭州、上海的演说》，《陈独秀文章选编》中册，三联书店 1984 年版，第 471 页。

③ 陈独秀：《精神生活　东方文化》、《陈独秀文章选编》中册，第 402—403 页。

他还说：只有当西方的无产阶级与东方的弱小民族一起来反对帝国主义，颠覆宗法社会、封建制度、世界的资本主义，以完成世界革命的伟业，"如此，方是行向新文化的道路"。

马克思主义者的批判，使东方文化派受到了沉重的打击。当然，年轻的马克思主义者对文化问题的认识还有许多不足，如强调文化时代上的差异而对文化的民族性缺乏认识；再如对中国古代文化缺乏具体的、历史的分析。①但毕竟在现代中国的文化论坛上崛起了一支最有生机和活力的新军，他们将拥有未来。

（三）科学与人生观论战

新文化运动"以科学与人权（民主）并重"。在新文化运动的倡导者看来，科学不仅能促进生产力发展，推动社会进步，而且能使人了解宇宙和人生的秘密，摆脱愚昧无知，树立正确的人生观。正当新文化运动高扬"科学"大旗的时候，在西方却有人喊出了"科学破产"。在中国思想界，受这种思潮影响，先是梁启超于1920年出版的《欧游心影录》中跟着欧洲人叫起"科学破产"。随后，与梁启超一同游历欧洲的张君劢于1923年2月14日跑到清华大学发表《人生观》讲演，宣称科学不能解决人生观问题。这种菲薄科学的言论，是对新文化运动的挑战，理所当然地要遭到提倡科学的西化派和此时已转变为马克思主义者的陈独秀等驳斥，于是发生了科学与人生观论战。

科学与人生观论战大体分为三派：文化保守主义阵营以张君劢、梁启超为代表的玄学派；自由主义思潮中以丁文江、胡适为代表的科学派；还有以陈独秀、瞿秋白为代表的唯物史观派。张君劢的《人生观》一文发表后，丁文江于1923年4月在《努力周报》上发表《科学与玄学》一文，最后起来驳斥张君劢，称其为"玄学鬼"，提出要"打玄学鬼"，强调科学而不是玄

---

① 有关马克思主义者对"东方文化派"思想的批判，可参见刘辉《简论早期共产党人对"东方文化派"思想的批判》，《西北师范大学学报》（哲社版）1989年增刊。

学（即宋明心学）才能支配人生观。丁文发表后，张君劢又发表了《再论人生观与科学并答丁在君》（上、中、下三篇），丁文江则还以《玄学与科学——答张君劢》，在这一过程中，其他人参加了辩论。1923 年 12 月，上海亚东图书馆将科学派、玄学派双方论战文章 25 万言汇集成《科学与人生观》一书。陈独秀在为该书作序时，对科学派、玄学派都进行了批评，指出唯物史观才能解决人生观问题。陈序引起了胡适、张君劢、梁启超的反批评，陈独秀又发表了《答适之》《答张君劢及梁任公》，瞿秋白发表《自由世界与必然世界》《实验主义与革命哲学》，对科学派、玄学派进行答辩、批判。前一阶段科学派与玄学派双方的争论具有了新的性质，已转变为无产阶级的唯物史观与资产阶级的各种唯心论的争论。从文化视角看，菲薄科学或推崇科学，提倡宋明心学或反对玄学，反映了对西方文化、传统文化的不同态度。

　　玄学派代表张君劢在《人生观》的讲演中提出以推求"公例"为特征的科学无法解释"天下古今最不统一"的人生观。科学可以解释物质现象，是因为这些现象有因果律可循，有一定的"公例"，但并不是天下事皆有"公例"，人生观问题就东西古今"极不一致"，没有规律可循。他认为人生观受"自由意志"支配，其特点是主观的、直觉的、综合的、自由意志的、单一性的。人们忽而主张此，忽而主张彼，飘忽不定，顷刻万变，自由转移；人们彼此意见相异，是单一性的，即所谓"甲一说，乙一说，漫无是非真伪之标准"。他列举九项对立的人生观问题说明人们对人生的看法因时因人而异，这就是所谓大家族主义与小家族主义、男尊女卑与男女平等、私有财产制与公有财产制、守旧主义与维新主义、物质文明与精神文明、个人主义与社会主义、为我主义与利他主义、悲观主义与乐观主义、有神论与无神论等。"凡此九项，皆以我为中心，或关于我以外之物，或关于我以外之人，东西万国，上下古今，无一定之解决者，则以此类问题，皆关于人生，而人生为活的，故不如死物质之易以一例相绳也"；人生观无一定的"公例"，无客观的标准，"故科学无论如何发达，而人生观问题之解决，决非科学所能为力"。①

　　既然科学对人生观无法解释，于是就不得不别求一种解释于玄学中。他认为人生观问题之解决只能靠玄学。"玄学之名，本作为超物理界超官觉解释。惟其有此解释，于是凡属官觉以上者，概以归之玄学。"可见，他所说的"玄学"，也就是心性之学，内省之学。他一方面推崇孔孟以来的修身养性与内求于身的人生哲学尤其是宋明心学，认为自理论、实际两方面观之，昌明宋学都有必要："知所谓明明德，吾日三省，克己复礼之修省功夫：皆有至理存乎其中，不得以空谈目之。所谓理论上之必要者此也。""当此人欲横流之际，号为服国民之公职者，不复知有主义，不复知有廉耻，不复知有出处进退之准则。其以事务为生者，相率于放弃责任；其以政治为生者，朝秦暮楚，苟图饱暖，甚且为一己之私，牺牲国家之命脉而不惜。若此人心风俗……诚欲求发聋振聩之药，惟在新宋学之复活，所谓实际上之必要者此也。"②张君劢以复兴儒学尤其是宋明心性之学为己任，是现代新儒家的重要代表人物之一；另一方面又吸取了西方柏格森的直觉主义与倭铿的精神生活论。张君劢将西方生命派哲学与中国传统心学拼凑在一起，形成了"中外合璧式的玄学"。这种人生哲学，既有别于中国古代儒家人生哲学，又不同于西方资产阶级的人生哲学。这种人生哲学具有两重性。他主张"自由意志"，提倡思想与个性解放，表明其人生观作为一种资产阶级人生哲学具有反封建的一面；同时他又贬低科学，否认社会历史领域的客观性、规律性，表明资产阶级人生哲学不可能正确地解释人生观问题，只能以神秘主义作为依归。

　　这种矛盾性在另一位玄学派代表人物梁启超身上也得到了反映。他在《人生观与科学》一文中采取了折中主义的态度，认为："人生问题，有大部分是可以——而且必须要用科学方法来解决的。却有一部分——或者还是最重要的部分是超科学的"；"人生关涉理智方面的事项，绝对要用科学方法来解决，关于情感方面的事项，绝对的超科学"。他认为，情感方面至少有两

---

① 张君劢：《人生观》，张君劢、丁文江等《科学与人生观》，第34—35、38页。

② 张君劢：《再论人生观与科学并答丁在君》，张君劢、丁文江等《科学与人生观》，第98、118页。

件就是"爱"和"美"的确有神秘性，是"科学帝国的版图"所管辖不了的。"假令有两位青年男女相约为科学的恋爱，岂不令人喷饭？"若要以科学方法来解释"爱"和"美"，那就是"痴人说梦"。这种折中态度反映了梁启超一方面感到在西方"科学万能"的神话已破产，另一方面又感到中国还需要提倡科学精神的矛盾心理。①

丁文江等科学派人物坚持主张科学可以解决、支配人生观。丁文江认为，"一个人的人生观是他的知识感情，同对知识感情的态度"，人生观不能离开知识，"在知识界内科学方法万能"。他所谓以科学解决人生观问题，主要是指将科学的方法、实证主义的方法、伦理学的方法运用于人生观。他指出，今天人生观不统一是一回事，但求人生观的统一是人们的义务，这就离不开科学方法。他说："科学的目的是要摒除个人主观的成见，——人生观最大的障碍——求人类所能共认的真理。科学的方法，是辨别事实的真伪，把真事实取出来详细的分类，然后求他们秩序的关系，想一种最简单明了的话来概括他。所以科学的万能，科学的普遍，科学的本质，不在他的材料，在他的方法。"丁文江指出，应以科学作为教育同修养的工具，反对复活宋明心学。他以中国历史上空谈心性贻害国家的事实揭露张君劢所讲的"精神文明"会导致什么后果，指出宋朝提倡内功理学，一般士大夫没有能力，没有常识，其结果使文化遭极大摧残，所谓"精神文明"究竟在什么地方？他批驳了玄学派借欧战来贬低科学，提倡心性之学的做法；指出应对欧战负责任的是政治家同教育家，这两种人多数仍是不科学的，科学绝对不负这种责任。②

针对梁启超把用科学来解释"爱"和"美"说成是"痴人说梦"，心理学家唐钺写了《一个痴人的说梦》，批判玄学派。他指出："关于情感的事项，要就我们的知识所及，尽量用科学方法来解决的。"提出情感中的"爱"和"美"两件同样是可以用理智分析，受理智支配的。人们的爱情受理智的

---

① 梁启超：《人生观与科学》，张君劢、丁文江等《科学与人生观》，第139—142页。
② 丁文江：《玄学与科学》，张君劢、丁文江等《科学与人生观》，第53—55页。

支配的程度愈大，结果就愈好；反之，结果就愈坏，"世间许多罪恶，是由于不受理智支配的爱情发生的"。至于"美"，他说，线、光、韵、调等是支配美感的要素，这些要素作某种组织，就生出美来，所以分析出线、光等，至少是分析美的一部分。

王星拱认为，"科学是凭藉因果和齐一两个原理而构造起来的；人生问题无论为生命之观念、或生活之态度，都不能逃去这两个原理的金刚圈，所以科学可以解决人生问题"①。

丁文江等主张科学可以解决人生观问题，但没有说明科学的人生观是什么。吴稚晖在《一个新信仰的宇宙观及人生观》一文中提出了"人欲横流"的人生观。他认为人并不神秘，不过是"用手用脑的一种动物"；人生并不复杂，不过"两手运动唱戏"，内容无非是"吃饭、生孩子、招呼朋友"三件事。这三种人生观都离不开科学，解决吃"许多饭"问题，要"依仗物质文明的科学"；解决避孕问题，要"请教科学"；招呼朋友"直觉""良心""良知"，也需要"理智"的帮助。这种人生观并不科学，但对玄学派鼓吹人生观的"玄秘"是一种挑战。

胡适也对什么是"科学的人生观"作出了解释。胡适在论战开始时发表了《孙行者与张君劢》，指出张君劢虽反对科学、否认伦理学的普遍适用性，但"仍旧不曾跳出赛先生和逻辑先生的手心里"，犹如孙行者十万八千里总跳不出如来的手掌。在玄学派、科学派的论战告一段落后，胡适为汇集双方论文的《科学与人生观》作序。他在序文中，根据自然科学知识，提出了自己的"科学的人生观"或"自然主义的人生观"，内容大体为10条：（1）空间的无穷之大；（2）时间的无穷之长；（3）宇宙及其中的万物的运行变迁皆是自然的，——自己如此的，用不着什么超自然的主宰或造物者；（4）生物界的生存竞争的浪费与残酷；（5）人不过是动物的一种，他和别种动物只有程度的差异，并无种类的区别；（6）生物及人类社会演进的历史和演进的原因；（7）一切心理的现象都是有因的；（8）道德礼教是变迁的，而变迁的

---

① 王星拱：《科学与人生观》，转引自张君劢、丁文江等《科学与人生观》，第286页。

原因都是可以用科学方法录求出来的；（9）物质不是死的是活的，不是静的是动的；（10）个人——"小我"——是要死灭的，而人类——"大我"——是不死的，不朽的。胡适还说明了因果律与意志自由的关系。指出在自然宇宙里，"物质是有自由法则的，因果的大法支配着他——人——的一切生活"。但人们可以利用自然的法则，利用因果律充分运用"创造的智慧"，自然法则、因果律不见得会束缚人的自由。

胡适在序文中还说明了科学派参加论战的思想动机：中国"正苦科学的提倡不够，正苦科学的教育不发达，正苦科学的势力还不能扫除那迷漫全国的乌烟瘴气，——不料还有名流学者出来高唱'欧洲科学破产'的喊声，出来把欧洲文化破产的罪名归到科学身上，出来菲薄科学，历数科学的人看了这种现状，能不发愁吗？能不大声疾呼出来替科学辩护吗？"他们是要维护新文化运动所提倡的科学，维护科学在中国的地位。这从一个角度说明了科学人生观论战的性质及意义。

科学派虽声称可以支配人生观，但他们并不能圆满地回答科学何以能支配人生观；他们提出的"科学的人生观"有合理成分，但在总体上并不科学。丁文江受西方马赫主义的影响，宣扬"存疑的唯心论"，认为科学的研究对象是"感官感触"的物体，至于"觉官感触的外面，直觉的后面，有没有物，物体本质是甚么东西"应当存疑，应该存而不论。胡适把人生观看成"建筑在二三百年的科学常识之上的一个大假设"。这些观点都表明科学派未超出唯心主义的范畴。吴稚晖、胡适等人把人等同于动物，以生物界的生存竞争解释人类社会的演进，并提倡享乐主义，这种人生观具有庸俗唯物论的性质。

真正对科学与人生观问题作出比较圆满的解释的，是唯物史观派的陈独秀、瞿秋白等人。他们以唯物史观作指导考察人生观问题，攻破了玄学派大本营，并批评了科学派的局限。

陈独秀指出，"唯物的历史观"虽名为历史观，"其实不限于历史，并应用于人生观及社会观"①。"我们相信只有客观的物质原因可以变动社会，可

---

① 陈独秀：《答适之》，《陈独秀文章选编》中册，三联书店 1989 年版，第 377 页。

以解释社会，可以支配人生观"。思想、文化、宗教、道德、教育等心理现象，都是由物质环境、经济基础决定的。人们对人生有不同的见解，有不同的人生观，"都是他们所遭客观的环境造成的，决不是天外飞来主观的意志造成的，这本是社会科学可以说明的，决不是形而上的玄学可以说明的"①。

陈独秀、瞿秋白等批驳了玄学派的观点。张君劢列举出九项人生观，说都是主观的，起于直觉的、自由意识的，不是客观的，不为因果律所支配。陈独秀逐项分析了张君劢的九项人生观，指出它们都不是由于自由意志凭空发生的，都为种种客观的因果所支配。如：大家族主义和小家族主义，纯粹是由农业经济宗法社会进化到工业经济军国社会之自然现象；男尊女卑和男女平等，是由于农业宗法社会把妻当作生产工具，当作一种财产，到了工业社会，家庭手工已不适用，有了雇工制度，也用不着把家族当生产工具，于是女权运动自然兴起；财产公有私有制度，是随生产力的发展而变化的……他指出，不同时代、不同民族的人们由于面临的客观环境不同，观念也不一样，如欧美妇女每当大庭广众吻其所亲，而以为人妾为奇耻大辱；中国妇人每以为贵人之妾为荣幸，而当众接吻虽娼妓亦羞为之。因此，"什么先天的形式，什么良心，什么直觉，什么自由意志，一概都是生活状况不同的各时代各民族之社会的暗示所铸而成"②。

瞿秋白指出，社会现象和自然现象一样也是有规律的，他说："社会里与自然界同样是偶然的事居多。然而凡有'偶然'之处，此'偶然'本身永久被内部隐藏的公律所支配。"科学的职任便在于发现这些公律，包括社会历史领域的规律。张君劢只承认自然界的"相同现象"是科学研究的对象，而不承认科学可以解释异彩纷呈的社会现象。其实，自然界也是偶然的事居多，"科学的公律正是流变不居的许多'异相'里所求得的统一性"。"社会现象是人造的，然而人的意志行为都受因果律的支配"，科学应探析这些因果律。瞿秋白具体说明了社会现象中的基本规律，他说："因生产力的状态

---

① 陈独秀：《〈科学与人生观〉序》，《陈独秀文章选编》中册，第351—354页。
② 陈独秀：《〈科学与人生观〉序》，《陈独秀文章选编》中册，第353页。

而成当代的经济关系；因经济的关系而生政治制度，因政治制度而定群众动机；因群众动机而有个性动机。经济动象流变，故个性动机随此阶级分化而各易其趋向，足以为新时代的政治变革的种种因素之一因素。历史的规律性便在于此。"玄学派认为情感、义务意识是超科学的，瞿秋白指出，情感和义务意识"都可以以科学解释其因果。最后的因，便是中国经济的变迁——从宗法社会到资产制度的动象能规定那社会的情感，及义务意识的流变"。①

马克思主义者对科学派提出了批评。陈独秀批评丁文江"存疑的唯心论"，"和张君劢走的是一条路"，"你既承认宇宙间有不可知的部分而存疑，科学家站开，且让玄学家来解释"，那么丁文江攻击张君劢的见解就只能"是以五十步笑百步"②。陈独秀还驳斥了胡适的二元论历史观。认为他"坚持物的原因外，尚有心的原因，——即知识、思想、言论、教育，也可以变动社会，也可以解释历史，也可以支配人生观"的观点是错误的。陈独秀指出："我们并不抹杀知识、思想、言论、教育，但我们只把他当作经济的儿子，不像适之把他当作经济的弟兄。我们并不否认心的现象，但我们只承认他是物之一种表现，不承认这表现复与物有同样的作用。"③ 因此他坚信：只有坚持物质一元论，才能对一切人生观加以科学的解释，方能使玄学鬼无路可走，无缝可钻。离开了物质一元论，主张心物二元论，科学便濒于破产。应该说陈独秀的分析，的确抓住了科学派的薄弱环节。

科学与人生观的论战，历时半年多，各方发表文字三四十万言。在当时的中国，只有因科学不发达而导致的产业落后、迷信盛行、蒙昧主义迷漫，所谓科学带来的"灾难"还无从谈起。科学派捍卫新文化运动所兴起的"赛先生"的旗帜，反对菲薄科学，反对复活宋明心学，是应该肯定的。玄学派注意到科学与哲学的区别、科学精神与人文精神的区别，有一定的合理性，但哲学不是根本排斥科学的玄学，不能否定社会现象的客观性、规律

---

① 瞿秋白：《自由世界与必然世界》，《瞿秋白文集（政治理论编）》第 2 册，人民出版社 2013 年版，第 291、298、302、299 页。

② 陈独秀：《〈科学与人生观〉序》，《陈独秀文章选编》中册，第 349、354 页。

③ 陈独秀：《答适之》，《陈独秀文章选编》中册，第 379 页。

性。玄学派的观点远不如科学派的观点更适合于中国的现代化运动。唯物主义派批判了形形色色的唯心论、二元论和不可知论，扩大了唯物史观在思想界的影响，较为科学地说明了人生观产生的原因，为人们树立正确的人生观提供了思想武器。

（四）"中国本位文化"与"全盘西化"之争

1935 年 1 月 10 日，陶希圣、何炳松、萨孟武、樊仲云、武堉干、孙寒冰、黄文山、章益、陈高佣 10 位教授发表了《中国本位文化建设宣言》（简称"十教授宣言"或"一十"宣言），引发了学术界持续一年多的关于中国本位与全盘西化的争论。这是五四时期东西方文化论争的继续，主要在自由主义与文化保守主义之间展开。

1.关于"中国本位文化"的争论

"十教授宣言"声称："当前的问题在建设国家，政治、经济等方面的建设既已开始，文化建设工作亦当着手。"《宣言》从当时中国文化领域的现状出发，认为由于新思潮的传播、西方文化的冲击，"中国在文化的领域中是消失了，中国政治的形态、社会的组织和思想的内容与形式，已经失去了它的特征。由这些没有特征的政治、社会和思想所发育的人民，也渐渐不能算是中国人"。为了使中国重新"在文化的领域中抬头，使中国的政治、社会和思想都具有中国的特征"，必须从事"中国本位的文化建设"。如何从事"中国本位的文化建设"，他们认为不应"拼命钻进古人的坟墓"，不能赞成复古派的主张；也不应"抱着欧美传教士的脚"，一味"模仿"外国，包括"模仿"英、美、苏俄、意、德。他们提出"此时此地的需要，就是中国本位的基础"；应该"不守旧，不盲从，根据中国本位采取批评的态度，应用科学方法，来检讨过去，把握现在，创造将来"；对传统文化"存其所当存，去其所当去"；对欧美文化"吸收其所当吸收"。①

"十教授宣言"从字面上看是平稳周全、冠冕堂皇的。人们了解它发表

---

① 马云若编：《中国文化建设讨论集》，文化建设月刊社 1936 年版，第 10—14 页。

的政治背景之后，就可以看清这个宣言的用意和针对性。30 年代以后，国民党当局和蒋介石为维护统治，在文化思想领域一面宣扬法西斯主义，一面提倡"尊孔读经"的复古主义教育。1934 年，国民党当局发起了一场以"礼义廉耻"为内容的新生活运动，并成立了以陈立夫为首的"中国文化建设协会"，提倡恢复中国的固有文化与道德。一时，复古的气氛弥漫全国。在这种背景下发表的"十教授宣言"，适合了国民党当局提倡复古的意图，其实质是以变相的"中体西用"论抵制"全盘承受"外国文化，抵制效仿苏俄和全盘西化论。冯友兰先生曾经说："这个'宣言'是国民党授意作的。一篇洋洋大文，实际上所要说的，只有三个字，'不盲从'。不盲从是什么呢？不要盲从马克思列宁主义，'以俄为师'。"① 为什么也要抵制全盘西化论呢？问题的关键也在这里，西方文化包括资本主义文化和社会主义文化，全盘西化存在着把社会主义文化也化过来的危险。由于有"中国文化建设协会"作后盾，当时国统区纷纷举行座谈会，发表文章，对《宣言》表示赞同。但西化派的胡适、陈序经等人和一些进步文化人士，对《宣言》则进行了尖锐的批驳。

1935 年 3 月，胡适发表《试评所谓"中国本位的文化建设"》，对十教授宣言进行抨击。他指出，所谓"中国本位的文化建设"是对"中体西用"的"最新式的化装"，是张之洞《劝学篇》的翻版。"根据中国本位，不正是中学为体吗？采取批评态度，吸收其所当吸收，不正是西学为用吗？"指出十教授说是不守旧，其实是在折中调和的时髦外衣掩饰下主张复古。辛亥革命以来，每一次大震动，顽固势力总忧虑"中国本位"的陨灭，要维持"中国本位"。何键、陈济堂、戴传贤要维持那个"中国本位"，十教授也只是要维持那个"中国本位"。不过，他们都以时髦的折中论调作烟幕弹，十教授的宣言"正是今日一般反动空气的一种最时髦的表现，时髦的人当然不肯老老实实的主张复古，所以他们保守心理都托庇于折衷调和的烟幕弹之下"。"陈济棠、何键诸公又何尝不可以全盘采用十教授的宣言来做他的烟幕弹？"

---

① 冯友兰：《三松堂自序》，三联书店 1984 年版，第 254—255 页。

所谓"存其所当存""去其所当去""去其渣滓，存其精英""取长舍短，择善而从"等时髦论调，都不过是遮掩其保守心理的烟幕弹。胡适指出，十教授不必担心"没有了中国"，不必焦虑中国文化的特征失去了，"中国今日最可令人焦虑的"恰恰是"处处都保持中国旧有种种罪孽的特征，太多了，太深了"。中国的当务之急是全国欢迎和接受西方的近代文化，借它的朝气锐气冲击洗涤固有文化的惰性和暮气，而不是维持那个"中国本位"。胡适对十教授宣言为封建复古派"施放烟幕弹"的实质的揭露是尖锐和深刻的。

不过，胡适认为，由于中国文化的惰性实在大，尽管我们全盘接受西化，但结晶品还是一个"中国本位的文化"①。这正是陈序经等批评他与十教授宣言一样是折中派的理由。

陈序经是全盘西化论的一个最彻底的代表。他指出，十教授在《宣言》里固说"不守旧"，但事实上，却偏于复古、近于复古。退一步说，即使承认他们的"存其所当存，吸收其所当吸收"的说法，《宣言》"至多也跳不出三十五年前张之洞所画的圈子"，可见，陈序经和胡适一样，也是把十教授的《宣言》看成是"中体西用"的翻版。当时还有许多人从这个角度抨击"中国本位"论。

蔡元培、黄炎培、欧元怀、张熙若等人则批评"中国本位"的说法过于"笼统""空泛""易生误会"。十教授在《宣言》里只说"此时此地的需要"就是"中国本位的基础"，对什么是"此时此地的需要"没有进一步的解释。4 个月后，即 1935 年 5 月 10 日，他们在《我们的总答复》中指出"此时此地的需要"就是"充实人民的生活，发展国民的生计，争取民族的生存"。对此，严既澄认为，如今恐怕没有一国不在努力干这三项事业，既然是一切国家共有的问题，又何必凭空加上"中国本位"四个字？梁实秋也认为，所谓中国本位的问题，所谓此时此地的需要，孙中山先生的三民主义早已言之在前，何必另起炉灶杜撰出这样大而无当的名词来？王西征指出，《我们的总答复》所说的三项事业，可以分别归入民生主义和民族主义，"三

---

① 胡适：《试评所谓"中国本位的文化建设"》，《大公报》1935 年 3 月 31 日。

民主义在此时此地的需要下成为二民主义"①，民权主义被抛开了。张熙若指出："中国本位文化的要义就是取消'民权主义'，取消'民权主义'是'三民主义'的最高阶段的发展！更透彻地讲，中国本位文化建设运动就是独裁政制建设运动。"② 这种分析一针见血地揭露了所谓"中国本位"，所谓"此时此地的需要"就是迎合国民党当局恢复中国固有的文化与道德，加强对思想文化界控制的政治需要。可以说，"十教授宣言"的政治色彩要超过其学术色彩。

　　一些进步文化人士根据历史唯物主义观点对《宣言》进行了批判。他们揭露了《宣言》回避中国半殖民地半封建的国情，回避民族危机日趋深重的事实而侈谈"文化建设"的要害。鲁人指出，"此时此地的需要"最迫切的就是反帝反封建，就是发展文化的基础，他说："他们以为此时此地，就是中国本位的文化基础。但此时此地的中国是什么？中国是一个半殖民地半封建的国家，所以到处碰着封建势力的毒刺，必须先割去中国社会的两个毒瘤，打倒阻碍中国社会发展的两个大敌，方才可以发展中国的思想文化。"又说："思想文化，是社会的上层建筑，中国文化的停滞是中国社会的停滞而已，反映现代文化没有了中国，是帝国主义封建势力双重支配下的结果，非摆脱这双重束缚，中国文化是没有改道的可能。"③ 郑振铎等人也指出，当时的迫切问题是中华民族如何能生存的问题，而不是文化的问题，中华民族的生存不可能在旧文化里找到出路。换言之，就是只能通过保存中华民族来保存民族文化，而不是通过复兴民族文化来复兴民族。这可以说是中的之言。

　　在各方批评下，十教授在《我们的总答复》中对"中国本位""不守旧""不盲从""此时此地的需要"等作了辩解和进一步的解释，并力言"中国本位"与"中体西用"的区别。声称："中体西用"论是把物质和精神截然分开，主张用中国的精神文明去支配西方的物质文明。从事本位文化建设

---

① 王西征：《中国本位文化要义》，《大公报》1935 年 5 月 25 日。
② 张熙若：《全盘西化与中国本位》，《国闻周报》第 12 卷第 23 期（1935 年）。
③ 鲁人：《论中国本位文化》，收录在《中国文化建设讨论集》中。

则视文化为一整体，精神与物质不能分离。然而，这种辩解没有切中要害，"中国本位"与"中体西用"都是以民族性为文化选择的最高价值尺度。力辩与"中体西用"的区别本身就可以说明，以民族性的防堤抵御西方文化的保守主义文化价值观，是不适应现代化的历史潮流的。

2. 围绕"全盘西化"的论辩

"全盘西化"作为在这次论战中与"中国本位"对立的口号、主张，早在20年代就已指出。有人认为前者是因为反对后者而发生的，这是一种误解。1929年，胡适为英文《中国基督教年鉴》写了《另今日的文化冲突》一文，使用了"Wholesale Westernization"和"Wholehearted Modernization"两个词。潘光旦在英文《中国评论周报》上发表了一篇书评，指出这两个词一个可译作"全盘西化"，一个可译"全力的现代化"或"充分的现代化"。

不过"全盘西化"最有力的倡导者是陈序经。据他自己后来说，早在1925年赴美留学前后，他和卢观伟、陈受颐已感到全盘西化的必要了，最初使用"全盘接受西洋文化"或"全盘采纳西洋文化"等词。1930年，陈序经在德国留学时写了《东西文化观》一文，并公开发表于1931年4月的《社会学刊》第2卷第3期，明确提出了全盘接受西方文化的主张。1932年，他又写成《中国文化的出路》一书，此书第五章的题目是"全盘西化的理由"。他把当时在中西文化问题上的主张归纳为三个派别：（1）主张全盘接受西方文化的；（2）主张复返中国固有文化的；（3）主张折中办法的。他的结论是："折中的办法既是办不到，复古的途径也走不通。""我们的唯一办法，是全盘接受西化。"他提出了全盘西化的四条理由：（1）中国对西洋文化的态度趋向于全盘西化；（2）中国历史上采纳西洋文化的事实趋向于全盘西化；（3）西洋现代文化的确比我们进步得多；（4）西洋现代文化，无论我们喜欢不喜欢，它毕竟是现在世界的趋势。1933年12月，陈序经在中山大学做了一场题为《中国文化之出路》的讲演，讲稿发表在1934年1月广州《民国日报》"现代青年"栏，由此在广东引起了一场文化论战。关于中国本位文化建设的讨论开始后，他的全盘西化观点更为人们所注意。他提出全盘西化的理论根据主要有两个，一个是"整体文化论"，即文化本身是整个的，

"本身上是分不开的"，人们把她划分成语言、物质、科学、宗教等成分，不过是为了研究上的方便而进行的主观的分析，本身上没有这回事，所以各方面是互相连带，互相影响的，引进西方文化不能要这个部分而不要那个部分。二是"基础文化论"，即认为某一时代某一环境多种多样的文化中有一个基础文化，西洋文化就是现代的基础文化，是现代化的根本和主干，而中国文化是处在现在世界基础文化之下的窒碍物。"所以提倡全盘的和彻底的西化，使中国能够整个的西化"①。

陈序经的"全盘西化"论引起了复古派、折中派、唯物史观派的诘难与批评，以至西化派也提出了一些修改意见。他则发表《读十教授（我们的总答复）后》《关于全盘西化答吴景超先生》《关于中国文化之出路答张磬先生》《再谈"全盘西化"》等文，进行答辩。

十教授从复古派的立场批驳全盘西化观点。"一十"《宣言》中的"不盲从"就有针对全盘西化的一面。他们在《我们的总答复中》更把矛头直指全盘西化观点。一是强调吸取外来文化必须"根据此时此地的需要"进行审慎选择，"倘竟不顾时地的条件，贸然主张全盘西化，岂但反客为主，直是自甘毁灭！"二是指出西方文化本身并不是统一的整体，其中的资本主义文化和社会主义文化建立在不同的社会关系上，各自成为特殊的体系，双方互相矛盾冲突。他们质问全盘西化论者：是承受资本主义文化的全盘？是承受社会主义文化的全盘？还是承受资本主义文化与社会主义文化两者的全盘？全盘西化究竟从何化起？

持折中论的是吴景超也提出了类似的问题。他指出西方文化本身有互相冲突的内容，"所谓全盘西化，是化入独裁制度呢？还是化入民主政治？是化入资本主义，还是化入共产主义？西方文化本身的种种矛盾，是主张全盘西化者的致命伤。"吴景超认为陈序经用来论证全盘西化的论据有两条，第一条是所谓文化分不开，在一方面采纳了西洋文化，别的所有的方面也非

---

① 陈序经：《对于一般怀疑全盘西化者的一个浅说》，杨深编《走出东方——陈序经文化论著辑要》，中国广播电视出版社 1985 年版，第 229 页。

采纳西洋文化不可的理论；第二条是我们对西方文化无条件地全盘赞赏，也就是说我们认为西方文化所有方面都比我们的文化先进。他认为还没有一位学者能够证明文化分不开的理论，文化的各部分有的分不开，有的分得开，如采纳了西洋的电灯，并非一定采纳西洋的跳舞；采纳了西洋的科学，也并非一定采纳西洋的基督教。关于对西方文化的价值，他认为不能接受陈序经"全盘赞赏"的态度。他提出对于西方文化的不同部分可以采取"四种不同的态度"：对自然科学、医学等，"整个的接受"，并用它们来替代中国文化中的类似部分；对哲学、文学等，"整个的接受，但只用以补充"中国文化中的类似部分；对资本主义生产方式、政策等，"愿意用参考，但决不抄袭"；对迷信的宗教、儿戏的婚姻、海淫的跳舞、过分的奢侈，"要加以排弃"。①

张磬是受了马克思主义唯物史观影响的知识分子，他从唯物史观的立场上批评了陈序经的全盘西化论。他指出，人类的生活建立在经济基础上，文化是人类的生活表现，所以当然要受经济势力决定。他认为，全盘西化派企图把西洋文化全盘移植于中国封建经济基础上，是一条死路。目前中国文化运动最迫切的工作，是把封建经济基础推翻，建立一个现代化的新经济基础，然后才会有现代的文化，否则中国文化永无出路，只能在死路上徘徊。②

西化派的胡适、张佛泉、张熙若等人认为全盘西化的表述欠妥当，应当修正。胡适在 1935 年 3 月《独立评论》第 142 号的《编辑后记》中，提出了"自然折衷论"。他说，他是主张全盘西化的，但是文化自有一种惰性，全盘西化的结果自然是一种折中的倾向，旧文化的惰性自然会使它成为一个折中调和的中国本位新文化。后又提议用"充分西化""充分世界化"代替"全盘西化"。他承认"全盘西化"这个名词的确不免有一点语病，"这个语病是因为严格说来，全盘含有百分之一百的意义，而百分之九十九还算不得全盘"。不用"全盘"而改用"充分""全力"等字眼，可免除一切琐碎的争

---

① 吴景超：《建设问题与东西文化》、《答陈序经先生的全盘西化论》，《独立评论》第 139 号（1935 年）。

② 张磬：《在文化运动战线上答陈序经博士》，《民国日报》1934 年 2 月 2 日。

论，并得到同情的赞助。[1] 张佛泉认为陈序经的"全盘西化"太笼统、含混，而主张提"根本西化"，他说："我所主张的可以说是从根本上或是从基础上的西化论。有许多枝节问题，如是打桥牌好，还是打麻将好，我以为可以不专去讨论它。"[2] 张熙若认为，中国今日大部分都可以西化，但是这与全盘西化不同。即使大部分是百分之九十九，也不能叫全盘。他提出："我们今日大部分的事物都应该西化，一切都应该现代化。"[3] 这一表述除以"全部分"取代"全盘"，还把"西化"与"现代化"加以区别。严既澄也认为，"'西化'这个名词颇不适当"，"我以为最好把它改为'现代化'"[4]。

来自各方的批评，暴露了全盘西化论的理论漏洞，表明"全盘西化"在道理上说不通，在事实上不可能。它和"中国本位"论一样，没有也不可能为中国文化的发展指明方向。需要指出的是，这样不无偏颇的观点，其主要矛头是针对当时的文化复古思潮，其主要目的是使中国实现资本主义工业化和现代化。

（五）抗战时期的复古与反复古斗争

抗日战争时期，国民党当局借民族主义高昂的形势，在思想文化上继续掀起复古运动。与此同时，文化保守主义思潮也适逢其会，获得了长足的发展，冯友兰、贺麟、钱穆等在他们的论著中颂扬中国固有的道德和文化，宣扬了一些文化复古的主张。马克思主义者对封建法西斯主义和文化保守主义者的复古主张则进行了批判、斗争，成为这一时期文化论争的主要内容。

1. 与蒋介石封建复古主义的斗争

蒋介石以提倡"心理建设""伦理建设"为名，宣扬"致良知"，恢复封建道德的复古思想。所谓"心理建设"，就是确立"知难行易"的观念，推行"力行"哲学和"诚"的哲学，要求广大民众不必求知而盲目跟他行，至

---

[1]　胡适：《充分世界化与全盘西化》，《大公报》1935 年 6 月 21 日。

[2]　张佛泉：《西化问题之批判》，《国闻周报》第 12 卷第 12 期（1935 年）。

[3]　张熙若：《全盘西化与中国本位》，《国闻周报》第 12 卷第 23 期（1935 年）。

[4]　严既澄：《〈我们的总答复〉书后》，《大公报》1935 年 5 月 22 日。

诚地去行。所谓"伦理建设"，就是恢复中国固有的德性，恢复"忠孝仁爱信义和平"八德和"礼义廉耻"四维。他在 1943 年抛出的《中国之命运》一书中，要求国人"领悟""行易哲学、一致起而力行"。极力美化传统伦理哲学，宣称："我们中国古来的伦理哲学，对于人类社会相系相维之道，有详密精深的研究。社会的组织虽有不断的演进，而父子、夫妇、兄弟、朋友之道，上下尊卑、男女长幼之序，乃至邻里相恤，疾病相助，实为社会生活不变的常理。"还说："中国固有的人生哲学，经孔子的创导，孟子的阐扬，汉儒的训释，自成为崇高的体系，比之于世界上任何派别的哲学实有过之而无不及。"因此，他提出要保卫中国固有的文化和德性。

马克思主义者对蒋介石宣扬的封建复古主义进行了批判。周恩来尖锐地指出："蒋介石提倡力行哲学，其中心是要人民于不识不知之中，盲目地服从他，盲目地去行。"蒋介石讲诚，"是要别人对他诚心诚意地盲从，他对别人却丝毫也没有诚意的。""蒋介石强调四维八德的抽象道德，若一按之实际，则在他身上乃至他领导的统治群中，真是亡礼弃义，寡廉鲜耻！""蒋介石的历史观，是一套复古的封建思想，反映着浓厚的传统的剥削阶级意识。"[1]

艾思奇剖析了蒋介石所谓"诚"的唯心论实质，认为这种"诚"不过是迷信的代名词。他指出，许多寺庙里，许多测字摊上，常常挂着"诚则灵"的招牌，求神问卦的人，必须恭恭敬敬，把贡品和金钱送给和尚道士以表示诚心，蒋介石所说的"诚"也不过是勒索贡品的幌子。他进而揭露蒋介石所讲的"力行"，指出，这种所谓"力行"，是凭借着"诚"，凭借着对于"主义"、对于"领袖"的偶像化信仰，是"宗教式的崇神行为"；这种所谓"力行"是盲从的行为，"是想把封建时代愚民政策的统治施行到今天"。[2]

胡绳在《论"诚"》一文中，也揭露了蒋介石鼓吹"诚"的唯心论实质

---

① 周恩来：《论中国的法西斯主义——新专制主义》，《周恩来选集》上卷，人民出版社 1980 年版，第 146—147 页。

② 艾思奇：《〈中国之命运〉——极端唯心论的愚民哲学》，《艾思奇文集》第 1 卷，人民出版社 1981 年版，第 683、690 页。

和愚民目的。他指出，法西斯主义在其哲学基础上有意地加上神秘主义的色彩，"由此，在东方专制主义下的'诚'的神秘主义就和近代最反动倒退的、反对人民大众的法西斯思想一脉相通，那正是我们更不能不加以揭穿的。严格否定这种专制主义的神秘内容，在实践生活中发扬'诚信'与'真诚'的精神，那才是我们对于民族的文化遗产所应有的态度"①。

此外，范文澜的《袁世凯再版》、齐燕铭的《蒋介石的文化观》等文，也对《中国之命运》宣扬的文化复古思想进行了批判。

2. 批评文化保守主义者的主张

钱穆、冯友兰、贺麟等文化保守主义者的"复古"论，也遭到了马克思主义理论工作者的批驳。

钱穆在《国史大纲》和《文化与教育》两书中宣扬了"复古"主张。胡绳撰文进行了批评。钱穆认为，中国历史上自秦到清末的政治并不是专制政体而是一种民主政体。对此，胡绳指出，古代采用宰相制度、考试制度，并不能抹杀君主专制的性质，恰恰说明古代政体是"用官僚制度来补足的君主专制"，孙中山正是要推翻这种君主专制。"假如中山先生还在，他听到人们说，他所毕生与之斗争的君主专制政体，其实是'中国式的民主政治'，不知道他会作何感想！"胡绳还批驳了钱穆有关中国"五千年来"立国和当前抗战靠的全是传统文化，传统文化的"优异"在于"孝"的论调。他指出，假如抗战靠的是传统文化，前一百年的迭遭侵略是因为丧失了传统文化，"那么又为什么抗战一起，传统文化忽然能再兴了呢？"至于传统文化中的"孝"，不只是用在家庭关系中的概念，历代封建统治者最喜讲"以孝治天下"和"爱民如子"一类的话，其含意无非是：我做君主的人把你们老百姓看作我的儿子，因此你们也要像孝敬父亲一样地孝敬我，可别把我当作压迫你们的人。②

冯友兰的"新理学"，也受到了杜国庠、陈家康、胡绳等马克思主义理

---

① 胡绳：《论"诚"》，《胡绳文集》（1935—1948），重庆出版社1990年版，第185页。

② 胡绳：《评钱穆著〈文化与教育〉》，《胡绳文集》（1935—1948），重庆出版社1990年版。

论及学术工作者的激烈批评。

杜国庠在《玄虚不是中国哲学的精神》一文中认为中国哲学的精神不是"经虚涉旷",而是实事求是,冯友兰由于他自己的形成上学的要求而歪曲事实,把几个唯心主义"传统"诬称为中国哲学的主流。在《玄虚不是人生的道路》一文中他则指出,所谓"专凭其是圣人最宜于作王"的说法势就将助桀为虐,因为一切大奸巨憝未有不被其狐群狗党誉为"圣明神武,首出庶物"的;所谓"即其所居之位,乐其日用之常",是让人安分守己,在精神上麻醉被压迫者;所谓"同天境界",是以"理智底总括"始以神秘主义终,是理智的破产,是玄学唯心论。在《论"理学"的终结》一文中指出,宋明理学经过黄梨州、顾亭林、王船山、颜习斋诸人的批判,"是决定地终结了,绝没有死灰复燃的可能;虽然还有人企图把它再'新'一下,究竟是过时的果实,变了味道了"①。

胡绳写了《评冯友兰著〈新世训〉》《评冯友兰著〈新事论〉》等文,批评"新理学"。在后一文中,他指出,冯友兰否定辛亥革命,抹杀五四运动。"引清末的洋务运动者为同调,而加以称扬","以为中国过去除了'中学为体西学为用'派的工业建设以外,其余都是毫无意义的事",这是"历史的翻案"。他指出,否定辛亥革命就是否认政治上求改进的必要,否定五四运动就是否认对旧思想意识进行改造的必要,冯友兰所指的中国走向自由之路"就是五十年前张之洞的道路",这种"中体西用"的主张"早已经在历史的实践中被否定了"②。

此外,陈家康的《真际与实际》,周谷城的《评冯友兰的〈新理学〉》《评冯友兰的〈新原人〉》、赵纪彬的《理学的本质》等文,也都对"新理学"的玄学性质及消极作用进行了批评。不过其火药味甚浓,学术性却略显不足。

胡绳、蔡尚思等马克思主义理论工作者对贺麟的"新心学"也进行了

---

① 杜国庠:《论"理学"的终结》,《杜国庠文集》,人民出版社 1962 年版,第 377 页。

② 胡绳:《评冯友兰著〈新事论〉》,《胡绳文集(1935—1948)》,第 145—156 页。

批判。胡绳在《目前思想斗争的方向》一文中，指出贺麟把中国的旧东西和西洋原最新精神结合，是"新复古主义"，他指出："复古的主张虽由来已久，但敢公然主张维持三纲五常之道，恐怕只有一些不识字的军阀。但现在却有一个学者说，三纲实在是比五常更崇高的道德，因为君君、臣臣、父父子子还容许：倘君不君，臣也可以不臣，是相对性的道德；而'君为臣纲，父为子纲，夫为妇纲'，才是绝对性的道德，他从这里面'发现了与西洋正宗的高深的伦理思想和西洋向前进展向外扩充的近代精神相符合之处'。（贺麟：《五伦三纲论》）这安能不令人为之咋舌！"① 他在《论反理性主义的逆流》和《一个唯心论者的文化观——评贺麟先生著〈近代唯心论简释〉》等文中，对贺麟的"新心学"也进行了批判，除揭露其复古论性质外，还着重批判了"新心学"的神秘主义、反理性主义。他指出，贺麟虽自以为是介绍叙述康德和黑格尔，但实际上却是那些把整个康德黑格尔学说神秘化、反理性化的新黑格尔派的同盟兄弟。

蔡尚思在《贺麟的唯心论》一文中，对贺麟的"直觉的方法""先天的范畴""内心的文化""道体的宗教""基石的礼教"等唯心论的观点也作了批评。

马克思主义理论工作者还批判了当时的其他文化复古主张。

3. 毛泽东、张闻天对文化论争的总结

抗日战争时期，毛泽东、张闻天等中国共产党人对近代以来的中西文化论争做了科学的总结。

1940 年 1 月，毛泽东发表了《新民主主义论》。在谈及文化问题时，他指出，文化论争的性质在五四运动前后是不同的，"在'五四'以前，中国文化战线上的斗争，是资产阶级的新文化和封建阶级的旧文化的斗争。在'五四'以前，学校与科举之争，新学与旧学之争，西学与中学之争，都带着这种性质……'五四'以后则不然。在'五四'以后，中国产生了完全崭新的文化生力军，这就是中国共产党人所领导的共产主义的文化思想，即共

---

① 胡绳：《目前思想斗争的方向》，《胡绳文集（1935—1948）》，第 102 页。

产主义的宇宙观和社会革命论……这个文化生力军，就以新的装束和新的武器，联合一切可能的同盟军，摆开了自己的阵势，向着帝国主义文化和封建文化展开了英勇的进攻。"毛泽东批判了文化复古和"全盘西化"的错误主张，提出了对待外国文化和中国古代文化的正确态度。对待外国文化，他指出："中国应该大量吸收外国的进步文化，作为自己文化食粮的原料……凡属我们今天用得着的东西都应该吸收。但是一切外国的东西，如同我们对食物一样，必须经过自己的口腔咀嚼和胃肠运动，送进唾液胃液肠液，把它分解为精华和糟粕两部分，然后排泄其糟粕，吸收其精华，才能对我们的身体有益，决不能生吞活剥地毫无批判地吸收。所谓'全盘西化'的主张，乃是一种错误的观点。"关于对待中国古代文化，他指出："清理古代文化的发展过程，剔除其封建性的糟粕，吸收其民主性的精华，是发展民族新文化提高民族自信心的必要条件；但是决不能无批判地兼收并蓄。必须将古代封建统治阶级的一切腐朽的东西和古代优秀的人民文化即多少带有民主性和革命性的东西区别开来。"① 后来他在《论联合政府》的报告中，也强调对外来文化、中国古代文化都不能采取一概排斥或盲目搬用的态度，否定文化复古和"全盘西化"论。

毛泽东把中华民族新文化概括为"民族的科学的大众的文化"，强调了民族形式与民主、科学内容的统一，民族性和时代性的统一，从文化角度科学地回答了"中国向何处去"的问题。

同年，张闻天在《中国文化》第2期发表了《抗战以来中华民族的新文化运动与今后任务》一文，对"中华民族新文化的内容与性质""中华民族的新文化与旧文化""中华民族的新文化与外国文化"等问题作了阐述。在谈到新文化与旧文化的关系时，他指出，新文化要彻底否定"买办性的封建主义的文化"，但要从旧文化的仓库中发掘出"民族的、民主的、科学的、大众的文化因素"，加以接受、改造与发展，这叫"批判的接受旧文化"。在谈到新文化与外国文化的关系时，他指出"要吸收外国文化的一切优良成

---

① 毛泽东：《新民主主义论》，《毛泽东选集》第2卷，第696—697、706—708页。

果，不论是自然科学的、社会科学的、哲学的、文艺的"，"决不像'中学为体，西学为用'的'中国本位'论者那样，只吸收外国的自然科学，来发展中国的物质文明"；但这种"吸收"，绝不是完全抄袭外国文化的所谓"全盘西化"，外国文化中的反动文化（如主张侵略，反对民族解放；主张独裁与法西斯主义，反对民主与自由；主张宗教迷信，反对科学真理；拥护压迫剥削，反对大众，反对社会主义的文化），是应坚决排斥的。

中国共产党人正确地回答了如何对待外来文化，如何对待传统文化，如何处理新旧、中外文化的关系等问题，批判了复古主义者、文化保守主义者、"全盘西化"论者的错误主张，为中国新文化的发展指明了方向。

（六）黎明前的文化选择

1945年抗战胜利后，中国向何处去问题提到议事日程上来，中西文化的问题再一次为人们所关注。

1. 两种中国命运决战中的文化问题

抗日战争胜利后的中国，面临着两种命运的决战：走向光明还是走向黑暗？国民党蒋介石坚持独裁和内战的方针，企图在全国范围内恢复和加强大地主大资产阶级的统治，将中国引向黑暗。中国共产党则坚持在和平民主团结的基础上，建设独立自由与富强的新中国，将中国引向光明。一些欧美派知识分子以"自由主义者""中间势力""第三党"自居，幻想调节国共的"武力党争"，建立一个不同于美、苏，即介于"资本与共产两主义之中间"的民主共和国，走第三条道路。战后的中国由此呈现出三种政治势力并存和互相制约的政治态势。作为此种现实政治斗争在意识形态领域的反映，中西文化问题在两种命运决战的时刻再一次被突出出来。

抗战胜利后，国民党蒋介石为适应自己"统一军令政令"建立独裁的政治需要，除继续宣传儒家以"忠、孝"为核心的传统道德外，更注重宣传儒家"大一统"的正统观念。他们宣称，孔子的"大一统"遗教，是"救世宝典，救国纲要"；攻击共产党"发动内乱"，所以首先应当强调"正名"，即肯定国民党一党专政的合法性。陈立夫强调中国有"民族文化一统的基础"，不应该受外来思潮的左右，"中国不能离开'中'而偏向任何一面……中国必须保持中立不倚的态度，创造他自己的新文化"。① 因此，沉寂多年的"中国本位文化"论，又成了时髦。如张道藩指出，中国的"建国"说到底是"文化立国"，而这个"文化立国"的方向在十多年前的"中国本位的文化运动"中就已经明确了："吾从中国本位文化运动宣言中，已听出了新时代的序曲及新人类的呼声……不啻'晨鸡晓唱'报到新时代的来临"②。在国民党政府的倡导下，尊孔复古的老调再次高唱入云。

中间派中以张东荪、梁漱溟为代表的一些人仍然重弹东方文化优越的论调。梁漱溟于 1949 年出版的《中国文化要义》，基本上在重复 1921 年自己在《东西文化及其哲学》中提出的旧有观点，坚持中国文化是"早熟"而非落后，且愈形僵滞、凝固。他说，中西文化是两个"永远不会相联属的东西"，因此，中国绝不可能"进于科学""进于德谟克拉西"；相反，"欧人不足法"，中国正是由于学了西方文化，才"愈弄愈糟"。所以，全部的问题不在于政治，而在于输入西方文化破坏了中国文化的特性，造成中国文化"极其严重地失调"的缘故。③ 他认定必须"往东走"，中国古代政治已是尽善尽美，"革命""民主"是绝对多余的。张东荪提出了"中西文化接根"的见解。他认为，中国的传统政治历来分成代表帝王利益的"甲橛"和代表平民利益的"乙橛"两部分。儒家思想主张修身治国、匡救时弊，正在于保护"乙橛"。这一点恰恰与西洋民主思想类似。长期以来，西方文化输入成了"桔不定期淮为枳"，原因在于接错了头，西方的东西助长了"甲橛"、破坏了"乙橛"。因此，不是要排斥西方文化，而是要用"接根之法"，从本国文化中的"相似之点"即儒家思想出发，把西方民主主义"迎接过来"④。可见，他所说的中西文化"接根"，就是主张在儒学的基础上去"迎接"西方

① 陈立夫：《当前文化工作者的任务——三十五年十月十九日首都文化界联谊席上讲话》，《文化先锋》6 卷 90 期（1946 年 11 月 30 日）。
② 张道藩：《文化运动之回顾与展望》，《文化先锋》第 6 卷第 15 期（1947 年）。
③ 梁漱溟：《政治的根本在文化》，见《中国现代思想史资料简编》第 5 卷。
④ 张东荪：《我亦追论宪政兼及文化的诊断》，《观察》第 3 卷第 7 期（1947 年）。

民主主义，就是要求新思想与旧道德的结合。他们没有摆脱东方文化派的窠臼。以梁漱溟、张东荪为代表的"中间派"鼓吹"往东走""接根"，使自己的文化主张很难和国民党的尊孔复古和"中国本位文化"论明显地区分开来。

为揭露国民党蒋介石尊孔复古、反共独裁的实质，更好地争取中间势力，中国共产党人和进步人士，对传统文化的再反省和进一步阐明新文化建设的正确方向，也就成不可避免之事。

2. 对传统文化的再批判

应当指出，其时自称或被称为"中间势力""自由主义者"的人中，情况是不同的。梁漱溟等人，大致延东方文化派的余绪，强调中国文化的差异，而钟情于旧有文化；吴世昌等人则承西化派的衣钵，信奉西方资产阶级民主，在文化上坚决反对国民党鼓吹尊孔复古和"中国本位文化"论，构成了其时对传统文化再批判的一个助力。

1948年，吴世昌出版《中国文化与现代化问题》一书，批评有人打着"特别国情""正统""卫道"等幌子，对五四所培养起来的一点科学与民主观念，实行"无情的打击"。他对国民党蒋介石鼓吹儒家道德颇为反感。他说，中国的传统文化并没有给子孙留下真正有价值的道德遗产。儒家教"忠"、教"孝"，扼杀了人们"为客观的真理学术而奋斗"的精神，其效果无非是造就了一批奴隶般的"忠臣孝子"，为一姓之争而甘诛九族，为伦理上的尊长而卧冰割股。所以，从梁惠王到蒋介石，"伦理立国"论从来都只是愚民的工具。吴世昌批判了鼓吹"中国本位的文化"的人总是强调儒家也有民主的学识，可以成为民主建国的依据的观点。他说，这种说法的根据，无非是因为经书中有诸如"民贵君轻""民为邦本""天听自民民听"一类的话，但这至多是一种民"本"思想，而不是什么民"主"思想。"本"就是"本钱"或"资本"，民之对于帝王，如同本钱、资本之于对商人，都只不过是可用的"工具"，而不是"主人"。近代民主最基本的条件是"保障人权，重视人权"，而中国文化中恰恰没有"人权的观念"。因此，要想从传统文化中引导出民主建国的基础，那不过是自欺欺人。他指明了古代"民本"思想与近代资产阶级民主观念的本质区分，在于前者从属于君权的范围，而后者却是奠基在民权之上的。吴世昌把"中国本位文化"论比作扛着十字架跑步。他说，扛着十字架是跑不动的，中国现在即便马上扔下它，也因扛了几千年，筋疲力尽，非好生补养不可；可是居然还有人主张把这十字架继续扛下去。这些人显然对于中国的民主和现代化毫无兴趣，或者说保持落后的中国也许对他们更有"好处"。

吴世昌的批判反映了一部分崇奉西方资本主义文明的知识分子的见解，对于揭露蒋介石藉尊孔复古实行思想禁锢，具有相当的尖锐性。但他不相信唯物论，据以批判旧文化的思想武器，仍不外是陈旧的进化论与天赋人权说。所以，尽管他的批判在某些方面是很精彩的，但从整体上看，没有走出新文化运动初期的水平。"全盘西化"的偏向在吴世昌的身上也有明显的反应。如他认为传统文化无非是"一套世故、功利、懒惰、权诈、诌谀、作伪的文化"，谈不上是"精神文明"，即便其中也有某些"好处"，"那也是祖宗的事，与子孙无关"。

此期共产党人和进步知识分子运用唯物论思想武器对传统文化进行了更为深入、有力的批判。王亚南对儒家思想与封建政治互为表里的关系进行了深入的辨析。他认为，中国文化传统的核心是儒家学说，它包含三大中心思想网络："天道观念""大一统主张"和"伦常教义"。几千年来，儒家思想万变不离其宗，成为封建专制政治的精神支柱，尤其是孔孟纲常名教，是维护封建大一统的重要思想工具。从表面上看，在儒家的纲常教义中，只有君主的关系是涉及政治，父子、夫妇的关系仅限于家族之中。但是，它的真正精神却正在于二者间的政治关系。儒家讲修身、齐家、治国、平天下，从一方面说，是家族的政治化；从另一方面说，又是政治的家族化。此种伦理精髓，决不像梁漱溟所说，使"全国的人，都变成一家人一样的相互亲爱，而在使全国被支配的人民，都变成奴隶一般的驯服"。儒家伦理通过家族和族姓关系，把防止"犯上作乱"的责任，让为人父、人夫、人族长、人家长们"去分别承担"。父子、夫妇的关系既然无处不有，封建专制政治的功能，也就无形中浸透进社会的每一个角落。结果人人习以为常，封建专制政治也就因此"天下太平"了。所以他说，正是因为儒家思想成了千年专制政治的保护层，因此尤其是近代以来，"任何一种不利于专制官僚体制的社会政治行动，必然同时会表现为反传统思想的行动"。同样，任何专制政治的复活，也都必然要带动尊孔复古思潮的泛滥。"当现代专制官僚体制发生动摇的过程中，传统思想也相应失坠了一向的权威，启蒙运动反专制、反封建、反官僚，同时也反孔家学说，打倒孔家店。当新专制主义、新官僚主义、新封建主义在蒙头盖面的活动着，孔子学说也在各种各色的国粹主义中变相复活起来。"在王亚南看来，现实中尊孔复古思潮的重新泛滥，正是国民党蒋介石加紧独裁统治的必然结果。所以他批评梁漱溟、张东荪等人说："在这种认识下，我真不解为什么有的政治革新运动者，竟毫不觉得矛盾的提倡孔子学说。"①

王亚南此期还出版了《中国官僚政治研究》一书，作为马克思主义者，从历史与现实的结合上对旧的文化传统进行系统批判。但他并不简单地否定传统文化。

3."人民本位文化"论的提出

在中国面临两种命运决战的时刻，人们在文化问题上的立场也变得愈加泾渭分明：国民党蒋介石及其御用文人的"中国本位文化"论、梁漱溟的"往东走"、张东荪等人的"接根"说，概而言之，都可归入"儒家本位文化"的名下；胡适、吴世昌等自由主义者的"走向自由民主的大道"实未脱"全盘西化"论的故辙；而共产党人和拥护人民革命的进步知识分子，则鲜明地提出了"人民本位文化"的主张。

胡绳在《新文化的方向和途径》一文中指出，八年全面抗战已经开辟了新文化的必然归向，这就是："面对实际，走向人民"。"所以，文化运动当前的任务就该是确立为人民服务的方针……求得新文化和人民在一起而共同成长提高起来"②。冯契则概括出了"人民本位"的提法，他说，我们正在

---

① 《论中国传统思想之取得存在与丧失存在的问题》，见《中国现代思想史资料简编》第5卷。

② 胡绳：《新文化的方向和途径——抗战时期文化运动的回顾》，《中国建设》第2卷第4期（1948年）。

进行的"这个文化革命的基本特点","首先，它是人民本位的，至少是要求人民本位的"。① 王亚南也说，新文化"一定是属于人民的，便于人民取得社会政治权力的"②。

他们提出"人民本位文化"论，是基于从文化的时代性与民族性相统一的观点看待中西文化的正确思路。"人民本位"是实现文化的民族性与时代性统一的现实基点："站在中国人民的立场，我们所要建立的新文化，就一定是新时代与新中国的。是新中国的，所以我们反对全盘西化，因为那是等于在文化上受人奴役。是新时代的，所以我们也反对中国本位，因为若无条件地接受旧传统，就等于向封建势力投降。更进一步说，也只有站在中国人民的立场，以中国人民为原动力，新时代的中国文化才能建立起来"。③从"人民本位"出发，坚持时代性与民族性的统一，既要反对忽视文化的时代性，以中国国情特殊为理由排斥外来文化；又要反对忽视文化的民族性，以为既然是新文化就不能带有任何民族的色彩。他们还强调，在文化的民族性与时代性中，时代性为更本质更能动的主导方面。冯契指出，中国传统文化与西洋中世纪文化比较，没有太大的不同。中国没有工业，缺乏科学与民主，西洋又何尝有？但"中国传统的封建文化"与"西洋现代的文化"的冲突却是不可避免的。④蔡尚思指出：中国传统文化的代表"较旧的封建社会时代的文化"，英美文化是代表"较新的资本主义社会时代的文化"，苏联文化是代表"最新的社会主义时代的文化"，其间根本的差异和冲突是时代性的而不是民族性的。⑤

总之，他们从肯定文化的时代性与民族性相统一的观点上，强调近代中西文化冲突的本质是时代性；从中国革命的性质上，强调新文化"人民本

---

① 冯契：《中西文化的冲突与汇合》，《时与文》第 1 卷第 2 期（1947 年）。
② 王亚南：《论中国传统思想之取得存在与丧失存在的问题》，《中国现代思想史资料简编》第 5 卷。
③ 冯契：《中西文化的冲突与汇合》，《时与文》第 1 卷第 2 期（1947 年）。
④ 冯契：《中西文化的冲突与汇合》，《时与文》第 1 卷第 2 期（1947 年）。
⑤ 蔡尚思：《民族文化的新看法》，《中国现代思想史资料汇编》第 5 卷。

位"的必然性。二者相辅相成，所达到的结论是：文化的时代选择，就是中国人民大众的选择，即中国人争取新民主主义革命最终胜利的现实的选择。由此还可引申出一个更具普遍性的原则："中国所需的文化思想，一定要是从中国的实际出发，并能够解决得了中国的实际问题。"即中国文化的时代选择，就是服从中国人民革命与建设事业需要的现实的选择。这是近代关于中西文化论争所沉淀下的最有价值的思想之一。

在人民解放战争隆隆的炮声中，"人民本位文化"的口号，清新激越，盖过了"中国本位文化""全盘西化"一类嘈杂的声音。新文化的轮廓已清晰可见。

第五章　中国现代学术转型中的
　　　　　学界与学人

　　本章从学界群体、学人个案两个层面，考察中国现代学术转型、文化转型中的知识人。学人群体方面，以清末知识群体实现从传统士大夫到现代知识分子的转型为例；学人个案方面，以梁启超父女、李大钊对中国现代图书馆学建立、中国现代图书馆创立所作的贡献为例。

　　在从传统到现代的社会变革的背景下，清末知识群体展示了对精神价值的全新追求，实现了从传统士大夫到现代知识分子的转型：重建价值体系，传承了士大夫的担当精神与传统道德的合理因素，同时倡导自由民主新道统；实现社会角色转换，在废除科举后，通过政治参与、社会团体与现代传媒等形式重建政治影响力，试图从边缘返回中心；呼唤建立起分立于道统的学统、分立于治术的学术，致力于建立专业化、科学化、分科化的现代学术体系、现代知识体系，实现学统与道统、政统的鼎立；以理性精神区隔宗教狂热，又以终极关怀超越物质主义，在对中学、西学中的宗教文化都采取开放立场的基础上重构信仰世界。

　　梁启超在图书馆学方面，开创了中国现代目录学的先河，是我国现代辨伪理论的奠基者，提出了"建设中国图书馆学"思想；在图书馆实践方面是"近代藏书楼运动"和"新图书馆运动"的倡导者、组织者与推动者，为现代图书馆事业的奠基作了大量的工作。他非常关注图书馆人才的培养，其次女梁思庄就在其影响支持下，成为著名的图书馆学专家，她开创了中国前所未有的"东方目录学"，是继承父亲图书馆思想基础上的一种创新。

　　李大钊提出现代图书馆不同于古代藏书楼，将其定位为服务师生、面向公众的"公共空间"，提出了"开架式"阅览、增加复本、助教制度等理念，并在北京大学图书馆采取旨在用好图书馆资源、用好图书馆空间的改革举措。他以北大图书馆为舞台，注重从讲坛、报纸和学会等渠道入手，很好地实现了其"公共空间"的价值，北大图书馆成了知识分子聚集的关系场域、先进思想文化交汇的知识空间、社会舆论发散的信息源地。

一、学界群体：从传统士大夫到现代知识分子的转型①

　　清末知识分子精英是中国现代知识分子的先驱，较为典型地体现了从传统士大夫转型为现代知识分子的过渡性特征。

（一）重建价值体系：传承儒家道统与传播自由民主新道统

　　知识分子是"社会的良心"，是道统正义的化身，是精神价值的守护者，也是重铸道统、重建价值系统的引领者。牟宗三曾针对中国文化的发展提出过"三统"说：道统之肯定，此即肯定道德宗教之价值，护住孔孟所开辟之人生宇宙之本源；学统之开出，此即转出"知性主体"以容纳希腊传统，开出学术之独立性；政统之继续，此即由认识政体之发展而肯定民主政治为必然。在"三统"中，道统又是中国古代士大夫心目中最重要的价值所在。

　　古代士大夫以"忧道""谋道"自任，是儒家道统的承载者、传承者与诠释者，他们中的杰出人物站在道德高度、以帝王师的姿态批评政治，以"道统"制衡专制政治的"治统"，对抗君临天下唯我独尊的帝王，体现了"临大节而不可夺""可杀而不可辱"的崇高道德精神。戊戌至辛亥一代知识精英对传统、对儒家道德、对三纲五常进行了激烈的批判，对以儒学为基干

---

① 本节内容曾以论文形式在《人文杂志》2012年第5期发表，原题为《清末新型知识群体：从传统士大夫到中现代知识分子的转型》，作者俞祖华、赵慧峰。

的传统价值体系进行了初步的清算，对现代性视野下道德重建进行了思考与探索。但他们传承了传统道德的合理因素，继承了古代士大夫的担当精神，继承了他们挺身而出维护道统所体现出的名节骨气，继承了他们"富贵不能淫，贫贱不能移，威武不能屈"的优良传统。

康有为以传承儒家道统自任，在"公车上书"中建言设立"道学"一科，主张采取设孔庙等措施以接续道统，保持儒学的影响力；后来又提出"保教"的口号，以期卫护与转换儒家的意义系统。他在《论语注》中还提出了"德贵日新"的思想，主张价值观念变革要适应时代潮流。梁启超在《释"革"》《新民说·论公德》等文中又提出了"新道德""道德革命"的主张①，批评"今世士夫谈维新者，诸事皆敢言新，惟不敢言新道德"，表示为重构道统不惜与流俗抗争："道德革命之论，吾知必为举国之所诟病，顾吾特恨吾才之不逮耳，若夫与一世之流俗人挑战决斗，吾所不惧，吾所不辞。"② 严复在《原强》一文中提出了"鼓民力、开民智、新民德"的启蒙三民主义，"新民德"的立意即在进行道德重建、道统重构。谭嗣同在《仁学》一书中号召冲决"三纲五常"的网罗，成为近代史上首位激烈挑战传统道德的思想家，同时又致力于重建新仁学体系，重建新时代的道德准则。章太炎极为重视道德的锻造和坚守，他在《革命之道德》中指出，"道德衰亡，诚亡国灭种之根极也"，提出培养具有"知耻""重厚""耿介""必信"的道德精神的革命者。清末一代知识精英在转换儒家旧道统、移植自由民主新道统、重建道德体系、弘扬道德精神上作出了不懈的努力，体现了转型期对道统的自觉、承载与担当。

清末一代知识精英对道统重构、价值体系重建采取了兼采中西的立场，主张在中西融合的基础上培育国民新道德。为此，梁启超指出："新民者，必非如心醉西风者流，蔑弃吾数千年之道德学术风俗，以求伍于他人，亦非如墨守故纸者流，谓仅抱此数千年之道德学术风俗，遂足于立于大地也"，

---

① 以日人之译名言之，则宗教有宗教之革命，道德有道德之革命，学术有学术之革命，文学有文学之革命，风俗有风俗之革命，产业有产业之革命。

② 梁启超：《新民说·论公德》，《梁启超选集》，上海人民出版社1984年版，第216—217页。

新民之道应包括"淬厉其所本有而新之"和"采补其所本无而新之"两个途径①，"斟酌中外，发明出一完全之伦理学以为国民倡也。"② 严复也提出了"必将阔视远想，统新故而视其通，苞中外而计其全，而后得之"③ 的思想。

晚清知识分子为转换传统道德资源、实践传统道德精神作了不懈的努力。梁启超认为，"我同胞能数千年立国于亚洲大陆，必其所具特质，有宏大高尚完美，厘然异于群族者，吾人所当保存之而勿失坠也"④。为着"淬厉其所本有"，梁启超于 1905 年刊行了《德育鉴》，以"辨术""立志""知本""存养""省克""应有"为目分为六篇，精心选录先贤大儒关于德育的重要论说，并附按语。孙中山先生一生中曾多次题书"天下为公"四字。章太炎等人提出"用国粹激动种性，增进爱国的热肠"，提出弘扬民族精神。谭嗣同心怀天下，身荷大道，"由是益轻其生命，以为块然躯壳，除利人之外，复何足惜"⑤，实践了为正义不惜慷慨捐躯的杀身成仁、舍生取义的道德精神。其后，唐才常、陈天华、秋瑾、"黄花岗七十二烈士"等先驱前赴后继，不惜杀身成仁以拯救生民于水火，在新时代延续着"舍我其谁"的士大夫精神、豪杰精神。

晚清知识分子尤其着力于吸收西方近代资本主义伦理观念以构建新道德体系，以西方资产阶级的自由、平等、民主等观念与公共精神引导社会养成一种新的道德风尚。当时知识界纷纷宣传西方的自由、民主、平等、博爱的思想。戊戌时期，"严复的'自由'、谭嗣同的'平等'、康有为的'博爱'，完整地构成了当时反封建的启蒙强音"⑥。20 世纪初，梁启超出版《新民说》，指出"中国民族缺乏西洋民族的许多美德"，"我们所缺乏而最须采补的是公德，是国家思想，是进取冒险，是权利思想，是自由，是自治，是

① 梁启超：《新民说·释新民之义》，《梁启超选集》，第 211 页。
② 梁启超：《东籍月旦》，《饮冰室合集》第 1 册，中华书局 1989 年版，文集之 4，第 86 页。
③ 严复：《与〈外交报〉主人书》，《严复集》第 3 册，第 560 页。
④ 梁启超：《新民说·释新民之义》，《梁启超选集》，第 211 页。
⑤ 谭嗣同：《仁学·自叙》，《谭嗣同全集》下册，中华书局 1981 年版，第 290 页。
⑥ 李泽厚：《中国思想史论》（中），第 792 页。

进步，是自尊，是合群，是生利的能力，是毅力，是义务思想，是尚武，是私德，是政治能力"①。关于公德，严复也指出："最病者，则通国之民不知公德为底物，爱国为何语，遂使泰西诸邦，群呼支那为苦力之国。何则？终身勤动，其所恤者，舍一私而外无余物也。"② 邹容于1903年出版《革命军》，该书以"天赋人权""自由、平等、博爱"为指导思想，提倡反清革命，被誉为中国的"人权宣言"。

以康有为、严复、梁启超、谭嗣同、孙中山、章太炎等为代表的晚清知识分子，成为转型期价值观念变革的引领者，他们围绕着"天人""群己""义利""理欲"等基本范畴展开了现代价值的追求。史华慈认为，在19世纪最后10年与20世纪最初10年中成熟的知识分子代表了"价值观念的真正变革者、西方新观念的载体"。在天人观方面，康有为指出"物我一体，无彼此之界；天人同气，无内外之分"（《中庸注》），通过强调天人同一性提升人的地位，宣传人道主义思想。严复以《天演论》的进化思想，论证了"天道变化，不主故常"的观点，说明社会变革的必然性；以"人为天演中一境"、人类社会也遵循着"物竞""天择"天演规律的思想，激励国人"与天争胜"、自强保种。在群己关系上，清末思想家一面提倡个性自由、人格独立，一面提倡群体意识、国群自由。严复提出："人得自由而必以他人之自繇为界。"③ 他还强调在当时面临民族危机的情况下，国群自由要急于小己自由，他说："特观吾国今处之形，则小己自由，尚非所急，而所以祛异族之侵横，求有立于天地之间，斯真刻不容缓之事。故所急者，乃国群自由非小己自由也。"④ 在义利观方面，晚清启蒙思想家批评了"正其谊不谋其功""君子喻于义，小人喻于利"的传统道义论对"利"的忽视，从多方面对私利给予了肯定，提升了"利"在价值观中的地位。梁启超在《乐利主义泰斗边沁之学说》（1902）中介绍了边沁的功利主义思想，指出："人既

---

① 胡适：《四十自述》，《胡适文集》第1集，北京大学出版社1998年版，第72页。
② 严复：《〈法意〉按语》，《严复集》第4册，第985页。
③ 严复：《群己权界论·译凡例》，《严复集》第1册，中华书局1986年，第133页。
④ 严复：《〈法意〉按语》，《严复集》第4册，第981页。

生而有求乐求利之性质，则虽极力克之窒之，终不可得避"，"则何如因而利导之，发明乐利之真相，使人毋狃小乐而陷大苦，毋见小利而致大害，则其于世运之进化，岂浅鲜也，于是乎乐利主义（Utilitarianism）遂为近世欧美开一新天地。"严复主张道义与功利相结合、利己与利人相统一、兼顾个人利益与群体利益的功利主义价值观。他指出："自营一言，古今所讳，诚哉其足讳也！虽然，世变不同，自营亦异。大抵东西古人之说，皆以功利与道义相反，若薰莸之必不可同器。而今人则谓生学之理，舍自营无以为存。但民智既开之后，则知非明道，则无以计功，非正谊，则无以谋利，功利保足病？问所以致之之道何如耳。故西人谓此为开明自营，开明自营，于道义必不背也。复所以谓理财计学，为近世最有功生民之学，以其明两利为利，独利必不利故耳。"① 在理欲观方面，晚清启蒙思想家批评了"存天理、灭人欲"思想对欲望的漠视并论证了欲望的合法性。他们强调欲是人的本性，去苦求乐是人的本能，人有欲望是合理的。针对"存天理，灭人欲"的思想，康有为提出了"天欲而人理"的口号，肯定了人的欲望的合理性。梁启超指出，欲望是人道进步之源，欲望与道德是统一的，道德只是人的一种高级欲望，他说："欲望之种类甚多……如衣食住，最急者也，无之则一日不能自存也；稍进焉，乃更求间接以保生命财产之安全者，则政治之业是已；益进焉，乃更求其躯壳及灵魂之特别愉快者，则奢侈品物及学问之研究，道德之实行是已。"②

清末一代是现代知识分子的先驱，他们继承了传统道德、传统士大夫精神的优秀方面，不同程度地接受了西方自由、平等、博爱的现代观念，但他们不可能在短时间内实现向现代知识分子的彻底转型，实现彻底的脱胎换骨。康有为以"知遇之恩"成为彻底的保皇派，严复等人晚年回归传统等，都足以说明旧道统对从传统士大夫到现代知识分子转型的羁绊。

① 严复：《天演论》，商务印书馆 1981 年版，第 92 页。
② 梁启超：《新民说·论政治能力》，《饮冰室合集》第 6 册，中华书局 1989 年，专集之 4，第 155 页。

（二）再织社会网络：退守"象牙塔"与干预政治的徘徊

随着从传统到现代的转型，知识分子需要重新定位自己在现代社会的身份，重新定位自己在转型时期的社会角色。他们需要重新梳理与其他社会集团的关系，重新构建能够属于自己的社会网络。"知识分子是二维的存在者（bi—dimensional beings）。文化生产者要取得知识分子的名头，必须满足两个条件：一方面，他们必须从属于一个知识上自主的、独立于宗教、政治、经济或其他势力的场域，并遵守这个场域的特定法则；另一方面，在超出他们知识领域的政治活动中，他们必须展示在这个领域的专门知识和权威。"① 清末一代知识群体的社会身份、社会角色发生了明显的变化，他们一方面随科举制度的衰微以致废除，被抛离权力体系，不再是"社会重心"，而成为飘浮、漂泊的群体，他们中的多数因"学而优则仕"科举之路的终结而成为专职的知识与文化的生产者、流通者；另一方面，传统文化的入世情怀、仕学情结与现代公共精神使其难以忘情于政治，而是竭力保持对社会、对政治的影响力，力图"在超出他们知识领域的政治活动中"发挥作用。知识分子在现代中国历史舞台上还上演着"一幕接着一幕的重头戏，他们的思想和言论为中国求变求新提供了重要的依据。其中少数领袖人物更曾风靡一时，受到社会各阶层人士的仰慕。中国知识分子不但不在边缘，而且还似乎居于最中心的地位。"② "现代知识分子比较起传统士大夫，在文化上的影响力不仅没有下滑，反而有很大的提升。"③

我们再具体地看一下晚清知识群体被剥离体制后社会角色的变化及重建政治影响力、社会影响力的途径。

我们不妨将晚清知识群体社会角色的主要变化趋势概括为"边缘化、多样化、大众化"。

---

① 布迪厄：《现代世界知识分子的角色》，新疆哲学社会科学视野网（http：//www.xjass.com）。

② ［美］余英时：《中国知识分子的边缘化》，《二十一世纪》1991 年第 6 期。

③ 许纪霖：《重建社会重心：近代中国的"知识人社会"》，《学术月刊》2006 年第 11 期。

　　首先是从被权力中心抛向社会边缘的边缘化、民间化趋势。古代士大夫阶层被列为"四民之首"，垄断着道统并与政治权力保持较为密切的关系，对现实政治有较大的影响力，是古代社会的"社会重心"。士大夫多以出仕为目的，有着强烈的入世意识、治平情结，他们根据儒家"格物致知修身齐家治国平天下"的训导，有道则仕，无道则隐，隐是待时而动的权变，是出仕的终南捷径，即使以布衣终老也不放弃对政治的关怀与投入。科举入仕一直到清末仍被士人视为正途，康有为直到 37 岁仍奔波在科举取士之路上，还有与他一起于 1895 年春参加"公车上书"的 1300 多名书生也是正在参加赶考的举人，英国留学生出身的、被视为当时"中国西学第一人"的严复也居然 4 次参加了科举考试。但国势的衰败与 1905 年科举制的废除，彻底终结了士子们的梦想，他们被迫在"学而优则仕"的正途之外寻求生存之路。知识群体被剥离出政治秩序，开始游离于制度之外，政治地位下降了，但他们手中仍掌握着文化资本、文化话语，掌握着知识的生产与流通，因此仍有别于平民阶层。梁启超将正在下行但仍有一定优势的知识群体定位为"中等社会"，他说："今日谈救国者，宜莫如养成国民能力之为急矣。虽然，国民者其说所养之客体也，而必更有其能养之主体。""主体何在？不在强有力之当道，不在大多数之小民，而在既有思想之中等社会。"① 知识阶层民间化的身份，使其从一个依附性的阶层转化为有着一定独立性的群体，"清末一代"即由专制体制的依附者、统治阶级意识形态霸权的形塑者转变而为现行秩序的反叛者、正统意识形态的解构者。

　　其次是由于思想文化多元发展与由于政治取向、知识背景、职业生涯等不同所导致的社会角色多样化趋势。清末知识群体的知识背景不再是以四书五经、以儒学为中心的单一结构，也不再以由士而仕为唯一正途。由于知识背景的差异，知识群体分化成旧式士大夫与现代新型知识分子，新知识阶层中又有激进主义、保守主义与自由主义的分野，有立宪派知识分子与革命派知识分子的区分。他们投身于教育、传媒、科研机构、出版、医疗机构、

① 梁启超：《新民说·论政治能力》，《饮冰室合集》第 6 册，专集之 4，第 156 页。

洋行、金融等现代行业，成为教师、编辑、科技人员、记者、小说家、医生、职员等各种专门人才，以知识、技术等文化资本谋生，扮演着多元多样的社会角色。

还有就是知识阶层在失去官方意识形态的话语权后转向大众化的公共话语空间，并承担起启发民众、唤醒国民的启蒙精英角色。为了适应知识分子话语表达从道统到启蒙、从庙堂到民间、从官方化到大众化的变化，白话取代文言成为报章文体的发展趋势。维新思潮期间，着眼于开启民智、启发民众的白话文运动已经启动。黄遵宪提倡诗歌要"我手写我口"，开启了"诗界革命"，又在《日本国志·学术志》中主张"语言与文字合一"，成为晚清白话文运动的先声。1898 年裘廷梁发表《论白话为维新之本》，主张"崇白话而废文言"，标志着晚清白话文运动正式揭幕。他本人于当年创办了《无锡白话报》（后改名为《中国官音白话报》），此前还有《杭州白话报》（1895）、《演义白话报》（1897）等，而最早的白话报是 1876 年出刊的《民报》。梁启超则发明了介于文言与白话之间的"新文体"："有《少年中国说》《呵旁观者文》《过渡时代论》等，开文章之新体，激民气之暗潮"①，"启超夙不喜桐城派古文，幼年为文，学晚汉魏晋，颇尚矜炼，至是自解放，务为平易畅达，时杂以俚语韵语及外国语法，纵笔所至不检束，学者竞效之，号新文体。老辈则痛恨，诋为野狐。然其文条理明晰，笔锋常带情感，对于读者，别有一种魔力焉。"②"新文体"使梁启超的宣传在当时产生了异乎寻常的反响，为其赢得了"舆论界之骄子""天纵之文豪"等美誉。五四时期提倡白话文运动的主将胡适，在清末接受了"新文体"与白话文的影响，并已有所介入。他注意到严复翻译西方名著采用桐城古文，"文字太古雅，所以少年人受他的影响没有梁启超的影响大。梁先生的文章，明白晓畅之中，带着浓挚的感情，使读的人不能不跟着他走，不能不跟着他想"。当时，胡

---

① 梁启超：《〈清议报〉一百册祝辞并论报馆之责任及本馆之经历》，《梁启超选集》，第 195 页。

② 梁启超：《清代学术概论·二十五》，《饮冰室合集》第 8 册，中华书局 1989 年版，专集之 34，第 62 页。

适在上海，在清末的白话报《竞业旬报》《安徽白话报》等发表文字，"白话文从此形成了我的一种工具。七八年后，这件工具使我能够在中国文学革命的运动里做一个开路的工人"①。据《中国近代报刊名录》统计，1877年至1918年间，共有大约170多种白话报纸出版，其中不少是清末问世的。

清末新型知识分子成为游离于体制之外的局外人，但是，"居庙堂之高则忧其民；处江湖之远则忧其君"的文化传统与现代公共精神的熏陶，使他们难以置身政治之外。他们选择不同的方式推动着传统专制社会向现代民主社会的转型，并努力探寻着知识分子在现代条件下干预公共事务、担当公共角色的途径，包括探索在体制外以民间社会、以舆论关切等干预政治参与社会的新形式。清末新型知识分子干预政治与影响社会的基本形式有：

其一，直接的政治参与，包括以推动现有政治架构实现民主变革为目标的政治改革与以颠覆清政府为目标的共和革命。前者如维新运动中有1300余名举人参与的、开群众性政治运动之先河的"公车上书"，有不少地方绅商1909年10月14日开幕的各省咨议局，有100名有知识背景（很多具有留学背景）的民选议员进入了1910年8月3日开院的、过渡性的资政院，有动员颇为广泛的4次国会请愿运动等。渐进的立宪运动有往激进化发展的趋势，这与知识分子日趋激烈的情绪的推动不无关系。如在第四次国会请愿运动中，一些青年学生为表达决心作出了充满情感性的自残行动，军医学堂学生方宏蒸自断左手中指，用鲜血书写"血诚"二字；北洋法政学堂学生江元吉割下左臂肉一块，以鲜血大书"为国请命，泣告同胞"八字；杨可等10余人割臂刺指，书写血书；等等。② 这些激烈举动在不断强化着民众的激进倾向，最终与革命派的政治斗争汇合。

其二，集结民间社会，以民间结社的形式重构影响政府、影响政治、影响社会的新公共空间，以社会团体的形式架设作为国家与个人中介的市民社会，以革命团体、政党的形式积聚反对清政府的颠覆性能量。清末的团体

---

① 胡适：《四十自述》，《胡适文集》第1集，第71、85页。
② 侯宜杰：《二十世纪初中国政治改革风潮——清末立宪运动史》，人民出版社1993年版，第327页。

有非政治性与政治性，但这种区分是相对的，非政治性社团也有公共关怀、包括政治关切，如《浙江潮》等宣传革命的刊物就是依托同乡会创办的。非政治性社团如各级各地各类的行业组织（如商会）、农会、同乡会等，"清末仅商会（含总会和分会）就多达900多个，到1909年，各地共建成教育会723个，农学会到1911年至少有总会19处，分会276处。这样一来，仅这三项，已有2000多个。"① 政治性团体包括革命团体与立宪团体。维新派、立宪派重视通过组织团体集结知识精英。康有为于1895年11月在北京组织强学会，打破了有清一代禁止士人结社的规定，开启了一代风气，从此"学会之风遍天下"。据不完全统计，从1895年到1897年，维新派在全国创办的学会至少有33个。加上不属维新派创办的，1895—1898年间全国新办的学会不少于51个。清末更有预备立宪公会、上海宪政研究会、政闻社等大大小小几百个立宪团体。革命团体多从会党性质的秘密社会发展而来，清末全国共有200多个不同名目的会党。

其三，创办报刊，影响舆论，引导社会，批评政府。报刊作为一种现代传媒的出现，为知识群体提供了新的话语表达空间，也为其安排了"仕学合一"模式解体后的谋生途径、失去道统代言人后的公共角色与科举取士终结后的体面归宿。当然，清末知识精英更看重的是报刊的监督政府、引导人民与政治动员的影响力，这种影响力对他们实现政治抱负、满足政治关切、成为知识领袖来说是非常重要的。康有为在《奏改时务报为官报折》中提出了报馆有匡不逮、达民隐、鉴敌情、知新政的"四善"之说。梁启超在《论报馆有益于国事》强调报刊可以"去塞除病"，包括"通上下"与"通中外"，从而推进政治改革。后来他在《敬告我同业诸君》一文中明确提出报刊有两大天职："一曰对于政府而为其监督者，二曰对于国民而为其向导者。"② 他认为政府的权力除了通过立法、司法和"政党的对峙"来监督外，"必以舆论为之后援"。维新运动期间产生了大批报刊，从1894年至1900年，

---

① 桑兵：《清末新知识界的社团与活动》，三联书店1995年版，第274页。
② 梁启超：《敬告我同业诸君》，《梁启超选集》，第334页。

全国报纸有 216 种，杂志 122 种。革命派也非常重视报刊赢得政治话语权并进而进行政治动员的作用。陈少白 1899 年在香港创办了《中国日报》，他认为"革命可以暂时无兵，但不可一时无报"。秋瑾在《中国女报》发刊词中指出："然则具左右舆论之势力，担监督国民之责任者，非报纸而何？吾今欲结二万万大团体于一致，通全国女界声息于朝夕，为女界之总机关，使我女子生机活泼，精神奋飞，绝尘而奔，以速进于大光明世界；为醒狮之前驱，为文明之先导，为迷津筏，为暗室灯，使我中国女界中放一光明灿烂之异彩，使全球人种，惊心夺目，拍手而欢呼。"① 报刊成为科举废除后边缘化的知识分子"重新走向'中心'的凭借"，"凡是在中国社会舞台上唱主角的新人物，都无一不是通过报刊来登场的，近代中国的历史也大致可以几个刊物而划分出不同的时代"。② 胡适就曾说："三个杂志可代表三个时代，可以说是创造了三个时代。一是《时务报》，一是《新民丛报》，一是《新青年》。而《民报》与《甲寅》还算不上。"③ 这 5 个杂志都是政论性的，可见政论报刊在清末民初的影响力，它成了"文人论政"传统的传承形式，成了知识领袖表达政见、进行政治动员、深入政治领域、重回社会中心的重要通道。

（三）开出知识系统：纠结于公共性与专业性之间

牟宗三先生曾批评中国文化生命里只有道统而无学统，有德性之学而无知性之学，没有发展出科学知识系统；有治道而无政道，转不出近代化的国家政治法律。在《大学》的"八条目"（格物致知诚意正心修身齐家治国平天下）里，格致是求道的途径，又以治平为落脚点，学术的独立性无从谈起。晚清知识分子大力呼唤建立起分立于道统的学统、分立于治术的学术，大力呼唤并致力于建立起独立的学术体系，实现学统与道统、政统的鼎立。

清末知识分子对学术的提倡与重视，所体现的首先还是一种着眼于国

---

① 秋瑾：《中国女报"发刊词"》，《中国新闻史文集》，上海人民出版社 1987 年版，第 80 页。
② 张太原：《从边缘到中心》，《中山大学学报》2003 年第 4 期。
③ 胡适：《与高一涵等四位的信》，《努力周报》第 75 期，1923 年 10 月 21 日。

家、着眼于社会的公共关怀、现实关怀，是因为他们觉得学术是立国之本，学术关系到国家兴衰，应以学术兴国，以学术救世。他们在谈论学术的意义时，强调学术关乎国家强弱兴亡，强调学术是天下之公器、学术资源是公共资源。梁启超在《论中国学术思想变迁之大势·总论》开宗明义：“学术思想之在一国，犹人之有精神也，而政事、法律、风俗及历史上种种之现象，则其形质也。故欲觇其国文野强弱之程度如何，必于学术思想焉求之。”① 许守微指出：“国有学，则虽亡而复兴；国无学，则一亡而永亡。何者，盖国有学则国亡而学不亡，学不亡则国犹可再造；国无学则国亡而学亡，学亡而国之亡遂终古矣。”② 王国维也强调了学术与国家兴亡的相关性，指出“国家与学术为存亡，天而未厌中国也，必不亡其学术；天而不欲亡中国，则欲学术所寄之人，必因而笃之”③。

正是出于对救亡主题的关心、对国家富强的关怀、对现实政治的关切、对影响社会的关注，康有为、严复、梁启超等人都非常重视学术的致用功能。他们对“学术”一词的定位就反映了以学术经世的公共情怀。严复指出：“学者，即物而穷理，即前所谓知物术者也，设事而知方，即前所谓问宜如何也。”④ 又指出：“盖学与术异。学者考自然之理，立必然之例；术者据已知之理，求可成之功。学主知，术主行。”⑤ 刘师培也说：“学为术之体，术为学之用。”⑥ 后来，梁启超在《学与术》一文中也指出：“学也者，观察事物而发明其真理者也；术也者，取所发明之真理而致诸用者也。例如以石投水即沉，投以木则浮。观察此事实以证明水之有浮力，此物理也，应用此真理以驾驶船舶，则航海术也。研究人体之组织，辨别各器官之机能，生理学也。应用此真理以疗治疾病，则医术也。学与术之区分及其相互关

---

① 梁启超：《论中国学术思想变迁之大势·总论》《饮冰室合集》第 1 册，中华书局 1989 年版，文集之 6，第 1 页。

② 许守微：《论国粹无阻于欧化》，《国粹学报》1905 年第 7 期。

③ 王国维：《沈乙庵先生七十寿序》，《观堂集林》卷 23。

④ 严复：《政治讲义》，《严复集》第 5 册，第 1252 页。

⑤ 严复：《〈国富按语〉》，《严复集》第 4 册，第 885 页。

⑥ 刘师培：《国学发微》，《刘申叔先生遗书》，江苏古籍出版社 1997 年版，第 480 页。

系，凡百皆准此。"① 在中国现代学术体系开创之初，先驱者对"学术"概念之"学"与"术"的分解，反映了他们对技术、对学术的致用功能、对学者的公共关怀的一种强调。基于对"学术"概念之"术"的要素的把握，晚清知识分子把有用还是无用作为衡量学术的重要尺度。康有为、严复等即从学术致用这一标准出发痛批他们认为"无用"的宋学、汉学，同时提倡他们认为对经世、救国有用的今文经学、西学。康有为"日有新思，思考据家著书满家，如戴东原，究复何用？……于时舍弃考据帖括之学，专意养心，既念民生艰难，天与我聪明才力拯救之，乃哀物悼世，以经营天下为志"②。他认为三代以下只有西汉经学尤其是公羊学"近于经世者也"，符合有用的标准，此后变异的经学"相率于无用"③，因此，制作《新学伪经考》《孔子改制考》，把西汉以后之经学宣布为"伪经"，同时附会今文经学"托古改制"、从公羊《春秋》中附会出孔子改制的微言大义。严复在《救亡决论》中给古代散文、诗歌、考据、碑帖、词章、汉学、宋学等做了概括性的结论即"无实""无用"，主张皆宜束之高阁，而提倡大讲西学尤其是格致之学，因为西学有助于实现国家富强，"用西洋之术，而富强自可致"④。总之，清末知识分子无论是提倡旧学还是提倡新学，无论是传承国粹还是移植西学，总是程度不同地与启蒙、改革与革命的现实政治需求关联在一起；政治这只"无形之手"总是在牵引着刚刚从道统、政统离析出来的学术。

强化学术以救世为怀、知识以开万世之太平为目的，其末流是从现实需要出发通过主观冥想、通过随意发挥拼接知识，以学术形态包装政治意图，不顾史实而驰骋议论，而不是通过实证、通过逻辑论证建构学术，从而使知识、学术沦为现实需要的利用工具，导致学术的失真、失范。其典型是康有为以经术为政论，"利用孔子进行政治斗争"，从思想解放的角度、从维新运动的政治需要的角度，起到了振聋发聩的作用，但为了致用而不顾证

①　梁启超：《学与术》，《饮冰室合集》第 3 册，文集之 25，第 12 页。

②　康有为：《康有为自编年谱（外二种）》，中华书局 1992 年版，第 8—9 页。

③　康有为：《长兴学记·桂学答问·万木草堂口说》，中华书局 1988 年版，第 18、47 页。

④　严复：《论世变之亟》，《严复集》第 1 册，第 4 页。

据，为了现实关怀而不顾逻辑关系，为了政治需要而不顾知识体系的自洽，对学术的独立性是一种伤害。康有为的经学自然招致种种非议，如翁同龢称其是"经家一野狐也"，章太炎目其为"大言欺世"之论，甚至他的学生梁启超也批评其师"枝词强辩""不惜抹杀证据或曲解证据，以犯科学家之大忌"①。王国维在《论近年之学术界》中也有评论："其震人耳目之处，在脱数千年思想之束缚，而易之以西洋已失势力之迷信，此其学问上之事业，不得不与其政治上之企图同归于失败者。然（康氏）之于学术，非有固有之兴味，不过以之为政治上之手段，《荀子》所谓'今之学者以为禽犊'者也。"②可见，如何处理学术与政治、学术独立与公共关怀的关系，的确是一个难题。学术的公共性与学术的专业性、学理对政治的智力支持与学术场域的独立自主、学术为现实服务的考量与"为学术而学术"的坚守、学术的致用功能与学术的求真功能，两者之间的纠结在中国现代学术体系开创之初就成了作为学术与知识生产之主体的知识分子心目中的一个"死结"。

有困惑，就想着释怀；有死结，还想要解开。清末知识分子尝试着以不同的方式处理学术与政治、公共关怀与学术自由的关系，在夹缝中寻求安身立命、施展抱负之道。大致有以下模式：

其一，学术相对独立于政治，"以学术为业"与"以政治为业"并立，是两种职业的横向关系。知识分子的定义不一，有的强调知识分子应该有济世情怀、公共关怀、道义担当，要以自己的知识影响公众、影响社会、影响政治，不同于以知识为专门职业的、学院派的技术专家、具体领域专家、纯学者。清末出现了严复、梁启超、章太炎、王国维等学贯中西、有专业素养而又关心时务的大师级人物。但学术与政治也出现了分离的趋势，有的成了全身心投入政治的职业政治家如孙中山，也有的成了心无旁骛、潜心学术的学术大师如"有清三百年朴学之殿"的孙诒让、终身执着于学术的王国维。实际上，即使是埋头学术、不问政治的学者也是时刻关注国家命运的，如立

---

① 梁启超：《清代学术概论·二十三》，《饮冰室合集》第8册，专集之34，第57页。

② 王国维：《论近年之学术界》，《王国维文集》第3卷，中国文史出版社1997年版，第38—39页。

志"科学救国"的那些科学家。

其二，以政治为重心，从政治需要出发利用学术。这一模式以康有为为代表。如前所述，康有为的《新学伪经考》与《孔子改制考》均非纯学术著作，甚至可以说主要不是学术著作，是类似于邹容的《革命军》的政治作品。两书一破一立，都是倡导变法的需要，都是着眼于时局政治的。

其三，以学术为本分，但不忘情于政治关切、公共关怀。这一模式以严复为代表。严复对政治活动并不热衷，仅以《上皇帝书》介入了维新派的实际活动，被批评为"能坐而言不能起而行"。其实，他并不缺乏政治勇气，只是觉得当时中国所急需的是思想启蒙，是国民教育，是引进西方学理，是建立现代学术体系、现代知识体系。尤其是在维新运动失败后，他觉得更没有了自己施展政治抱负的空间，"不能与人竞进热场，乃为冷淡生活"，只有退守书斋，从学术上为将来的社会变革做些准备。他在给张元济的书信中提到："复自客秋以来，仰观天时，俯察人事，但觉一无可为。然终谓民智不开，则守旧维新两无一可。即使朝廷今日不行一事，抑所为皆非，但令在野之人与夫后生英俊洞识中西实情者日多一日，则炎黄种类未必遂至沦胥；即不幸暂被羁縻，亦将有复苏之一日也。所以屏弃万缘，惟以译书自课。"[1] 严复精选、精译了赫胥黎的《天演论》、亚当·斯密的《国富论》（严译《原富》）、约翰·穆勒的《逻辑体系》（严译《名学》）和《论自由》（严译《群己权界论》）、赫伯特·斯宾塞的《社会学研究》（严译《群学肄言》）、孟德斯鸠的《论法的精神》（严译《法意》）等 8 部堪称足以代表"人类精神文化的高度"的西方学术名著，成为中国现代学术体系奠基过程中最为重要的开创性工作之一。严复选译上述名著是经过深思熟虑的，所选名著是世界学术史上标志性的精品力作，同时包涵了富国强国之道，足见其关心国家富强目标的用意。他的身份从政论家转而为翻译家之后，所考量的依然是战略层面的，是有大格局的一流大师。

其四，在学术与政治之间摇摆，或边从政边问学，成为有学问的改革

---

① 严复：《与张元济书》，《严复集》第 3 册，第 525 页。

家、有学问的政治家；或从政时以学理支持政治，治学时仍抱救国救世情怀，总是牵挂着政治。这种模式以梁启超为代表。他认识到从学术发展的角度，学者应当谨守学术分际，守护学术独立性。他在《清代学术概论》中谈道，"凡学者之态度，皆当为学问而治学问"，"而一切'新学家'者，其所以失败，更有一总根源，曰不以学问为学问，而以为手段"。他自认为自己以学术为政论，因谈政治而荒了学术。梁启超以"善变"著称，这种"善变"包括了其在学术与政治的犹豫、徘徊，"善变"中的不变则是对公共性的责任与担当，是一生心系政治、心系国家。

清末知识分子虽纠结于学术与政治、公共性与专业性的冲突，但他们对学术独立、学术自由也是有所提倡的，并为建立专业化、科学化、分科化的现代学术体系、现代知识体系做了开创性的思考与探索。

学术的专业化。从外部生态上，清末启蒙思想家呼唤打破专制社会对学术的禁锢与干预，强调学术与政治的分离，希望形成有利于实现学术独立、学术自由的社会环境，促进形成独立于政界的学界、知识界。严复提出"治学治世宜分二途"，学术与政治、"治学之材"与"治事之材"应当分开。他说："国愈开化，则分工愈密，学问政治，至大之工，奈何其不分哉！"[①]王国维提出："故为今日计，政府不可不执消极及积极之二方法：消极之法，则不以官为奖励之具是已；积极之法，则必使道德、学问、实业等，有独立之价值。"为促进学术的独立发展，他们致力于创设专门从事知识生产和流通、培养学术人才、提供学者以平台舞台的专业化机构，从而使学术专业化得到体制化的固化与确认。1898 年，在维新派的呼吁与推动下，作为北京大学前身的京师大学堂创立。20 世纪初，又创办了山东大学（初名山东大学堂，创建于 1901）、复旦大学（前身复旦公学，创建于 1905）等高校，其他新式学堂也纷纷建立。1897 年，商务印书馆成立，标志着现代出版业的开创。前已提及，这个时期还出现了许多报刊。从学界内部来说，他们提倡学者应该有以学术为目的、为学术而学术的精神气质，严守学术立场，不应

①　严复：《论治学治事宜分二途》，《严复集》第 1 册，第 89 页。

把学术当作求官、求利禄的手段。严复提出学术应该是"为己之学"，也就是要把学术作为学者自身的生存价值、生命意义来追求，把学术作为实现"内心的自由"的途径，学术的目的是学术本身，不要去追求学术以外的目的。王国维指出："学术之发达，必视学术为目的，而不视学术为手段而后可也。吾国今日之学术界，一面当破中外之见，而一面毋以为政论之手段，则庶可有发达之日欤。"①

学术的科学化。严复等启蒙思想家强调学术的本质功能是求真，不应过于强调求用。严复在《论世变之亟》中推崇西方"于学术则黜伪而崇真"。王国维认为学术的宗旨在求天下万世之真理，反对以有用无用论学术，"凡学皆无用也，皆有用也"②。后来梁启超在《清代学术概论》中也强调学术应离"致用"之意味而独立存在。他们认为学术求真求是：一是认识对象上要注意面向客观世界，要根据事实去获取真知，如康有为、严复等人指出不能仅关注道德之学、仅关注古人言辞，还要关注自然、关注社会，当时要尤其重视"物质之学""格致之学"即自然科学；二是要善于运用科学方法治学，包括运用实验方法、逻辑方法、数学方法、社会调查等。严复在《救亡决论》中，推崇西方科学讲求"一理之明，一法之立，必验之物物事事而皆然，而后定之为不易"的实验法；在《西学门径功用》中，指出西人"学以穷理"之法门分为"考订""贯通"和"试验"三种，由于"考订"与"贯通""所得之大法公例，往往多误，于是近世格致家乃救之以第三层，谓之试验"③。梁启超在《格致之学沿革考略》一文中指出："虚理非不可贵，然必籍实验而后得其真，我国学术迟滞不进之由，未始不坐是矣。"严复介绍了"内籀"与"外籀"也就是归纳与演绎两种逻辑方法，尤为推崇归纳法，认为"格致真术，在乎内籀"，是真正的科学方法。晚清思想家还注意在学术研究中运用数学方法，如康有为以几何著《人类公理》，谭嗣同借数学逻

---

① 王国维：《论近年之学术界》，《王国维文集》第 3 卷，中国文史出版社 1997 年版，第 38—39 页。

② 王国维：《国学丛刊序》，《王国维文选》，上海远东出版社 1997 年版，第 112 页。

③ 严复：《西学门径功用》，《严复集》第 1 册，第 93 页。

辑来建立其仁学体系等。梁启超在学术研究中则善于运用比较法，他在《论中国学术思想变迁之大势》中指出"凡天下事，必比较然后见其真，无比较，则非惟不能知己之所短，并不能知己之所长"①。三是要发扬独立思考、大胆怀疑的科学精神。严复在《原强》一文中倡导的"自竭其耳目，自致其身思，贵自得而贱因人，喜善疑而慎信古"、梁启超在《新民说·论自由》中呼唤的"我有耳目，我物我格；我有心思，我理我穷"与陈寅恪为王国维撰写的碑文"自由之精神，独立之人格"，都是这种精神的写照，它成了现代知识分子精神的象征。

学术的分科化。受西方学术思潮影响，清末知识分子对学术分科日见重视，着手建立分科细密的学科体系、知识体系与课程体系。严复在《京师大学堂译书局章程》中按照"西学通例"把"西国诸科学"分为三科即"统挈科学""间立科学"与"及事科学"。"统挈科学"包括"名数两大宗"，即逻辑学和数学；"间立科学"分"力质两门"，"力如动、静二力学、水学、声学、光学、电学；质如无机、有机二化学"；"及事科学"指"治天地人物之学也"，包括天文学、地质学，"人有解剖，有体用，有心灵，有种类，有群学，有历史；物有动物，有植物，有察其生理者，有言其情状者"。②清末知识分子提及的学科类别有中学的经学、子学、史学、文学，西学中的群学（社会学）、名学（逻辑学）、政治学、计学（经济学）、算学、重学、电学、化学、声光学、汽机学、动植学、矿学、制造学、图绘学、航海学、工程学、兵学、史学、公法学、律例学、外交学等。学科分类为现代学术的发展创造了重要条件。

（四）转换信仰世界：踱步于宗教性与世俗性两端

前面我们涉及的是清末一代知识人的文化（价值）关怀、社会（政治）关怀与知识或学术（专业）关怀，对应的是道统、政统与学统。我们也赞同

---

① 梁启超：《论中国学术思想变迁之大势》，《饮冰室合集》第1册，文集之7，第2页。
② 严复：《京师大学堂译书局章程》，《严复集》第1册，第130页。

清末一代的重心是在社会（政治）关怀。除了以上三种现实关怀，还有必要关注那一代知识精英在现代性视野之下对超自然超人类力量的思考，对宗教学价值与知识的追索，即其精神世界的终极关怀，体现的是他们对自身、国人与人类信仰世界的忧思。

知识分子处于宗教与世俗的两端，既以理性精神区隔宗教狂热，又以终极关怀超越物质主义。世俗化是现代化的重要指向，是现代社会的重要特征，但中国传统社会原本就是世俗化社会，中国传统文化原本就是非宗教文化，因此中国社会与中国文化的现代转型并无值得提及的摆脱宗教控制的世俗化走向。清末转型期知识分子在超越层面的关怀主要体现为倡导作为现代公民权利的信仰自由，促进本土宗教实现适应时代变革的现代转换，回应西方基督教的挑战，回答自身与社会对超越层面、彼岸世界的关切等。

清末启蒙思想家将信仰自由（包括信教与不信教的自由）作为一项公民的基本权利、作为社会进步的重要标志加以提倡。严复指出，宗教打破"定于一尊"的局面，朝日趋多元化的方向发展是合乎"天演之道"的，"别立宗多，固宗教之进步，而非其退行也"[1]。梁启超在《论自由》中强调"人民欲信何教，悉由自择，政府不得以国教束缚干涉之，是教徒对于教会所争得之自由也"[2]。基于信仰自由的立场，严复、梁启超等人撰写了《保教余义》《保教非所以尊孔论》等文，对康有为以"保教"相号召、推尊孔子为教主、立"孔教"为国民共同信仰的方案提出了异议，认为"保教"与思想自由、信仰自由是冲突的。虽然宗教与启蒙思想家所倡导的实证科学，与知识学术体系所体现的理性精神，是截然不同甚至是对立的，但清末思想家们认为由于人类认识的有限性，宗教虽有其局限性，科学还不可能解释各种现象，因之，"不敢将幽冥之端一概抹杀"[3]，宗教仍有自身存在的空间，仍将在现代社会的一定范围内发挥作用，仍将承载一部分人的心灵。

清末思想家对信仰世界的重构，对中学、西学中的宗教文化都采取了

①　严复：《群学肄言》，第 230 页。
②　梁启超：《新民说·论自由》，《梁启超选集》，上海人民出版社 1984 年版，第 224 页。
③　严复：《与诸儿书》，《严复集》第 3 册，第 825 页。

开放的姿态。在继承与转换本土宗教文化方面，清末民初影响较大的有：一是康有为希望把儒学建立为宗教、确立为国教、以宗教形式弘扬儒学的努力。儒学在中国传统社会是一个道德、知识与信仰的综合体，但在现代转型条件下、在儒家政治意识形态功能消解后出现了分立、分疏的趋势：作为知识体系的儒学，是综合性的国学、国故学学科的重要部分，又被分解成为如经学、文献、训诂等具体学科的研究对象，这是清末国粹派努力的重要方向；作为信仰体系的孔教，这是康有为所大加提倡、大加推动的；作为道德体系的儒学道统，现代新儒家即把阐释内圣价值、传承儒家伦理作为其中的重点。康有为从 1889 年"始言孔子创教"，在戊戌变法期间进呈《孔子改制考》并上了《请尊孔圣为国教立教部教会以孔子纪年而废淫祀折》，到后来尤其是民国初年更是积极倡立孔教。二是清末新型知识分子在综合中西的基础上对佛教实现现代转型的思考与探索。杨文会等居士在南京等地创办刻经处刻印佛经，创办新式佛教学校（杨文会于 1907 年创办祇洹精舍）培养僧才，建立佛教团体（杨文会于 1910 年在南京创立了佛学研究会）促进交流，以新观念重新诠释佛学内涵，使佛教实现适应时代的转型，推动并实现了佛教复兴。清末维新派与革命派中有多人近佛谈佛，如"谭嗣同从之（——指杨文会）游一年，本其所得以著《仁学》，尤常鞭策其友梁启超。启超不能深造，顾亦好焉，其所著论，往往推挹佛教。康有为本好言宗教，往往以己意进退佛说。章炳麟亦好法相宗，有著述。故晚清所谓新学家者，殆无一不与佛学有关系，而凡有真信仰者率皈依文会"[1]。可见佛教在近代新思潮、新文化中的地位与影响。三是严复等人对老庄之学具有宗教倾向的诠释与解读。严复关注国家富强，提倡民主、科学与自由，但其思想也有宗教因素、有神秘主义的一面。他喜好老庄，在《〈老子〉评点》《〈庄子〉评点》中对作为宇宙本源的"道"作出了"道即自然"的物质性解释，又认为"大抵宇宙究竟与其元始，同于不可思议"[2]，而宗教即是以"理至见极"的"不可思

---

① 梁启超：《清代学术概论·三十》，《饮冰室合集》第 8 册，专集之 34，第 73 页。
② 赫胥黎：《天演论》，严复译，商务印书馆 1981 年版，第 47 页。

议"境界为起点的。他一直在思考神秘、玄妙的"道"与"运会"，在思考天道与人类深藏的"不可思议"的迷茫，这种思考有科学性的一面，也有宗教性的一面。

清末思想家在重构信仰世界时还接纳、摄取了西方基督教观念。基督教传入中国后遭到了强烈的排拒，晚清就发生过为数不少的反洋教教案，这其中士大夫起了推波助澜的作用。但随着与传教士接触的增多与对基督教了解的深入，渐渐有人对基督教采取了新的立场。洋务运动时期，王韬、沈毓桂、徐寿、蔡尔康等已接受基督教的影响，有的还成了教徒。清末维新派与革命派展示了更为积极的接纳态度。康有为是受到基督教传教事业的启发而倡导儒教的，自己尝以孔教之马丁·路德自任。孙中山的革命活动得到了中外众多基督徒的帮助。据冯自由的《革命逸史》记载，早期兴中会的骨干人物都是基督徒，如孙文、李多马、陈少白、陆浩东、郑士良等人。

清末一代知识人从价值、知识、信仰与社会等不同领域展示了对精神价值迥然不同于传统文人的全新追求，表明他们基本完成了从传统士大夫到现代知识分子的转身。

二、学人个案：以梁启超、李大钊的图书馆学思想为例

（一）梁启超父女与中国图书馆事业的开拓①

梁启超（1873—1929）是中国近代著名的政治家、思想家和著名学者，也是一位著名的图书馆学家。梁启超致力于"建设中国的图书馆学"与"养成管理图书馆人才"。受其影响，他的女儿梁思庄（1908—1986）攻读图书馆学，并成长为我国图书馆西文编目方面首屈一指的专家。梁氏父女二人，前赴后继，薪火相传，在中国图书馆学的建立与中国图书馆事业的开拓上发

---

① 本节内容曾以《梁启超父女与中国图书馆事业的开拓》为题发表在《河北学刊》2013年第6期，作者于作敏。

挥了重要作用，不愧为我国 20 世纪图书馆学与图书馆事业的领军人物。

1. 梁启超与中国图书馆学的开创

梁启超为现代图书馆学思想的引入，为中国图书馆学的开创，发挥了重要的作用。

在图书目录学方面，梁启超于 1896 年在《时务报》上发表了《西学书目表》，开创了中国现代目录学的先河。他从 1895 年前二三十年间的西学译书精挑细拣，将"至今二十余年，可读之书，略三百余种""乃为表四卷、札记一卷"，即为《西学书目表》，于 1896 年 7 月在《时务报》刊出（10 月刊出了《西学书目表序例》和《西学书目表后序》），次年三者收入《慎始基斋丛书》中以单行本发行。《西学书目表序例》称："译出各书都为三类，一曰学，二曰政，三曰教，今除教类之书不录外，自余诸书分为三卷"，上卷为"西学诸书"，其目有 13 种，有算学、重学、电学、化学、声学、光学、汽学、天学、地学、全体学、动植物学、医学、图学；中卷为"西政诸书"，其目有 10 种，有史志、官制、学制、法律、农政、矿政、工政、商政、兵政、船政；下卷为"杂类之书"，其目有 5 种，有游记、报章、格致总、西人议论之书、无可归类之书。又将明末清初利玛窦等传教士所著之书百数十种，"制造局、益智书会等处译印未成之书百余种"和"中国人的著书言外事其切实可读者"数十种，"掇拾荟萃，名为附卷"。《西学书目表》共收录"西学诸书"130 种，"西政诸书"168 种，"杂类之书"54 种，附卷收书 293 种。《西学书目表》采用了学、政、教、杂四类（二级目录 28 目）的新分类体系，取代了经史子集四部分类法，初具了将图书分为"自然科学""社会科学"与"综合性图书"三大部类的雏形，对图书分类目录的发展产生了重要影响。《西学书目表》还提出了一些具体的分类原则、排列方法与其他技术手段，如"其有一书可归两类者，则因其所重""门类之先后，西学之属。先虚而后实，盖有形有质之学，皆从无形无质而生也"① 等。

梁启超不仅重视西学书目，也非常重视国学目录的研究。这方面的代

---

① 梁启超：《西学书目表》，《饮冰室合集》第 1 册，中华书局 1989 年，文集之 1，第 123 页。

表作有《要籍解题及其读法》《国学入门要目及其读法》，此外有佛学目录方面的《佛家经录在中国目录学之位置》等。《要籍解题及其读法》，初名《群书概要》，是梁启超根据 1923 年起在清华学校的讲义整理的，是他为《论语》《孟子》《史记》等 11 部古代典籍所写的导读，1925 年列为《清华周刊丛书》之一种，由清华周刊丛刊社初版。《国学入门要目及其读法》由梁启超应《清华周刊》记者之邀，于 1923 年根据他在清华学校的讲演整理，分"修养应用及思想史关系书类""政治史及其他文献学书类""韵文书类""小学书及文法类书""随意涉览书类"五大类介绍历代国学典籍，着重介绍各典籍在国学上的意义、成书时代、内容、真伪、阅读方法等，并有《最低限度之必读书目》《治国学杂话》《评胡适之一个最低限度的国学书目》三个附录。《佛家经录在中国目录学之位置》由梁启超在《图书馆学季刊》创刊号上发表，该文对自东晋道安《综理众经目录》以来至清代为止近 1400 多年来的各种重要佛经目录进行了较为系统的整理，开辟了目录学研究的新领域。

在图书文献辨伪方面，梁启超是我国现代辨伪理论的奠基者。他在《中国历史研究法》（1921）的"史料之搜集与鉴别"一章中概述了从古至今的辨伪历史，提出了辨别伪书的公例 12 条、证明真书的条例 6 条、伪事由来 7 条、辨伪应采取的态度 7 条；在《中国近三百年学术史》（1924）一书中有《辨伪书》一节，概述了清代学者在辑佚、辨伪等方面的学术成就，总结出了清儒辨伪的 6 条"重要方法"。《古书真伪及其年代》系根据梁启超1927 年在燕京大学的讲义整理而成，是我国近现代文献辨伪的第一部理论专著，包括《总论》和《分论》两部分。《总论》包括《辨伪及考证年代之比较》《伪书的种类及作伪的来历》《辨伪学的发达》《辨别伪书及考证年代的方法》等内容；《分论》则对《易》《书》《诗》《礼》《春秋》等文化典籍的真伪作分别评价。在书中，作者将伪书总结为 10 种表现形式，分"从传授统绪上辨别"和"就文义内容上辨别"两大系统分析了辨别伪书的技术，提出了考证年代的方法。

在图书馆建设方面，梁启超提出了建设"中国图书馆学"的思想，是中国图书馆理论的开拓者。1925 年 3 月，他在《图书馆学季刊发刊词》中提出："图书馆学之原理、原则，虽各国所从同，然中国以文字自有特色故，以学术发展之方面有特殊情形故，书籍之种类及编度方法，皆不能悉与他国从同。如何而能应用公共之原则，斟酌损益，求美求便，成一'中国图书馆学'之系统，使全国图书馆之价值缘而增重，此国人所以努力者又一也。"同年 6 月 2 日，他在中华图书馆协会成立大会上发表的演说中说："图书馆学的原则是世界共通的，中国诚不能有所立异。但中国书籍的历史甚长，书籍的性质极复杂，和近世欧美书籍许多不相同之点。我们应用现代图书馆学的原则去整理他，也要很费心裁，决不是一件容易的事。从事整理的人，须要对于中国的目录学（广义的）和现代的图书馆学都有充分智识，且能神明变化之，庶几有功。这种学问，非经许多专门家继续的研究不可。研究的结果，一定能在图书馆学里头成为一独立学科无疑，所以我们可以叫他做'中国的图书馆学'。"[1] 当时，适值美国图书馆学专家鲍士伟在中国访问，鲍士伟在各地的演说"极力提倡群众图书馆——或称公共图书馆的事业"[2]。梁启超觉得从"读者"的角度，美国几乎全国人都识字，而中国感觉有图书馆之必要最痛切者在社会上很是少数；从"读物"的角度，中国古籍浩如烟海，未经整理，因此，"美国式的群众图书馆，我们虽不妨悬为将来目的"，但现阶段只能从中国的现状出发：就读者方面，只是供给少数对于学术有研究兴味的人的利用，纵使有人指责是"贵族式"，但在过渡时代，不能不以此自甘；就读物方面，当然是收罗外国文的专门名著和中国古籍，明知很少人能读，更少人喜读，但我们希望因此能产生出多数人能读喜读的适宜读物出来。梁启超建设"中国图书馆学"的思想，为建立中国自己的图书馆学理论系统指明了方向。

2. 梁启超与现代图书馆事业的奠基

梁启超在图书馆实践方面多有作为，是"近代藏书楼运动"和"新图

---

[1]　梁启超：《中华图书馆协会成立大会演说辞》，《饮冰室合集》第 5 册，中华书局 1989 年版，文集之 42，第 44—45 页。

[2]　梁启超：《中华图书馆协会成立大会演说辞》，《饮冰室合集》第 5 册，文集之 42，第 42 页。

书馆运动"的倡导者、组织者与推动者，为现代图书馆事业的奠基作了大量的工作，对中国图书馆事业的建设和发展作出了杰出的贡献。

1891 年，康有为在广州长兴里创办万木草堂，作为培养维新人才和宣传维新理论的基地，是集读书、讲书、编书为一体的研究院式学堂。梁启超在此读书期间，以其师康有为个人藏书为基础，加上梁启超与二三同志，各出其所有之书得 7000 余卷，建立了"万木草堂书藏"。1898 年，梁启超作《万木草堂书藏征捐图书启》，号召学员捐书。先述读书、藏书之重要，也谈及自己 13 岁"欲购一潮州刻本之《汉书》而力不逮"；15 岁以后，"欲读西学各书，以中国译出者，不过区区二百余种，而数年之力，卒不能尽购"；继述西方诸国，"凡有井水饮处，靡不有学人，有学人处，靡不有藏书（指图书馆）。此所以举国皆学，而富强甲于天下也"。

1895 年 7 月，康有为、梁启超等人在北京创立强学会，最初入手的工作即建立图书馆。民国初年，梁启超在《鄙人对于言论界之过去及将来》的演讲中回忆："乙未夏秋间，诸先辈乃发起一政社，名强学会"，"最初着手之事业则欲办图书馆与报馆。"①

1916 年 11 月，领导护国运动的爱国将领蔡锷（字松坡）去世，梁启超上书大总统黎元洪《接受快雪堂设立松坡图书馆呈》，请拨北海快雪堂设立图书馆，并命名为松坡图书馆以为纪念。初起，因时事多变，集资不易，仅在上海置松社。1923 年 11 月 4 日，松坡图书馆在北海快雪堂正式建成，梁启超亲临祝贺。梁启超自提出创办松坡图书馆起，便不间断地募集资金购置图书。1920 年，他从欧洲考察归国，又带回 1 万册图书，又通过向友人征集，使藏书总计达到 10 余万册，多为较难得的珍本。后来，北洋政府又调拨所购杨守敬的 2.4 万册藏书充实馆藏。这些图书便构成了松坡图书馆的基本馆藏。梁启超 1929 年逝世后，该馆并入国立北平图书馆，即北京图书馆的前身。

1925 年后直至去世，梁启超更多地关注图书馆事业。他主要做了三件

---

① 梁启超：《鄙人对于言论界之过去及将来》，《饮冰室合集》第 4 册，文集之 29，第 1 页。

事：一是促办"中华图书协会"，1925 年 4 月 25 日中华图书馆协会在上海正式成立。6 月 2 日，在北京举行的成立仪式上，被推选为该会董事部部长的梁启超即席发表演说，明确提出"建设中国的图书馆学"与"养成管理图书馆人才"为该会的两大责任。二是就任京师图书馆与北京图书馆馆长。1925 年 12 月上旬，梁启超就任京师图书馆馆长。1926 年 4 月初，梁启超就任北京图书馆馆长职。三是编写《中国图书大辞典》《中国图书索引》两部书。1927 年 7 月，中华教育基金董事会通过梁氏关于编纂《中国图书大辞典》的提议，并给予津贴。1928 年 6 月 18 日，梁启超致函袁同礼，报告一年来编纂《中国图书大辞典》情形："此书编纂颇费苦心，其义例及方法皆迥然不袭前人，意欲为簿录界开一新纪元，衍刘略阮录之正绪而适应于现代图书之用。"8 月 24 日，因病请辞《中国图书大辞典》编纂工作。9 月 7 日，梁氏接北京图书馆来函，仍请维持续编《中国图书大辞典》之工作。两书因梁氏 1929 年 1 月遽尔去世，未能完成。

3. 梁思庄与中国图书馆事业

晚清一代知识分子如康有为、梁启超、严复、章太炎、王国维等，是中国现代知识分子的第一代，这代人既有传统国学的训练，又接触了西方新知，是博通古今、学贯中西的大师，但有时失之于浅尝辄止、一知半解，或失之于以政治伤害学术。经过五四一代的过渡，成长起了后五四一代专家型知识分子，如哲学家熊十力、冯友兰、贺麟，历史学家陈寅恪、傅斯年，社会学家潘光旦、费孝通、吴景超，语言学家、文学家赵元任、朱自清、闻一多等，他们是知识分工相当明确的专家。梁家父子父女，正是晚清民国时期知识分子从大师到专家变迁的一个缩影。

梁启超一生以著书求学为乐事，1898 年戊戌变法失败，"经此变之后，益当知世俗知荣辱苦乐，富贵贫贱，无甚可喜，无甚可恼，唯有读书穷理，是最快乐事。有时忽有心得，其乐非常可及也"①。民初参与过政治，1917 年后告别政坛，专心于学术，安心读书著书。他很博学，跨越了多个学科领

---

① 梁启超：《致李蕙仙书》，《梁启超家书》，陕西师范大学出版总社 2011 年版，第 5 页。

域，如史学、考古学、文学、政治学、经济学、文物史、图书文献学、民族学等，趣味驳杂而"多疏"，他自己也指出了这一特点。儿女们选择了父亲开创过、拓荒过、涉足过的某一领域，如梁思顺的古典文学、梁思成的文物保护、梁思永的考古学、梁思庄的图书馆学、梁思达的经济学等，他们在这些领域进行深入的研究，成了学有所成的专家。梁启超还不止一次表示子女中学自然科学的太少，希望有人朝这一方向努力，他最小的儿子梁思礼在科技上取得的成就弥补了父亲的缺憾。

梁启超有意让思庄学习自然科学，并具体建议她学生物学。得知思庄对生物学并无兴趣后，父亲马上写信给思庄，强调"学问最好是因自己性之所近"，让她重新自主选择专业。思庄转攻读文学，1930 年获文学学士学位。1931 年转入哥伦比亚大学攻读图书馆学，获图书馆学学士学位。同年 8 月至 1933 年 2 月任北平图书馆编纂员，3 月后到燕京大学图书馆做西文编目员。后随丈夫去广州，在市立中山图书馆任职。1936 年因丈夫去世，回京任燕京大学图书馆西文编目部副主任、主任，从此再没有离开她所热爱的图书馆工作岗位。梁思庄的这种选择与梁启超的影响、与家学传统是分不开的。

梁启超在给思庄等儿女的书信中，时常提及与图书馆有关之事。他在 1925 年 5 月 9 日给孩子的信中提到"我本来打算二十日后就到北戴河去，但全国图书馆协会月底在京开成立会，我不能不列席，大约六月初四五才能成行。"[1] 他在 1926 年 10 月 14 日的书信中提到，新近兼兜揽着京师图书馆、司法储才馆两件事，虽有好帮手，但因是创办，也觉疲累。梁启超晚年身体多病，主动辞去了一些学术兼职，包括辞去了北京图书馆馆长职务。他在 1927 年 7 月 3 日给儿女的书信中提到："北京图书馆不准我辞，我力请的结果，已准请假，派静生代理"，"独有国立京师图书馆，因前有垫款关系，此次美庚款委员会以我在馆长职为条件，乃肯接济，故暂且不辞"[2]。

---

[1]　梁启超：《致顺、成、永、庄书》，《梁启超家书》，第 79 页。

[2]　梁启超：《致思、顺书》，《梁启超家书》，第 231 页。

　　如前所述，梁启超晚年的一件大事是编写《中国图书大辞典》和《中国图书索引》。梁启超在书信中也有提及，他在 1927 年 1 月 26 日给儿女们的信中说："现在我要做的事，在编两部书：一是《中国图书大辞典》，预备一年成功；二是《中国图书索引》，预备五年成功。两书成后，读中国书真大大方便了。关于编这两部书，我要放许多心血在里头才能成，尤其是头一年训练出能编纂的人才，非我亲自出马不可。现在清华每日工作不轻，又加以燕大，再添上这两件事，真够忙了，但我兴致勃勃，不觉其劳。"①1928 年 8 月梁启超因病请辞《中国图书大辞典》编纂工作，他 8 月 22 日的书信中和儿女作了说明："我辞了图书馆长以后，本来还带着一件未了的事业，是编纂《中国图书大辞典》，每年受美国庚款项下津贴五千元。这件事我本来做得津津有味，但近来廷灿屡次力谏我，说我拖着一件有责任的职业，常常工作过度，于养病不相宜。我的病态据这大半年来的经验，养得好便真好，比许多同年辈的人都健康，但一个不提防，却会大发一次，发起来虽无妨碍，但经两三天的苦痛，元气总不免损伤。所以我再三思维，已决意容纳廷灿的忠告，连这一点首尾，也斩钉截铁地辞掉。"②

　　梁启超对图书馆学的重视与在图书馆学方面的见识，包括在给子女的书信中屡屡提到图书馆事业，对梁思庄是很好的引导、熏陶与涵养。

　　梁启超与梁思庄，父女二代人，都是图书馆人，都担任过图书馆馆长，都结缘图书馆事业。父亲是图书馆学领域走在思庄前头的先行者，思庄则成为父亲未竟事业的继承人。1952 年，燕京大学并入北京大学，梁思庄任北京大学图书馆副馆长。她沿着父亲在《西学书目表》中所探索的路线，在目录学上进行了新的探索，被誉为"青出于蓝而胜于蓝"。她擅长西文图书的分类编目，坚持使用"主题目录"或者说是"标题目录"。"'标题目录'是把有关资料集中在一个主题下列出，这为研究人员提供了方便。但这原是美国的方法，某些标题有问题，如把对落后国家的文化侵略称为'支援'等

---

① 梁启超：《给孩子们书》，《梁启超家书》，第 172 页。
② 梁启超：《给孩子们书》，《梁启超家书》，第 292 页。

等。"① 梁思庄将美国国会图书馆的主题词表加以改造，使之继续使用，"北大图书馆西文主题目录在国内各大图书馆中是持续时间最长、内容最完整的主题目录，成为北大图书馆西文目录的主要特色"②。她在新中国成立前开创了"东方目录学"，"'东方目录学'是把关于中国、印度、日本和东南亚国家的西文书集中在一起分类编目"。新中国成立后，梁思庄"认为可以对这个目录加以改造。她带领一些同志认真努力修改，并将其改称为'亚洲目录'。同时随着形势发展的需要，又编了'非洲目录'和'拉丁美洲目录'"③。梁思庄在馆藏建设、读者服务、图书馆学国际交流等方面，为图书馆事业的发展也做出了贡献。

（二）李大钊对图书馆"公共空间"功能的探索④

"公共空间"、公共领域乃相对于家庭私人空间而言，它不仅指地理上公众都有权进入的道路、广场、公园等公众场所，也指一种社会空间、公共文化场域，指进入空间的人们，展现在空间的参与、交流与互动，如政治集会、演讲、文化休闲等活动。美国学者雷·欧登伯格（Ray Oldenburg）在《绝好的地方》一书中提出，家庭居住空间是第一空间，职场为第二空间，而"第三空间"是一个公共交流的地方，没有职场的等级意识，没有家庭角色的束缚，人们可以自由地释放自我。图书馆就被他定位为公共空间。当代学者吴建中也曾明确指出，图书馆是"人与人交流的空间"，"人民共享知识的空间"，正在成为"人们生活、工作和学习中不可缺少的公共空间"。⑤ 虽然，"公共空间"是现代社会学理论提出并被初步引入图书馆学的概念，但"公共空间"思想可以说是与现代社会、现代公共设施的出现相伴而生。李

---

① 吴荔明：《梁启超和他的儿女们》，北京大学出版社 2009 年版，第 255 页。
② 林明、王静：《我国现代图书馆事业的先行者》，《大学图书馆学报》2008 年第 5 期。
③ 吴荔明：《梁启超和他的儿女们》，第 254 页。
④ 本节内容曾以同题发表在《河北学刊》2014 年第 6 期，作者于作敏。
⑤ 倪代川、季颖斐：《布迪厄场域理论视域下的大学图书馆场域探析》，《图书馆工作与研究》2013 年第 7 期。

大钊被称为"中国现代图书馆之父"，他从学科理念、建馆实践等方面，对图书馆作为现代社会公共文化场域与先进思想文化传播场所的"公共空间"功能，作了开拓性的探索。

1. 李大钊的公共图书馆思想

李大钊（1889—1927），字守常，河北乐亭人。他于 1918 年 2 月，经章士钊向北京大学校长蔡元培推荐，出任北大图书馆主任。对此事，章士钊曾回忆说："1918 年吾入北京大学讲逻辑，以教授兼图书馆主任。其所以兼图书馆主任者，无非为著述参考之便，而以吾蒙心于政治之故，虽拥有此好环境，实未能充分利用；以谓约守常来，当远较吾为优，于是有请守常代替吾职之动议。时校长为蔡子民，学长陈独秀，两君皆推重守常，当然一说即行。又守常先充图书馆主任，而后为教授，还有一段可笑之回忆。盖守常虽学问优长，其时实至而声不至，北大同僚，皆擅有欧、美大学之镀金品质，独守常无有，浅薄者流，致不免以樊哙视守常。时北京民主运动正在萌芽，守常志在得北大一席，以便发踪指示，初于位分之高低，同事不合理之情绪，了不厝意。"① 李大钊一入北大，就以图书馆主任为舞台，成为中国现代图书馆学与中国现代图书馆事业的重要开拓者，并成为新文化运动的重要领袖，既不负蔡元培、陈独秀的推重，也证明了"浅薄者流"的短见。

李大钊作为中国社会主义现代化思想的先驱，有着丰富的现代化思想，其图书馆学思想也有着鲜明的现代性色彩，有着某种理论的超前性，将图书馆定位为"公共空间"的场域即为一例。近代中国"公共空间"的建构以学校、报纸和学会为主要形式。有着强烈的公共关怀的李大钊，从 1918 初到 1922 年底担任北大图书馆主任之职，促使其思考将图书馆作为建构公共领域的场所。他致力于将图书馆纳入现代公共文化服务体系、现代知识传播体系，对图书馆"公共空间"功能，作了较为崭新的、深入的思考。他围绕图书馆"公共空间"这一视角提出的重要思想有：

① 章士钊：《我所知道的守常》，《章士钊全集》第 8 册，文汇出版社 2000 年版，第 83—84 页。

其一，对图书馆的基本功能、本质属性有了新的认识，提出现代图书馆不同于古代藏书楼，在图书文献的收藏、保存之外，强调了图书文献的使用、传播。

李大钊指出："古代图书馆和现在的性质完全不同，古代图书馆不过是藏书的地方，管理员不过是守书的人。他们不叫书籍损失，就算尽了他们的职务。现在图书馆是研究室，管理员不仅只保存书籍，还要使各种书籍发生很大的效用，所以含有教育的性质。"① 在他看来，图书馆不能仅限于"保存书籍"或成为"藏书的地方"，图书的使用比图书的保存更为重要，"藏书贵活用，欲活用故奖励借书。借书之事，乃成图书馆中最重要的问题。"图书馆除了继承传统藏书楼的功用，还应是"研究室"，应是教育机构，应是公众"休息时候来阅览"的休闲场所，应是社会活动中心。

其二，把学校图书馆建设成为学校不可或缺的教育机构、学术机构，发挥其服务教学科研、推进学校教育教学改革、促进学生自主学习自我发展、促进学科学术发展中的重要作用。他指出："图书馆有两种：一是社会的，一是学校的。社会图书馆的对象是社会一般人民、学校图书馆的对象是学生。这两种的性质不同，所以形式也不一样。"② 他主张学校图书馆应当与学校的中心工作即教学工作密切配合，图书馆要适应教学改革，"现在图书馆已经不是藏书的地方，而为教育机关，所以和教授法有密切的关系。教授法若是变更，那么图书馆也不能不变"，现代大学教授法，不能仅仅围绕课堂进行，"在教科书和讲堂以外，还由教师指出许多的参考书作学生自动的材料。按这种新教授法去实行，若没有完备的图书馆，藏了许多的参考书，决不能发生效果。"③

---

① 李大钊：《在北京高等师范学校图书馆二周年纪念会上的演说辞》，《李大钊全集》第 3 卷，河北教育出版社 1999 年版，第 418 页。

② 李大钊：《在北京高等师范学校图书馆二周年纪念会上的演说辞》，《李大钊全集》第 3 卷，第 417 页。

③ 李大钊：《在北京高等师范学校图书馆二周年纪念会上的演说辞》，《李大钊全集》第 3 卷，第 418 页。

其三，主张多办社会图书馆即公共图书馆，满足社会公众的精神文化需求。李大钊认为，教育与图书馆关系密切，而教育不仅仅局限于学校教育，还包括社会教育；与此相适应，就不仅需要发展支撑学校教育的学校图书馆，还要发展面向社会公众的社会图书馆。以学生为对象的学校图书馆是学校教育的重要机构，以社会公众为对象的社会图书馆则关系到社会教育，关系到社会启蒙。他指出：社会图书馆即公共图书馆，应该为劳工阶级服务，要使它成为广大民众的共同场所，"想教育发展，一定要使全国人民不论何时何地都有研究学问的机会；换一句话就是使全国变成一个图书馆或是研究室"①。他希望图书馆从服务于少数社会名流、文人雅士，转向服务社会公众，转向寻常百姓，使其真正成为面向社会、面向百姓、面向国民的"公共空间"。1919 年 9 月 21 日，李大钊在《北京市民应该要求的新生活》一文中指出："多办市立的图书馆，通俗的尤其要紧。图书馆宜一律公开不收费。"②他强调特别在"劳工聚集的地方，必须有适当的图书馆、报社，专供工人休息时间的阅览"，"必须多设补助教育机关，使一般劳作的人，有了休息的工夫，也能就近得个适当的机会，去满足他们知识的要求"③。他在《东西村落生活的异点》中提到："有人从美国来说，美国的村落生活，有三个东西是不可少的，就是图书馆、邮局、礼拜堂。"④1920 年 4 月，他在北京大学的通讯图书馆《募捐启示》中提出："我们必须使人人均有读书之机会，领受一点新知识、新学说。"这些说法都体现了李大钊视图书馆为"公共空间"的理念：任何一个社会公众，都有权在这里接触他所需要的思想、信息、文化，都可以在这里接受教育、交流沟通或进行文化休闲，不仅仅是文化人、知识人需要图书馆，那些劳工、民工、村民也有权享有。

其四，为更好地发挥图书馆"公共空间"功能，提出了采用"开架

① 李大钊：《在北京高等师范学校图书馆二周年纪念会上的演说辞》，《李大钊全集》第 3 卷，第 417 页。
② 李大钊：《北京市民应该要求的新生活》，《李大钊全集》第 3 卷，第 323—324 页。
③ 李大钊：《劳动教育问题》，《李大钊全集》第 3 卷，第 162—163 页。
④ 李大钊：《东西村落生活的异点》，《李大钊全集》第 3 卷，第 352 页。

式"、增加复本、助教制度等方便读者的设想。李大钊认为"旧图书馆采文库式，取书的手续非常麻烦。阅书的人不能亲自拿书，只能在目录里查出书名填在单子上叫管理员拿来；若是拿来的不合用，又要按从前手续去换"。他主张采用"开架式"，"开架式有一层弊处，就是损失较多。不过这是少数金钱的损失，算不得什么"。如果从社会教育的角度、从方便社会公众的角度，"现在欧美各国为节省无谓的手续和虚费的时间，并且给阅览的人一种选择的便利，所以多主张开架式……开架式所得的利益比损失大得多"，"图书馆就是研究室，阅览的能随时翻阅才好"①。以往藏书楼一般没有复本书，图书馆着眼于图书的使用、流通，一些常用参考书要备多本才行。根据新情况，李大钊提出了复本问题，"现在图书馆主张复本增加，就是主要的书不只一本，而备了许多本"。他还主张聘用文化层次较高的"助教式"工作人员，美国某大学设了助教制度，"这班助教不必上教堂授课，只在图书馆里搜罗书籍供学生参考。这种制度有两层助益：一层可以消除师生间的隔阂，一层可以鼓励研究的兴趣"②。

2. 以北京大学图书馆为舞台尝试建构"公共空间"

许纪霖是新时期较早注意到近代中国公共领域的原初形态及其演变的学者，他指出："在其最初形态上，主要是由学校、报纸和学会组成的，而在某些极端的例子中，它们甚至组成了'三位一体'的关系。另外，还有集会、通电等作为补充。通过这些空间结构，近代中国的新型士大夫和知识分子以救国为主旨，聚集起来，实现新型的社会交往关系，并形成批判性的公众舆论。"③李大钊在以北京大学图书馆为舞台尝试建构"公共空间"时，也是注重从讲坛（学校）、报纸和学会这些主渠道入手，同时注意集会等补充

---

① 李大钊：《在北京高等师范学校图书馆二周年纪念会上的演说辞》，《李大钊全集》第 3 卷，第 418—419 页。

② 李大钊：《在北京高等师范学校图书馆二周年纪念会上的演说辞》，《李大钊全集》第 3 卷，第 418 页。

③ 许纪霖：《近代中国的公共领域：形态、功能与自我理解——以上海为例》，《史林》2003 年第 2 期。

形式。

李大钊很看重北大图书馆主任一职，据前所引章士钊之回忆，他之所以"了不厝意""浅薄者流"的议论，原因在于其"志在得北大一席，以便发踪指示"正在方兴未艾的学生民主运动。李大钊深知学校对"公共空间"建构的引导性、基础性作用，注意发挥图书馆在学校这一形态中的影响。他把图书馆学引入了大学讲坛，建议高校开设相关专业，积极推动图书馆教育。他建议北京高等师范学校"添设图书馆专科，或是简易的传习所，使管理图书的都有图书馆教育的知识"。认为"这是关系到中国图书馆前途的事，也是关系到中国教育前途的事情"。他在《晨报》上发表《美国图书馆员之训练》一文，介绍了美国 17 所图书馆学校的沿革、学制、课程等方面的情况，以期国人吸取借鉴国外图书馆员训练方面的先进经验。1920 年 8 月，北京高等师范学校举行图书馆讲习会，"到会所讲者不下百余人，内有女子十余人，多系各省或各校选派来京或有志研究此项教育者，每日开讲座为之满，洵吾国图书教育发展之一新纪元也"，"李大钊讲图书馆教育"。①

李大钊非常重视报刊在建构"公共空间"的作用：一是关注读者在图书馆阅读报刊的问题。北大图书馆原无报刊阅览室设置，1918 年 10 月，新馆红楼落成，经其设计，图书馆建立了 6 个阅览室，其中期刊阅览室与报刊阅览室最先开放。二是积极参加报刊创办、合办，或为进步报刊的经营提供便利条件。李大钊在任图书馆主任期间，除了与陈独秀等合办《新青年》杂志，还于 1918 年 12 月 22 日与陈独秀创办《每周评论》，于 1919 年 7 月 1 日起担任《少年中国》月刊的编辑部主任。1918 年，他将北大图书馆的一个房间腾出，作为傅斯年、罗家伦创办《新潮》杂志的社址。三是积极利用报刊发表宣传进步思想的言论，成为引领公共话语的舆论领袖。他在《每周评论》上发表了《兴三利》《废娼问题》等 46 篇文章，为宣传新文化运动与马克思主义起到了极大的作用。

李大钊还高度重视创设学会这一建构"公共空间"的形式，积极支持

---

① 张静如：《李大钊生平史料编年》，上海人民出版社 1984 年版，第 114 页。

进步青年开展社团活动。1920 年 3 月，李大钊发起组织了"马克思学说研究会"，在北大图书馆内特设为研究会服务的"亢慕义斋"（英文共产主义的译音），藏有中英文的马列主要著作 60 余种。"'亢慕义斋'，既是图书室，又是翻译室，还做学会的办公室，党支部与青年团和其他一些革命团体常在这里集会活动……有一个时期守常常到这里工作。"① 李大钊还是我国图书馆学思想发展史上最早呼吁并创立图书馆协会的人士之一。他倡导北京大学图书馆与北京汇文大学图书馆共同发起，联合清华大学、北京协和医学校等单位的图书馆，于 1918 年 12 月 21 日在北京大学成立了"北京图书馆协会"，并当选为中文书记。"北京图书馆协会"的率先成立，为 1925 年成立中国图书馆协会开创了范例。李大钊还是 1919 年 7 月成立的少年中国学会的发起人之一，该学会经常活动的地点也在李大钊主持的北京大学图书馆。当学生发起北京大学太平洋问题研究会，李大钊答应收集一切材料，别置一室，以供会员参考。②

3. 通过改革使北大图书馆成为传播先进文化的重要场所

李大钊在担任北大图书馆主任期间，按照功能较为齐备的现代"公共知识空间"的要求，在该馆推行全面改革，促成了该馆由一个封闭式的藏书楼到现代新型图书馆的转型，使北大图书馆成为传播文化尤其是传播先进文化的重要场所，成了现代知识与知识人相互交流的中心场域。

李大钊任职期间，按用好图书馆资源、用好图书馆空间的要求，从多方面开展了富有成效的工作。北大图书馆原设在马神庙的校址内，1918 年 10 月搬迁到红楼新址，占了红楼一楼的大部分地方。为服务教学科研，为方便读者，李大钊采取了多项措施，如：一是实行"兼容互需"，通过购置、捐赠、交换等各种途径充实馆藏，包括增加复本，为此还努力争取购书经费。经其争取，在 1920 年召开的图书委员会议上，议决"图书经费应定为每年六万元"③。在选购图书时，既注意选购旧书古籍，也注意选购新书、西

① 北京大学图书馆编：《李大钊史事综录》，北京大学出版社 1989 年版，第 482 页。
② 张静如：《李大钊生平史料编年》，上海人民出版社 1984 年版，第 56 页。
③ 李大钊：《图书馆委员会致校长之报告书》，《李大钊全集》第 3 卷，第 500 页。

书。罗章龙曾回忆说："北大有大量新出版的西文书。可以说，北大是当时中国各大学中拥有进步书籍比较多的地方。"① 他还带头捐赠图书403册，倡导"将私有图书寄存本馆，俾众阅览"②。二是增设各类阅览室，提高图书使用效率。在图书馆迁入红楼后，设立了21个书库和6个阅览室，方便学生阅读。三是延长开馆时间。李大钊出任图书馆主任不久，即决定延长开馆时间，促进该馆实现从藏书中心向读者服务中心的转变。1918年4月12日，《北京大学日刊》刊登了《图书馆布告》："本馆于本月十二日改定开馆时间，每日上午八时至十二时，下午一时至五时半，晚七时至九时。"1919年5月，又延长开馆时间为上午7：30—12：00，下午1：00—6：00，晚间7：00—9：00。四是倡导校内文献交流与馆际协作。他倡导成立"北京图书馆协会"的宗旨，即在"图谋北京各图书馆间之协作互益"，"各图书馆应互换其出版物"。五是强调按期还书，"总期使各处图书可以循回转置、流通阅览，俾收最大最普之效用，以利研究而惠学子"③。六是以提高服务教学科研水平为目标，重视图书馆工作人员的培养。

李大钊对北大图书馆的改革及以北大图书馆为阵地所做的启蒙宣传工作，使得图书馆的理念与功能得到了突破性的创新发展，很好地实现了北大图书馆的"公共空间"价值，使北大图书馆成了当时知识分子聚集的关系场域、先进思想文化交汇的知识空间、社会舆论发散的信息源地，成了新文化运动的枢纽与象征。李大钊任职期间北大图书馆"公共空间"的经历，对毛泽东、周恩来等早期马克思主义者的成长产生了深刻的影响。1918年10月，毛泽东经杨昌济介绍到北大图书馆任助理馆员，他后来回忆说："我在李大钊手下，在国立北京大学图书馆当助理馆员的时候，就迅速地朝着马列主义方向发展。"④ 李大钊以图书馆为平台，以讲坛、报刊和学会"三位一体"构建传播先进文化的"公共空间"，为其他早期马克思主义者提供了范例。他

---

① 北京大学图书馆编：《李大钊史事综录》，北京大学出版社1989年版，第485页。
② 李大钊：《图书馆主任告白》，《李大钊全集》第3卷，第3页。
③ 李大钊：《图书馆主任告白》，《李大钊全集》第3卷，第3页。
④ ［美］爱特加·斯诺：《西行漫记》，三联书店1979年版，第127页。

们在各地创建了各种类型的图书馆，如毛泽东等人 1920 年创办的长沙文化书社，1921 年上海成立的"通信图书馆"及后来的蚂蚁图书馆，恽代英等 1921 年川南泸县成立的公共图书馆，毛泽东 1922 年创办的湖南青年图书馆，1922 年成立的天津工人图书馆，等等。图书馆与讲坛、报刊、学会等形式一道，在使马克思主义成为现代中国的主流话语的过程中，发挥了重要作用。

（三）李大钊与中国现代图书馆①

李大钊是中国共产主义运动的先驱者、中国共产党的主要创始人之一，又是新文化运动中的重要领袖。他对新文化运动、对中国现代文化事业的贡献是多方面的，其中很重要的一个方面是促成了北京大学图书馆由一个封闭式的藏书楼到中国第一所新型现代图书馆的转型，使图书馆成为传播文化尤其是传播先进文化的重要场所。

1918 年 1 月，李大钊接替章士钊出任北大图书馆主任。在他任图书馆主任的 5 年间，进行了一系列改革，使北大图书馆完成了从传统到现代的转型。因此，李大钊堪称我国现代图书馆事业的奠基者。古代藏书楼是我国图书馆的前期形态，在我国历史上延续了两千多年。藏书楼的主要特征是封闭性，是保守的藏而不用或藏而难用。而现代图书馆的特点是开放性，其基本理念是公共、开放、共享，最大限度地为广大读者提供方便。李大钊指出了我国古代藏书楼与现代新型图书馆的区别，他说："古代图书馆不过是藏书的地方，管理员不过是守书的人。他们不叫书籍损失，就算尽了他们的职务。现在图书馆是研究室，管理员不仅只保存书籍，还要使各种书籍发生很大的效用，所以含有教育的性质。"② 北大图书馆的前身是始建于 1898 年的京师大学堂藏书楼，是我国最早的近代新型图书馆之一。藏书楼初设于马神庙校区的公主梳妆楼。1912 年，京师大学堂易名为"北京大学校"，"藏书

---

① 本节内容曾以论文形式在《光明日报》2005 年 6 月 28 日发表，作者于作敏。

② 李大钊：《在北京高等师范学校图书馆二周年纪念会上的演说辞》，《李大钊全集》第 3 卷，第 417 页。

楼"易名为"图书馆部"。在李大钊的影响下,北大图书部从旧式的藏书楼开始转变为新式的图书馆,馆藏结构、管理与服务方式都有了很大变化,成为荟萃古今文化典籍的宝库,成为科学的圣殿、文明的沃土与群贤毕至的学习场所。李大钊在任图书馆主任期间,锐意改革。他主张各类图书兼容,中外文化并存,提倡开架阅览,延长开馆时间,以方便读者;提出以"为谋大多数人阅览便利"为目的,限期还书,加快图书流通,提高图书利用率;规定贵重书、工具书、普通书只有一部者,"仅得在馆阅览",既利保存,又方便读者。

李大钊对图书馆学理论与图书馆学专业人才的培养进行了较早的系统探索,是公认的图书馆学理论大家和最早的图书馆学教育家。李大钊在图书馆学理论方面的重要探索有:(1)关于图书馆的分类。他指出:"图书馆有两种:一是社会的,一是学校的。社会图书馆的对象是社会一般人民、学校图书馆的对象是学生。这两种的性质不同,所以形式也不一样。"① 李大钊主张社会图书馆即今天通常所说的公共图书馆,要面向大众,面向市民,尤其要面向劳工阶级,因此,藏书就必须通俗一些,他提出要"多办市立的图书馆,通常的尤其要紧。图书馆宜一律公开不收费"②。(2)关于图书馆与教育的关系。他指出:"图书馆和教育有密切的关系。想教育发展,一定要使全国人民不论何时何地都有研究学问的机会;换一句话,就是使全国变成一个图书馆或是研究室。"因此,他主张充分开发图书馆的社会教育功能,图书馆不能像过去的藏书楼,只重书籍收藏,而要使各种书籍发挥很大的效用,使其成为研究室,"含有教育的性质"。③(3)关于发挥图书馆教育功能的途径。为充分发挥图书馆社会教育的功能,他主张要创造条件满足日益增加的读者借阅的需求。他提出增加复本,"方便多数读者"。还主张采用"开

---

① 李大钊:《在北京高等师范学校图书馆二周年纪念会上的演说辞》,《李大钊全集》第3卷,第417页。
② 李大钊:《北京市民应该要求的新生活》,《李大钊全集》第3卷,第323—324页。
③ 李大钊:《在北京高等师范学校图书馆二周年纪念会上的演说辞》,《李大钊全集》第3卷,第417页。

架式"，指出采用"开架式"虽有弊端，即"损失较多"，但"所得的利益比损失大得多"，图书馆应"给阅览的人一种选择的便利"，"开架式"具备这种优点，"图书馆就是研究室，阅览的能随时翻阅才好"①。（4）关于图书馆工作人员业务素质。他建议北京高等师范学校"添设图书馆专科，或是简易的传习所，使管理图书的都有图书馆教育的知识"。在《关于图书馆的研究》的讲演中，他讲道："在中国今日，管理图书馆者，多无专门知识，女界于此，若能先事研究，养成图书馆人才，他日此种事业，自能得到优先权利。"② 1921 年 12 月，他在《晨报》上发表《美国图书馆员之训练》一文，介绍了美国 17 所图书馆学校的沿革、学制、课程等方面的情况，以期国人吸取借鉴国外图书馆员训练方面的先进经验。（5）关于读者服务工作。他指出，"藏书贵活用，欲活用故奖励借书。借书之事，乃成图书馆中最重要的问题"。为方便多数读者，他又提出，"（一）借出之书，宜先预定归还日期。（二）临时借阅，不准携书馆外。"他对读者也提出了要求，指出："开架式最重要的是公德心。敝校阅书的有一种不好的习惯，就是借去的书籍，往往不按期交还。"

注意发挥图书馆在传播先进文化中的优势。正是在他的主持下，北大图书馆成了当时中国的一个研究、传播马克思主义的中心，成了新文化运动的重要阵地，成了早期革命活动的中心之一。图书馆成为先进文化的传播阵地，这是中国图书馆事业史上的划时代转变。十月革命爆发后，马克思主义传入中国，给新文化运动增添了内容，李大钊最早接受了马克思主义，发表了《庶民的胜利》《布尔什维主义的胜利》等著名文章。他任图书馆主任后，开始注意收集有关马克思学说的书籍以及俄国十月革命以来的著作。1920年 3 月，李大钊发起组织了"马克思学说研究会"，在北大图书馆内设"亢慕义斋"，藏有中英文的马列主要著作 60 余种。许多先进青年都以北大图书馆作为学习马克思主义的课堂。图书馆还成了先进师生共同研究、探讨马克

---

① 李大钊：《在北京高等师范学校图书馆二周年纪念会上的演说辞》，《李大钊全集》第 3 卷，第 418—419 页。

② 李大钊：《关于图书馆的研究》，《李大钊全集》第 3 卷，第 656 页。

思主义的场所，许多进步学生经常到图书馆和李大钊讨论各种新的思潮，听他介绍新的思想。大家常常在此聚会，探讨中国的出路，寻找救国救民的方法。青年毛泽东经杨昌济推荐，在北京大学图书馆任职员，每天在北大红楼第二阅览室登记与管理新到的报刊，为时约半年之久。1936年，毛泽东在与斯诺的谈话中谈到这段经历时说："我在李大钊手下担任国立北京大学图书馆助理员的时候，曾经迅速地朝着马克思主义的方向发展。"① 在北图这样一个传播新思潮、新文化和马克思主义的阵地里任职，使毛泽东获得了得天独厚的学习条件，并得到了李大钊、陈独秀等中国传播马克思主义的先驱者的帮助，为他迅速完成从革命民主主义者到马克思主义者的转变奠定了基础。

① 毛泽东：《毛泽东自述》，人民出版社 2008 年版，第 40—41 页。

第六章　中国现代文化与学术事业

民国时期，新闻事业（报刊、通讯社、广播）、出版业、图书馆业、博物馆业等现代文化传播事业开始创建或在清末起步的基础上继续发展。现代体育事业也开始兴起，体育运动渐渐开展了起来。

一、民国新闻业的发展

民国初建，一元复始，万象更新。新闻事业在民初曾有过长足的发展。据统计，武昌起义后的半年内，全国的报纸由10年前的100多种激增至500种。新出版的报刊中，有新建立的各级政权机关的机关报，如四川都督府创办的《都督府政报》、云南军督府创办的《云南政治公报》等；有新成立的各资产阶级政党的政党报纸，如国民党的《亚东新报》《民国新闻》《中华民报》，共和党—进步党的《国民公报》《庸言》《大共和日报》，自由党的《民权报》，无政府主义团体的《晦鸣录》《民声》等；有一些资产阶级知识分子为追求资产阶级民主、鼓吹共和而创办的报刊，如章士钊在上海出版的《独立周报》；还有一批研究自然和社会科学的学术性报刊、文艺报刊和一些民族资本主义企业创办的、以推销产品为主要目的商业报刊。但好景不长，报刊出版业很快遭到了袁世凯和各地反动官僚的镇压，至1913年底只剩下139种，其中大部分是被军阀收买利用的报刊如《亚细亚报》《益世报》，黄色小报如《晶报》《新世界报》等。袁世凯垮台后，一些被查封的报刊恢复，并出现了一些新创办的报刊，到1916年底共有报刊289种。继续执政的皖系军阀仍然执行禁锢言论的政策，封报捕人的事件时有发生，到 1918 年底，全国报刊总数又下降到 221 种。随着新文化运动的开展，涌现了一批新式报刊，其中最负盛名的是《新青年》。《新青年》原名《青年杂志》，1915 年 9 月由陈独秀在上海创办，1916 年 9 月第 2 卷起改本名，1917 年迁北京，初期主要是提倡民主和科学，五四后成为宣传马克思主义的主要阵地，1920 年 9 月后成为中国共产党早期组织的机关刊物。五四时期宣传新思潮的重要报刊还有李大钊和陈独秀于 1918 年 12 月创办的小型周报《每周评论》；北京大学学生在 1919 年 1 月同时出版的《新潮》杂志和《国民》；毛泽东等于 1919 年 7 月在长沙创办的《湘江评论》；周恩来主编、创刊于 1920 年 1 月的《觉悟》月刊等。由于新式报刊的大量创办，到 1921 年全国共有报刊 550 种。

受报刊出版业的影响，民国初期通讯社也有了很大的发展。1912—1918 年，新创的通讯社不下 20 家。较有影响的有北京的民生通讯社（1917 年 6 月）、北方通讯社（1917 年 9 月）、新闻交通通讯社（1918）、新闻编译社（1918 年 7 月），上海的民国第一通讯社（1912 年 9 月），长沙的湖南通讯社（1912）、大中通讯社（1917）、中华通讯社（1916），武汉的武汉通讯社（1916）等。新闻编译社影响最大，这个通讯社由邵飘萍创办，社址设在北京南城珠巢街，每天下午 19 时左右发稿一次，外地邮寄，本埠由社员骑自行车分送。到 1926 年，通讯社增加到 155 个。中国人自办的广播电台诞生。1923 年 1 月，《大陆报》、中国无线电公司两家合办的广播电台正式广播"广播新闻和音乐节目"，电台呼号 XRO，波长 200 米，发射电力 50 瓦特。1926 年 10 月，哈尔滨无线电台正式广播，呼号 XOH，波长 280 米，功率 100 瓦特，频率 1071 千周。随后，北洋政府又在天津、北京等地开办广播电台。1927 年 5 月天津广播无线电台开始播音，呼号 COTN；9 月北京广播无线电台也开始播音，呼号 COPK。此外还出现了一批商办广播电台。

随着新闻事业的发展，新闻学的研究活动也初步地开展了起来。1918 年起，北京大学增设新闻学课程，聘徐宝璜主讲，供文科各系选修，开我国大学设新闻学课程之先河。同年 10 月，邵飘萍协同蔡元培、徐宝璜创办了我国第一个新闻学研究团体北京大学新闻学研究会。该会于次年 4 月创办了《新闻周刊》，这是我国第一个新闻学刊物。徐宝璜在新闻研究会的讲义，1919 年以《新闻学》为名出版单行本，1930 年改名《新闻学纲要》，这是我国第一部现代新闻学著作；邵飘萍的讲义 1923 年以《实际应用新闻学》出版，是我国最早的一部采访学著作。新闻学研究会存在两年，培养了 70 名左右的学员。

1924—1927 年第一次国共合作时期，国共两党在报业上也进行了合作。当时，国民党各级地方机关报基本上都是国共两党合办的。如北京的《新民国》的主要撰稿人有李大钊、何孟雄等；武汉的《民国日报》由董必武任社长；国民党浙江省党部机关报《浙江周刊》的工作人员中，国共两党党员参半；国民党湖南省党部的《新民》，由共产党人李维汉主编。至北伐前夕，全国 19 个省市出版的国共合作办的报刊达 66 种。1925 年 12 月在广州创刊的国民党中央执行委员会宣传部机关刊物《政治周报》也是国共两党党员共办的，前 4 期由毛泽东主编。这时期，国民党报刊的另一特点是工农兵报刊的兴起，如 1924 年 10 月在上海创办的中华全国总工会机关报《中国工人》；国民党中央农民部于 1926 年 1 月在广州创刊、毛泽东主编的《中国农民》，毛泽东的《中国社会各阶级的分析》等文就发表在这一刊物上；中国青年军人联合会于 1925 年 2 月在广州创办、王一飞任主编的《中国军人》等等。

中国共产党早期的重要报刊有：中共上海发起组除将《新青年》改组为机关刊物，于 1920 年 8 月创办《劳动界》周刊，11 月出版了《共产党》月刊；北京共产主义小组于 1920 年 11 月创办《劳动音》；广东共产主义小组也创办了《劳动者》。1921 年 8 月，中国劳动组合书记部机关报《劳动周报》在上海创刊。1922 年 1 月，中国社会主义青年团机关刊物《先驱》创办，邓中夏、施存统等人先后任主编；次年 8 月，停办《先驱》，创办团中央公开的机关报《中国青年》。1922 年 9 月，中国共产党中央第一个机关刊物《向导》在上海创刊，曾先后迁往北京、广州、武汉出版，至 1927 年 7 月停刊。共出 201 期，蔡和森、陈独秀等先后任主编。

1927—1937 年第二次国内革命战争时期，国民党方面建立和发展了以中央通讯社为中心的庞大的新闻事业网，以《中央日报》为中心的党政军报网和以中央广播电台为中心的广播网。中央通讯社于 1924 年 4 月成立于广州，属国民党中央党报，1927 年随北伐军迁到武汉。宁汉合流后，中央通讯社于 1928 年迁往南京，与 1927 年 6 月创办、属蒋介石系统的中央社合并，中央通讯社在南京建立总社，在上海等重要城市设分社或派通讯员，形成了一个全国通讯网。国民党中央委员会机关报《中央日报》于 1928 年 2 月在上海创刊，次年 2 月迁往南京，社长初由国民党中央宣传部长叶楚伧兼任。在对革命根据地进行军事"围剿"的过程中，国民党军事系统于 1931 年 5 月在南昌创刊《扫荡报》。国民党其他派系也办了自己的报刊，如国民党改组派主办、于 1928 年 5 月在上海创刊的《革命评论》，新桂系军阀主办、于 1931 年 5 月在上海创刊的《民团月刊》等。1936 年，国统区报刊共有 1763 家，其中国民党党政军报刊约占 2/3。国民党中央广播电台于 1928 年 8 月 1 日正式播音，英文呼号 XKM，发射电力 500 瓦特。1932 年又新建了一座 75 千瓦电力的发射台，电台呼号改为 XGOA，这是当时亚洲发射电力最大的广播电台。后又逐步发展地方广播电台，并允许民间经营教育性、商业性、宗教性广播电台。至 1937 年 6 月，国民党官办和民营广播电台已有 70 余座。为了控制全国的广播事业，国民党在 1936 年成立中央广播事业指导委员会。国民党还实行严密的新闻检查制度，严禁一切进步或革命报刊出版，任意扣压、删改或砍杀稿件，逮捕和杀害进步报人记者。如于 1934 年 11 月暗杀《申报》主持人史量才等。

这一时期，中国共产党方面的主要报刊有：1927 年 10 月在上海创办机关理论刊物《布尔塞维克》，至 1932 年 7 月停刊共出 52 期，瞿秋白等编辑；1928 年 11 月又在上海创刊了中共中央机关报《红旗》，1932 年 8 月后与中共江苏省委出版的《上海报》合并为《红旗日报》；1931 年 12 月，《红色中华》报在江西瑞金创刊，初为中华苏维埃共和国临时中央政府机关报，1933 年 2 月临时中央迁到中央苏区后改为中共中央、中央工农民主政府、中华全国总工会、共青团的联合机关报，中央红军长征后一度停刊，1935 年 11 月在陕北瓦窑堡复刊，1937 年 1 月改名为《新中华报》；与《红色中华》同时创刊的《红星报》是中国工农红军军事委员会的机关报，初由邓小平主编，遵义会议后由陆定一主编，在中央红军长征途中，是中共中央和中央军委的唯一报纸；1931 年 7 月，中国共产主义青年团苏区中央局机关报《青年实话》在瑞金创刊，至 1934 年 9 月终刊共出 130 期；1933 年 2 月，中国共产党苏区中央局机关报《斗争》创刊，至长征开始时停刊共出 73 期，主要刊载中共中央决议、指示和中央负责人的文章；等等。1931 年 11 月，红色中华通讯社（简称"红中社"）在瑞金成立，这是中共创办的最早的通讯社之一，其任务是抄收国民党中央社电讯和苏联塔斯社的英文电讯稿，编辑《参考消息》和《红色中华》，对外播放中、英两种文字的电讯等，1937 年 1 月改名为新华通讯社。

　　这一时期创办的重要报刊还有：人权派 1928 年 3 月在上海创刊的《新月》杂志，徐志摩、闻一多等任编辑；中国托派组织在 30 年代初创办的《无产者》《十月》《火花》；第三党 1930 年 9 月在上海创办的机关刊物《革命行动》；中国国家社会党 1932 年 5 月在北平创办的党刊《再生》；1925 年 10 月创刊的中华职业教育社机关刊物《生活》周刊，1926 年 10 月由邹韬奋接办，九一八事变后由于抨击蒋介石的对日妥协政策于 1933 年 12 月被国民党政府查封，后邹韬奋于 1935 年 11 月创办《大众生活》周刊等。中国左翼作家联盟先后创办了《拓荒者》《萌芽》《北斗》《文学月报》等报刊。重要的学术期刊有 1928 年 10 月在广州创办的《国立中央研究院历史语言研究所集刊》；1930 年创刊、故宫博物院文献馆编辑出版的《文献丛编》；1934 年在北平创刊，顾颉刚、谭其骧主编的《禹贡》等。《申报》创刊于 1872 年，《大公报》创办于 1902 年，这一时期分别由史量才、张季鸾主持，由于进行了一系列有效的改革，并对国民党的政策有所批评，影响大增。

　　由于左翼文化运动的开展，1931 年 10 月，我国第一个研究无产阶级新闻学的群众团体——中国新闻学研究会在上海成立，由《申报》《新闻报》《时报》等报的进步新闻记者及民治新闻学院、复旦大学新闻系部分师生组成，有成员 40 多人。1932 年 3 月又在上海成立了中国左翼新闻记者联盟，1935 年秋创办中华新闻社以对外发稿，1936 年 5 月停止活动。

　　全面抗战时期，国统区的新闻中心从南京、上海向重庆、桂林转移。

重庆有《中央日报》《大公报》《扫荡报》等 22 家报纸。《中央日报》于1938 年 9 月 1 日在重庆复刊。桂林一度成为国统区进步报刊的中心。《救亡日报》于 1937 年 8 月在上海出版，上海沦陷后停刊，1939 年 1 月在桂林复刊；《国民公论》1938 年 9 月在武汉创刊，1939 年 1 月迁桂林出版，是当时影响较大的综合性时事政治刊物；田汉主编的《戏剧春秋》1940 年 11 月创刊，1942 年 10 月停刊，是当时全国最大的戏剧刊物。全面抗战时期，国民党一方面进一步扩大了《中央日报》，除重庆版外，还发行成都版、福建版、安徽版、梧州版；另一方面发展了地方党报，据 1944 年统计，各省市党报有 41 家，县市党报 397 家；同时也扩大了军报系统，至 1943 年有军报 200家。据 1944 年国民党中央宣传部新闻处统计，国统区报刊共 1000 多家，其中民党党部、军队和三青团的就有 670 多家。全面抗战初期，国民党的广播事业受到了极大的削弱，七七事变前夕国民党官办电台 20 多座，到 1938年仅余六七座。1937 年 11 月 20 日，国民党政府宣布迁都重庆，三天后，中央台停止在南京的播音，次年 3 月 10 日在重庆恢复播音，这期间，汉口广播电台、汉口短波广播电台和长沙广播电台联合代替了中央台的播音任务。西南最大的昆明广播电台也于 1940 年 8 月开始播音。经过恢复和重建，至 1944 年，国民党官办电台已达 23 座。

中共领导的各抗日根据地也兴办自己的报刊。在延安出版的《新中华报》，1939 年 1 月起改作陕甘宁边区政府机关报，同年 2 月 7 日起成为中共中央机关报，1941 年 5 月 16 日与《今日新闻》合并，改出《解放日报》。《解放日报》至 1947 年 3 月 17 日终刊，共出 2130 期，社长博古，总编辑杨松（后为陆定一），这是抗日根据地出版的第一张大型日报。抗战时在延安出版的报刊还有 1939 年 1 月创刊的八路军总政治部机关刊物《八路军军政杂志》；1939 年 4 月创刊、中共中央青年运动委员会主办的《中国青年》；1939 年10 月创刊的中共中央机关刊物《共产党人》；1940 年 2 月创刊的陕甘宁边区文化协会机关刊物《中国文化》等。其他抗日根据地的重要报刊有晋冀豫的《中国人报》、晋察冀军区的《抗敌三日刊》、冀中根据地的《冀中导报》、晋西北根据地的《新西北报》、冀东根据地的《冀东日报》、山东根据地的《大众日报》等。抗战时期，经中国共产党一再交涉，国民党政府同意中共在国统区公开出版报刊，于是，《群众》周刊于 1937 年 12 月在汉口创刊，1938年 12 月迁至重庆。1938 年 1 月，中共在国统区公开出版的第一张机关报《新华日报》在汉口创刊，社长潘梓年，总编辑华岗，1938 年 10 月迁至重庆出版，1941 年 1 月皖南事变发生后，《新华日报》发表了关于皖南事变真相的报道和评论。

全面抗战时期民主党派的报刊有：中华民族解放行动委员会（第三党）机关刊物《抗战行动》于 1938 年 2 月在武汉创刊，武汉沦陷后停刊；中国青年党机关报《新中国日报》于同年 6 月在汉口创刊，武汉沦陷后迁至成都出版；中国民主政团同盟机关报《光明报》于 1941 年 9 月在香港创刊；等。在沦陷区，日伪为控制新闻报道出版了六七百种报刊，建立了五六十座电台，成立了"中华通讯社"等机构。进步的文化工作者冒着生命危险在沦陷区出版和发行抗日报刊，仅天津、上海两地大约出现了 100 多种抗日报刊。1938 年 1 月，《文汇报》在上海创刊，积极宣传抗日救亡运动，大量刊载各地抗战的新闻，日销量一度达到近 10 万份，居上海各报之冠，日伪机关曾多次予以袭击，1939 年 5 月被迫停刊，后于 1948 年 9 月在香港复刊，次年 6 月迁回上海出版。

抗战胜利后，国民党接收了全部日伪报刊、通讯社、广播电台及其他新闻事业。《中央日报》、中央通讯社和中央广播电台都由重庆迁回南京。1946 年，国统区已登记的报刊共有 984 家（实际有 1832 家），发行量共 200万份。到 1947 年 12 月，国统区共有广播电台 129 座，其中国民党中央广播事业管理处所辖的 42 座，其余为各省市公营、私营电台。全面内战爆发后，国民党加强对新闻的控制，《新华日报》《群众》于 1947 年 2 月被迫停刊，从此，中共在国统区不再有公开出版的报刊。民主党派的《民主报》《民众日报》等也被封闭。

解放战争时期，解放区新闻事业又有新的发展。出现了一批新的报刊，其中最主要的是《人民日报》。1946 年 5 月 15 日，中共中央晋冀鲁豫分局机关报《人民日报》在河北邯郸创刊，社长张磐石，总编辑袁勃；1948 年 6

月 15 日与晋察冀分局机关报《晋察冀日报》合并，报名采用《人民日报》，成为中共中央华北局机关报，社长张磐石、总编辑张放之；1949 年 3 月 15 日迁至北平出版，同年 8 月改为中共中央机关报，社长胡乔木，总编辑邓拓。抗战胜利后新创办的报刊还有 1945 年 11 月创刊的中共中央东北局机关报《东北日报》，1949 年 5 月创刊的中共中央中南局机关报《长江日报》等。一些被迫停刊的报刊恢复了出版。经中共中央和毛泽东批准，把具有光荣传统的《解放日报》和《新华日报》，分别交给上海和南京。1949 年 4 月 30 日，南京《新华日报》创刊；5 月 28 日，中共中央华东局兼上海市委的机关报《解放日报》出版。同年 6 月，中国民主同盟机关报（后改为民主党派联合机关报）《光明日报》创刊。

诞生于土地革命战争时期的新华社在人民解放战争转战中进一步成长壮大。1937 年 1 月，"红中社"改名新华社。1939 年初，根据中共中央决定，新华社改变社报合一体制而单独建立自身的组织机构。抗日战争期间，新华社的分支机构逐步遍布全国各抗日根据地。1947 年 3 月，新华总社在国民党军进占延安前两天撤离，小部分人员随毛泽东、周恩来等转战陕北，大部分人员转移到晋冀鲁豫区的太行。1948 年春，转战陕北的新华社工作人员和从太行转移来的新华总社在平山县西柏坡村会师。1949 年 3 月 22 日，新华总社迁至北平，为其成为国家通讯社奠定了基础。新华社还从 1940 年 12 月 30 日起试办了口语广播，延安新华广播电台随之诞生，这是中共试办的最早的一个口语广播电台，由于技术原因曾于 1943 年春暂时停播，后于 1945 年 9 月恢复播音，1947 年 3 月从延安迁移到瓦窑堡，改名为"陕北新华广播电台"继续播音，1949 年 3 月迁到北平后和新华社分开，改名为北平新华广播电台，新中国成立前夕改名为北京新华广播电台，后又改名为中央人民广播电台。从此，我国的人民广播事业发展到了一个新时期。

二、图书出版业的发展

民国初期成立的出版机构有中华书局、正中书局、广益书局、群益书局、北新书局、开明书局、民智书局、大东书局、亚东图书馆、泰东图书馆等。中华书局创办于民国元年，创办人陆费逵，出版的社会科学书籍有《民约论》全译本、《新文化丛书》等；出版的文艺书籍有张闻天《青春的梦》，李劼人的《死水微澜》《暴风雨前》，刘海粟的《世界名画集》和郑午昌的《中国画学全史》等；出版了大型古籍丛书《四部备要》和最后一种正史《清史稿》；出版的工具书有《中华大字典》《实用大字典》等；出版了《欧美名家短篇小说丛刊》，翻译英、德、美、俄、法、意、匈、西班牙等十几个国家的优秀小说。北京北新书店印行了鲁迅的短篇小说集《呐喊》《彷徨》；散文诗集《野草》；论文集《坟》；杂文集《热风》《华盖集》及《小说旧闻钞》《唐宋传奇集》等。泰东图书馆出版创造社丛书本和辛夷小丛书本等，其中有郭沫若创作的第一部诗集《女神》和第二部诗集《星空》，郁达夫的短篇小说集《沉沦》和《莺萝集》。亚东图书馆出版了《独秀文存》《胡适文存》，蒋光慈的早期著作《纪念碑》《短裤党》和《鸭绿江上》等。

中国共产党上海发起组于 1920 年 9 月成立"新青年社"，除出版《新青年》杂志外，还出版《新青年丛书》。中共成立后，1921 年 9 月 1 日在上海创办了人民出版社，翻译出版马克思主义理论著作和其他宣传革命的书籍，后并入新青年社。1923 年秋，新青年社被查封后，11 月又创立新的出版发行机构——上海书店，至 1926 年 2 月被查封。同年 11 月，中共在武汉建立长江书店，继承上海书店营业，兼办出版和发行，由瞿秋白领导。后在上海创办了上海长江书店，与武汉长江书店并存。1925 年 6 月，中共在上海创建了第一个印刷机构崇文堂印书局，旋改名为文明印书局。上述新青年社、人民出版社和上海书店等，先后出版了《马克思全书》3 种，《列宁全书》4 种及一些单行本，以及斯大林的《列宁主义概论》即《论列宁主义基础》。还出版了瞿秋白翻译的《无产阶级的哲学——唯物论》《社会科学概论》《新社会观》和《社会科学讲义》等。

1927—1937 年，出版业获得了较快的发展。其中以商务、中华、世界三大出版社规模最大。创办于 1897 年的商务印书馆至 30 年代已达全盛时代。在上海设有制度完备的总务处、总编译所、总发行所，以及机械、技术十分完善的印刷总厂；同时在北京、香港设有印刷分厂，在全国各省市和重要商埠先后设有85处分馆，在海外也有分馆。这一时期出版了《丛书集成》《万有文库》《幼童文库》《小学生文库》《中学生文库》《百科全书》《王云五大辞典》《中山大辞典》等。中华书局在全面抗战前夕也盛极一时，到1937年资本增至400万元，年营业额约达1000万元，在全国各大、中城市和新加坡等地设分局40余处。这一时期印行的有影响的书籍有：1930年开始出版《社会科学丛书》；1934年开始影印《古今图书集成》，至1940年全部完成；1936年出版《辞海》、田汉翻译的莎士比亚名剧《哈姆雷特》和《罗密欧与朱丽叶》、李劫人翻译的福楼拜名著《包法利夫人》等；1937年出版《外交大辞典》《经济学大辞典》等。世界书局刊行杂志《红杂志》《红玫瑰》《世界月刊》等，还出版了小说《江湖奇侠传》和林汉达编的《英语标准读本》等书籍。1936年，商务、中华、世界3家的出版物占全国出版物的71%，至于出版的图书种类据1935年和1936年的统计，占40%，社会科学占28%。

国民党政府大力扶持官方出版机构正中书局。正中书局出版的书籍有国防教育丛书10种，时代丛书20余种等。大东、开明和上述商务、中华、世界、正中六家书局是当时出版界的"六强"。上海开明书店从1935年起开始出版《开明文学新刊》，收录五四新文学运动以来的优秀文学作品，以散文集为主，如朱自清的《背影》《欧游杂志》《伦敦杂记》，茅盾的《速写与随笔》，叶绍钧的《未厌居习作》，夏丏尊的《平屋杂文》等。

这一时期新成立的出版机构较有影响的有：1927年创立的光明书局，出版了谢冰莹的《从军日记》、钱杏邨编的《中国新文学运动史料》《现代十六家小品》、谭正璧编的《中国文学史大纲》和金则人译的苏联肖霍洛夫的长篇小说《静静的顿河》等；1935年成立的文化生活出版社，从成立起出版"文学丛刊"10余年，共编选出版了鲁迅、茅盾、王统照、郑振铎、曹禺、臧克家等80多位中国现代文学家的160种作品，还出版了其他丛书、专集、选集；同年成立的专出英语读物的竞文书局，出版了葛传椝编著的《怎样读通英文》等书籍。生活、新知、读书三大书店也创办于这一时期。

生活书店于 1932 年 7 月 1 日在上海成立，由邹韬奋等主办，出版《生活》周刊、《大众生活》、《永生》周刊等十余种期刊，还出版了文艺作品、社会科学、革命书籍等 400 多种图书。新知书店于 1935 年 8 月成立，由钱俊瑞主持，出版了钱俊瑞、章乃器、朱楚辛等集体著作的《中国货币制度往哪里去》，钱亦石、姜启石等集体著作的《意阿战争与第二次世界大战》，孙冶方译述的《帝国主义铁蹄下的阿比西尼亚》，狄超白的《通俗经济学》等书籍。读书出版社 1936 年由李公朴创办，出版《读书生活》《大家看》《认识月刊》等杂志，还出版了艾思奇的《哲学讲话》（后改名《大众哲学》）等一批书籍。抗战胜利后，生活、读书和新知三家出版社合并为生活·读书·新知三联书店。新成立的书局还有野草书屋、大华书局、作者书社、新文化书社等。

这一时期，国民党大力推行文化专制主义，严厉查禁革命进步书刊。自 1929 年至 1931 年，国民党先后制定和颁发了《宣传品审查条例》《出版法》和《出版法施行细则》，严格限制不利于自己统治的书刊发行。据不完全统计，1927 年至 1936 年仅查禁的社会科学书刊就达 676 种，如《鲁迅自选集》《茅盾自选集》、郭沫若的《中国古代社会研究》、艾思奇的《哲学讲话》等。

全面抗战爆发后，国统区宁沪等地出版社相继内迁。商务印书馆总经理处、正中书局、生活书店、读书出版社等迁移到了重庆。桂林成为国统区仅次于重庆的第二个出版中心，共有书店、出版社 179 家，出版书籍上千种。在上海"孤岛"时期，进步出版界甘冒风险，出了许多进步书刊，其中胡愈之等于 1938 年初在上海租界里成立"复社"，出版进步书刊。复社出版的第一本书是斯诺的《西行漫记》（即《红星照耀中国》），这本当时第一次详细介绍红军长征的书出版后广为流行。之后，复社又出版了《列宁全集》《论持久战》等书，并于 1938 年夏出版了《鲁迅全集》，全书共 20 卷，600余万字，收集了鲁迅从 1906 年弃医从文以来的绝大部分著述和译作。"孤岛"时期出版的图书还有上海良友图书公司出版的郑振铎编著的《中国版画史图录》，中华书局出版的柳亚子所著《南社纪略》等。抗战胜利后，国统区各进步书店坚持出版进步书刊，如上海生活书店出版了恩格斯的《反杜林论》；上海亚东图书馆出版了新译的《马克思致库格曼的信》；石家庄新中国书局印行了《鲁迅全集》等。国民党发动内战后，对进步书店施加压力，查禁书刊，封闭书店。生活书店到 1947 年 5 月被迫停业，上海、北京、武汉、广州、西安等地的进步书店也因国民党的迫害而停业。

从全面抗战爆发开始，人民出版事业得到发展。1938 年在延安创办了延安解放出版社，这是中共中央在抗日战争中设立的第一个大型出版机构，印行了《列宁选集》《斯大林选集》《马克思恩格斯论中国》《列宁斯大林论中国》等著作。抗战时期，中国共产党还在国统区公开建立出版社，主要有 1938 年在武汉创刊的出版社，出版了一批马克思主义著作和抗战书籍，如列宁的《共产主义运动中的"左"派幼稚病》《论反对派》《国家与革命》和《吴玉章抗战言论集》等。新华书店于 1937 年 4 月 24 日在延安诞生，此后在西北、华北、华中各地相继建立了一批新华书店。抗战胜利后，延安解放出版社和各解放区的出版社，及各地新华书店印行了一批马列主义经典著作，毛泽东著作和其他革命书刊，如《无政府主义还是社会主义》《唯物论与经验批判论》《抗日战争胜利后的时局和我们的方针》等。全国各大城市陆续解放后，中共中央指示要发展人民出版业，保护私营出版业，没收国民党官办的出版业，相继建立了国营出版社 21 家，后增至 54 家，有 200 多家私营出版社逐步走向联合，进行集体经营。

据不完全统计，1911—1949 年 9 月共出版图书约 10 万种。1940—1948 年 8 月各解放区出版图书 5300 种。[1] 据北京图书馆《民国时期总书目》编辑组统计，仅北京、上海、重庆三家图书馆所藏中文图书，就已达到 124040 种。[2]

---

[1] 苑柏华：《从统计数字看中国图书出版事业的发展》、《图书情报工作》1981 年第 1 期。
[2] 邱崇丙：《民国时期图书出版调查》，《出版史研究》第 2 辑，中国书籍出版社 1994 年版，第 164 页。

三、图书馆与博物馆事业

近代图书馆产生于 19 世纪末，在民国成立以后，则更加大量地出现，尤其是通俗图书馆已深入到某些中小城市。北京图书馆的前身京师图书馆，在李端棻、罗振玉、张之洞的奏请下，于 1909 年建立，1912 年 8 月在北京广化寺开放，次年 6 月呈准教育部设分馆于宣武门前青厂，同月，热河文津阁《四库全书》移交京师图书馆收藏。此外，北京还建有京师通俗图书馆、午门图书馆、中央公园图书馆等。1915 年，北洋政府教育部颁布了《图书馆规程》和《通俗图书馆规程》，后者第一条规定："各省治、县治应设通俗图书馆，储集各种通俗图书，供众人之阅览。各自治区得视地方情形设置之。私人或公共团体公私学校及工场，得设立通俗图书馆。"据统计，到 1916 年全国省市县级图书馆 23 个，其中民国间建立的 8 个，读者不多。通俗图书馆与省市县官办图书馆相比，数量多，读者广，影响大，到 1918 年，全国有通俗图书馆 286 个，巡回文库 259 个，阅报所 1825 个。

随着新文化运动兴起，新图书馆运动在 1917 年留美学图书馆学毕业回国的沈祖荣等倡导下逐渐发展起来。沈祖荣于 1914 年由武昌文华大学美国人韦棣华资助去美国纽约公立图书馆学校专攻图书馆学，1917 年回国后，他和韦棣华的助手余日章一起携带有关新式图书馆的各种影片、模型、统计表等前往各省进行宣传，反对旧式藏书楼，主张按美国式建立面向大众开放的新式图书馆。1919 年，担任北京大学图书馆主任的李大钊在《在北京高等师范学校图书馆二周年纪念会上的演说辞》中也指出，古代藏书楼和现代图书馆在作用上是根本不同的，前者不过是藏书的地方，管理员不过是守书的人，而现代图书馆是教育机关，是研究室，不仅要管理图书，还要使各种书籍发挥作用。1920 年夏，北京高师开设了图书馆讲习会；同年秋，韦棣华在武昌文华大学创办图书馆科，从此，图书馆人才的培训受到教育界的重视，促进了新式图书馆事业的发展。1922 年，韦棣华发起以美国退还的庚款来推广中国的图书馆事业。1925 年春，鲍士伟代表美国庚款委员会来中国调查图书馆事业的情况，在各地讲演 50 余次，提倡设立美国式的图书馆，推动了新图书馆运动。早在 1918 年 3 月，戴志骞发起成立北京图书馆协会，此后在开封、南京、上海、天津等地出现了一些地方性图书馆协会，最后于 1925 年 4 月在上海成立了中华图书馆协会。由于新图书馆运动的兴起，据 1925 年不完全统计，当时全国各类型图书馆已发展到 502 所，藏书 310 余万册，最多是北平市 43 万册，江苏省 41 万册。其中，建立了不少专业性图书馆，如 1922 年在上海出现了我国第一个少年儿童图书馆——上海少年儿童宣讲团图书馆；同年，虞恰卿创办了商业图书馆，收藏商业经济图书两万余册；1923 年世界语协会创立上海世界语图书馆；1924 年又创立专收报刊资料的人文图书馆，收集近百年的报刊；1925 年又成立了上海图书馆学图书馆。

随着马克思主义的传播，还出现了面向劳动人民宣传革命理论的图书馆，如 1920 年毛泽东在长沙创办的文化书社；1921 年五一劳动节建立的上海通信图书馆；1922 年唐山建立的"工人图书馆"、天津建立的"工人图书馆"；1923 年南昌建立的"平民图书馆"等。

民国初期，清末创办的华北博物院（1905）、南通博物苑（1905）等又有发展，并兴办了一些新的博物馆。1912 年 7 月，在北京国子监旧址设立了历史博物馆，以原太学器皿百余件为基本陈列品；1913 年，在北平创办交通大学北平铁道管理学院博物馆，陈列各种交通模型以及图表等展品；1914 年建立北平古物陈列所；1915 年创办南京古物保存所；1916 年河北博物院筹建，1918 年开始展览后定名为天津博物院；1923 年，北疆博物院成立；1925 年 10 月故宫博物院成立；等等。

1927—1937 年土地革命战争期间，国民党政府于 1927 年 12 月和 1935 年 5 月以教育部名义两次颁布了"图书馆规程"，1932 年又颁布"民教馆暂行规程"，在各地提倡办图书馆和民教馆。于是，图书馆数迅速增加。据 1930 年统计，全国共有各种图书馆 2935 所，与 1925 年相比有大幅度增加。1936 年统计，全国有各级各类图书馆 5196 所，比 1925 年 502 所增加 10 倍，其中普通图书馆 1502 所，学校图书馆 2542 所，民众图书馆 990 所，机关团体图书馆 162 所。1928 年，原京师图书馆与北海图书馆合并改称北平图书馆，藏书 50 万册，藏有文津阁《四库全书》《永乐大典》等珍本。中央图书馆始筹备于 1933 年 1 月，负责接受各出版社呈交新书，接受教育部拨存中文书 47000 册及殿试策卷千余本，并负责出版品的国际交换，到抗战发生前已有藏书 18 万册。当时最大的私立图书馆是商务印书馆的东方图书馆，系由"涵芬楼"蜕化扩充而成，1931 年底藏书已达 50 多万册，1932 年日本轰炸上海时该馆被炸毁。全面抗战前夕，全国 1900 多县几乎每县、市政府所在地均设有公立或私立图书馆。在这期间，还将各地原有的通俗图书馆改为"民众教育馆"，1935 年统计，全国民众教育馆 1225 所，较大的民众教育馆还出版民众教育月刊。

与此同时，共产党领导的各根据地由于条件艰苦，只能设立一些"读书班""书报室""俱乐部"之类，利用图书开展一些宣传教育活动。真正形成的图书馆只有苏维埃中央图书馆，是在江西瑞金工农民主政府成立后建立的，现江西瑞金博物馆还收藏着当时的图书 1000 多册。

这一时期，博物馆事业又有发展。1928 年 6 月，国民党政府派人接收故宫博物院，10 月公布故宫博物院组织法及理事会条例。从 1929 年起到 1931 年九一八事变，是民国期间故宫博物院的鼎盛期。一批专家学者应邀组成各种专门审查委员会，对文物进行审核和鉴定，修建"延、北、保、寿"四库集中存放各宫的文物，逐步建立起严格、周密的文物保管制度，开辟了宋元画、明画、清画、玉器、铜器等 30 多个陈列室，出版影印字画、图书文献 200 多种，定期发行《故宫月刊》《文献丛编》等七八种刊物，使故宫博物院成为全国有影响的综合性古代艺术博物馆。1933 年 4 月，中央博物院开始在南京筹建，初由傅斯年任筹备处主任，后改聘李济接任，筹建中的中央博物院分自然、人文、工艺三馆，另设负责行政的总办事处。1935 年 9 月，中央博物院理事会成立，推举蔡元培为理事长，11 月，蔡元培主持中央博物院奠基式，工程后因抗战爆发而暂停。中央博物院筹备处还着手从事藏品建设，北平古物存列所、北平历史博物馆所存文物均划归中博筹备处，还接收、收购、采集了斯文赫定在新疆采集的 3 箱古物、东莞容氏之颂斋藏品 32 件、庐江刘氏善斋青铜器百余件等。这一时期，许多省市博物馆也先后建立，较有影响的有河南省博物馆、浙江省立西湖博物馆、广西省立博物馆等。一些重要的科研机构、大学也开始建立各式博物馆，如：1929年 1 月，中央研究院历史语言研究所接收原北京历史博物馆筹备处，改名为国立中央研究院历史博物馆筹备处；次年 1 月，中央研究院又组织了自然历史博物馆筹备会；同年，原震旦博物院扩建于震旦大学内，并划归该校管理，改名震旦大学博物院；1932 年，北平静生生物调查所设生物通俗博物馆，辟有展出动植物标本的展室 7 个；1933 年，厦门大学文学院设文化陈列所，收藏考古、风俗等文物；等。随着博物馆事业的发展，1935 年 5 月18 日，中国博物馆协会在北京成立，协会在对全国博物馆进行调查的基础上编辑了《中国博物馆一览》，该书是了解 20 世纪 30 年代中国博物馆成就的主要参考书之一。

1937—1945 年全面抗战时期，我国图书馆、博物馆事业遭日寇严重摧毁。早在 1932 年，日军就狂轰滥炸商务东方图书馆。七七事变至 1938 年底，沿海大部分图书馆均遭到毁损劫夺。湖南大学图书馆于 1939 年在一次轰炸中 20 分钟内化为灰烬。重庆大学图书馆和迁入重庆的许多图书馆在轰炸中也多有损失。据统计，全面抗战时期，在沦陷区和战区共损失图书馆 2118所，民教馆 835 所，藏书损失 1000 万册以上。日寇还到处抢劫我图书资源，如南京沦陷后各馆贵重图书被劫走 70 万册以上。各地博物馆的文物、设施也遭抢劫和破坏，据 1945 年 10 月"战时文物保存委员会"统计，战时文物损失共 360 多万件又 1870 箱，古迹 741 处。

当时少数图书馆、博物馆到处搬迁。北平图书馆、中央图书馆等辗转迁入四川。北平大学、北平师大、北洋工学院三校图书馆迁入西安，合组西北联大图书馆，后又由西安迁入陕西城固，与陕西省图书馆合并组成城固图书馆。浙江省图书馆则携中西文珍本图书 10 万册跋涉于永康、丽水、富阳、建德间，其中文澜阁四库全书在 1938 年 3 月转移到了贵阳，1944 年又迁重庆。其他各省和大学图书馆也被迫西迁。故宫博物院、中央博物院筹备处等博物馆也迁入内地避难。

全面抗战时期，共产党领导的抗日根据地的图书馆事业有了一定的规模。1937 年 5 月，延安中山图书馆成立，1938 年遭日机轰炸，工作一度停顿，1940 年 7 月正式开馆，胡乔木担任馆长，到 1941 年该馆藏书有 5000 余种，1 万余册。1938 年，鲁迅图书馆成立，藏书约万余册，主要服务于边区一般在职干部。绥德子州图书馆也有一定规模，到 1945 年 10 月，藏书已达 6000 余册。

解放战争时期，由于国民党发动内战，图书馆、博物馆继续遭受损失。全面抗战前夕，全国有图书馆 5196 所，到 1949 年新中国成立前夕，总共只剩下 300 余所。在此期间，全国只有 13 所博物馆开展正常工作。内迁的图书馆、博物馆陆续回迁。北平图书馆北归后，接收汪伪书籍近 60 万册，开放了 15 个阅览室和研究室，编纂了馆藏图书目录、索引、蒙藏文经典目录等，还购入一批珍贵古籍。中央图书馆于 1946 年 5 月迁回南京，接收了上海东亚同文书院、近代科学图书馆、汪伪中央图书馆、泽存书库及汪精卫私人图书计 60 万册，开放了成贤街阅览室，又在新街口和颐和路增设 2 所阅览室。中央博物院筹备处于 1946 年底迁回南京后，接收了汪精卫、陈长庚等人寓所文物数千件，及上海和平博物馆、北平历史博物馆两馆全部文物，1948 年正式接收北平古物陈列所文物 5300 多箱，还接受了许多捐赠文物。故宫博物院也于 1947 年将文物运返南京。国民党逃亡大陆之际，运走了大批文物、图书、档案，如南京中央图书馆全部善本书 13 万余册。

这一时期，解放区新建了东北图书馆、承德市图书馆、长春市图书馆、张家口市图书馆、冀中群众图书馆、山东潍坊特别市图书馆、胶东图书馆等。东北图书馆 1947 年开始筹备，1948 年 8 月 10 日在哈尔滨正式开馆，1948 年 11 月东北全境解放后又迁到沈阳。该馆先后接收了伪哈尔滨市图书馆、长春伪"皇宫"的藏书及国民党"国立沈阳博物院筹委会图书馆""辽宁省立图书馆"的藏书，1948 年底共有藏书 60 万册，内有文溯阁《四库全书》、宋元珍本、明清善本抄本、清内阁大库明清档案等。该馆是当时全国范围新建立的规模最大的图书馆。

四、现代体育事业的兴办

民国初期和北洋军阀统治时期，是近代体育运动体制在中国开始建立的时期。作为三育之一的体育在学校中的位置得以确立。民国初年的学校体育沿袭清末，仍以兵式体操为主，实际上只是一种军事训练，内容不过是军队的整队（立正、稍息、看齐）、队列（各种转法、步法、队形变换等）。由于教育界极力主张体育近代化，1915年，教育部不得不规定"引导学生于体操正课（兵式体操）之外，为种种有益之运动"。这样，学校有了课外活动的规定，西方传入的各项活动有了合法的地位。新文化运动中，"军国民主义"与学校的兵式体操进一步受到抨击，体育作为学校三育的地位进一步得到确认。陈独秀在20世纪初就主张"三育并重"，1915年10月，他在《新青年》杂志第1卷第2号上发表《今日之教育方针》，提倡"兽性主义"，主张人生在10岁以前应以体育为主。毛泽东于1917年4月以"二十八画生"的笔名在《新青年》3卷2号发表《体育之研究》一文，重申学校教育必须"三育并重"，甚至从某一角度说，体育应占"第一的位置"。1917年9月，恽代英在《青年进步》第4期上发表《学校体育之研究》一文，猛烈抨击了学校的兵操体育，认为它"无异于军队之从鞭策、教令中得来学问，使许多学生逃课"；不逃课者"或用力过度致伤器官或肢体"，也是有害无益。1919年10月，"全国教育联合会"在太原召开第五次会议，通过了《改革学校体育案》，提出"近鉴世界大势，军国民主义已不合教育之潮流，故对学校体育应加以改进"，提出减少兵操时间，增加体育时间，实行20分钟课间操及课外活动等措施。从此，有些学校正式挂牌废止兵操，有的自动将"体操课"改称"体育课"，内容改以普通体操、田径、球类、游戏等项目为主，兵操体育在学校中日渐衰落。1922年1月，教育部公布了"壬戌学制"，次年又公布《新学制课程标准》，正式把学校的"体操科"改名"体育科"，剔除了兵操，转而以田径、体操、球类、游戏等为主，学校体育进入了新的历史时期。

从这一时期开始，现代体育运动竞赛体制也建立起来。1910 年在南京举办的"全国学校区分队第一次体育同盟会"，比赛项目有田径、足球、网球、篮球共 4 项，这次运动会渐具近代竞赛的雏形，在辛亥革命后被追认为"第一届全国运动会"。1914 年 5 月 21—22 日在北京举行旧中国第 2 届全运会，比赛项目增加为田径、足球、网球、篮球、排球、棒球等 6 项，有 96 名运动员参加。1924 年 5 月 22 日至 24 日在湖北武昌跑马场举行旧中国第 3 届全运会，男子比赛项目增加了游泳，另有拳术、体操等表演项目，引人注目的是，此次运动会第一次有女运动员参加，竞赛项目有奖品而无锦标。参加这次全运会的分华东、华南、华西、华北、华中 5 个代表队，男女运动员共 340 余人。

除了全运会外，地区性运动会也于此期出现。如华北和华中运动会等。华北运动会从 1913 年至 1925 年每年都举行，连办 12 届，第 2 届后成立了"华北联合运动会"这一组织，1929 年后改称"华北体育联合会"（简称"华北体联"）；第 1 届华中运动会于 1923 年 5 月在武昌举行，在此前后成立了华中体育联合会，第 2、第 3 届华中运动会分别于 1924 年 5 月和 1925 年 4 月在长沙、南昌举行；华东区则有"东方八大学运动会"，到 1926 年共举行了 12 届。这一阶段，湖南、福建、四川及京、津等地还举办过省市运动会。

与此同时，中国运动员还参加了前八届远东运动会。第 1 届远东运动会 1913 年在马尼拉举行，以后每两年 1 届，到 1927 年是第 8 届，前 8 届都是中、日、菲三国选手的比赛，比赛项目开始有田径、篮球、排球、足球、棒球、网球和游泳等 7 项，第八届起田径中的全能单设锦标。中国曾于 1915 年在上海举办的第 2 届远东运动会上得了总锦标和排球、足球、棒球 3 项单项锦标，推动了国内体育运动和竞赛的开展。

现代体育社团随着现代体育运动的兴盛也组织起来。地区性的除已提及的华北体育联合会、华中体育联合会外，还有 1912 年成立的北京体育竞进会，1914 年在苏州成立的华东大学体育联合会，1920 年在广州成立的华南体育会等。1927 年以前，没有领导全国体育运动的正式官方组织，属于民间性质的全国性体育组织先后有 3 个：1910 年召开第一次全运会时，成

立了与运动会同名的"全国学校区分队第一次体育同盟会"的体育组织，有
董事 25 人；1922 年 4 月，中华业余联合会在北京正式成立，会长张伯苓；
1924 年 8 月，中华全国体育协进会在上海成立，推选张伯苓为名誉会长，
这是旧中国最主要的全国社会体育组织。

　　1927—1937 年，为中国近代体育发展较快的时期。1927 年 12 月，南
京国民政府大学院（1929 年改称教育部）召集社会名流举行会议，成立了
全国体育指导委员会，在中央政府第一次设立了专门管理体育的组织。1929
年 4 月，南京国民政府颁布《国民体育法》，诞生了中国的第一部体育法。
1932 年 8 月在南京召开了第一届全国体育会议，拟订并通过了旨在贯彻体
育法的《国民体育实施方案》，规定全国体育行政管理系统为：教育部设体
育委员会，下设主管体育科，主管体育之督学；各省、直辖市教育厅（局）
设省市教育厅（局）体育委员会，下设主管教育股、主管体育之督学或指导
员；各县及县级市设县市体育委员会，下设主管体育组、主管体育指导员。
1932 年 10 月，在体育指导委员会的基础上又成立教育部体育委员会。全国
的一些地方，主要是沿海的几个省和它们下属的市县，按法令的要求也先后
成立了体育委员会。另有中央党部民训部体育科、党政军学体育促进会、军
委训练总监部体育科等机构。

　　学校体育朝规范化方向发展，在全国范围内初步形成了制度。1929 年 8
月，教育部颁布《中小学课程暂行标准》，规定了各门课程包括体育课的课
时标准。1931—1932 年，正式公布了《初级中学体育课程标准》《高级中学
普通课体育标准》《小学体育课程标准》和《幼稚园游戏课程范围》，对中小
学体育课教学内容、时间、方式均作了具体规定。1936 年，教育部编印出
版《高中男生体育教授细目》《初中男生体育教授细目》《初中女生体育教授
细目》《小学体育教授细目》等，成为中国第一套较完备的中小学体育教科
书。国民党当局还把军事训练和童子军训练列为学校正式课程，规定高中以
上学校以军事训练为必修科、实行 2 年，共 6 学分；小学和初中以童子军为
正式课程，训练内容包括纪律、礼节、操法、结绳、旗语、侦察、救护、炊
事、露营等。《国民体育法》《国民体育实施方案》及 1936 年 2 月颁布的《暂

行大学体育课程纲要》等规定，大学体育每周 2 小时，必修 4 年。但学校体育发展不平衡，有些学校以放羊式教学为主，只是老师领着学生玩；有些学校则走向"选手体育"的弊端，运动设施为少数几个选手占用。

这一时期，社会体育也打下了一定的基础，陆续修建了一些公共体育场馆。1929 年 1 月，国民党政府训练总监部通令全国各县、市教育局，每县、市至少应有设备完全的公共体育场一个。同年 8 月，又公布《各县市公共体育场暂行规程》，规定各县应"至少设立公共体育场一处，逐渐推至市镇乡村"。1932 年 9 月，《国民体育实施方案》规定各省、市体育场的面积应有 80 亩；县体育场面积至少应有 30 亩。据统计，1929 年全国已拥有公共体育场（所）1139 个，1936 年增至 2863 个。但各地发展不平衡，有名无实者不少。《国民体育实施方案》还规定，各省、市应选择一个模范城镇或乡村作为体育实验区，实验民众体育的推行办法，实验区的主要工作包括：每年举办业余运动会 2—4 次；举办各种球类比赛；组织国术班及各种业余健身团；巡回体育与国术指导；每年举行成年男、女健康比赛；举办体育演讲、壁报、展览，出版书刊等。根据上述规定，广东省 1932 年建立了民众体育实验区，此后，江苏、浙江、安徽等省和国民党军队也都相继设立了体育实验区。

国内竞赛也开展得越来越频繁和正规，并参加了奥运会等主要国际体育活动。旧中国第 4 届全运会于 1930 年 4 月在杭州举行，首次改为以省、市为参加单位。运动会分为男子组和女子组，男子组项目有田径、全能、游泳、足球、篮球、排球、网球、棒球共 8 项；女子组项目有田径、篮球、排球、网球共 4 项；男子运动员 1219 人，女子运动员 498 人，分属 22 个参加单位。第五届全运会于 1933 年 10 月在南京举行。男子组增设"国术"，女子组增加游泳、铁饼、垒球和国术 4 项；男子组运动员 1542 人，女子组 706 人，参加单位 30 个。这届运动会打破了 20 余项田径和游泳全国纪录，刘长春的百米跑成绩达到 10 秒 7、200 米达到 22 秒 1；郝春德的跳远为 6.912 米等纪录，都是此时创造的。香港选手获女子游泳全部第 1 名。第 6 届全运会于 1935 年 10 月在上海举行，参加单位 38 个，运动员 2700 人，增加了举重、马球、小足球、摔跤、自行车等比赛和表演项目，共打破 19 项田径、游泳全国纪录。

地方运动会此期也举办得很热闹。第 13—18 届华北运动会分别于 1928 年、1929 年、1931 年、1932 年、1933 年、1934 年在北京、沈阳、济南、开封、青岛、天津举行。1935 年后因局势动荡不再举办。华北运动会前后共举行 18 届，历时 20 余年，是旧中国举办时间最长、参加范围最广、水平最高、影响最大的地区性运动会。第 4—6 届华中运动会分别于 1930 年、1934 年、1936 年在安庆、武昌、长沙举行，虽影响不及华北运动会，但对华中地区体育运动的开展起到一定的推动作用。1933 年 9 月，西北运动会在宁夏首府举行。省市运动会也有所发展，山东从 1929—1935 年共举办了 8 次省运会，江苏、安徽省运会在这一时期开过 4 次，浙江从 1930 年到全面抗战前夕召开过 5 届省运会，湖南第 10—14 届省运会也在这一时期举行。

此外，中国运动员还参加了 1930 年 5 月在日本东京举行的第 9 届远东运动会和 1934 年 5 月在菲律宾马尼拉的第 10 届远东运动会，除原中、日、菲 3 国外，第 9 届增加了印度，第 10 届又加入了印度尼西亚和越南，由于日本企图使伪满挤入远东运动会，中国表示坚决反对，远东运动会第 10 届后不再举办。

在土地革命战争时期，中国总共参加了两次奥林匹克运动会。1932 年 7 月，第 10 届奥运会在美国洛杉矶举行。国民党政府最初不打算派运动员出席，后因日本策划派两名运动员代表伪满洲国参加，是在仓促中拼凑了由沈嗣良、刘长春、申国权、刘雪松、宋君复 5 人组成的代表团，其中刘长春为唯一的运动员，参加 100 米跑和 200 米跑，因旅途疲倦、体力不支，在预赛时即被淘汰。1936 年 8 月，第 11 届奥运会在德国柏林举行，国民党政府派出了一个拥有 140 人（其中运动员 69 人）的代表团参加，参赛项目有足球、篮球、游泳、田径、举重、自行车等，但除符保卢的撑竿跳高以 3.80 公尺的成绩取得复赛权外，其余均在初赛中被淘汰。

与此同时，苏区的体育也开展了起来。苏区体育在行政上归教育部门领导，在中央由教育委员会部门主管，在地方则由省、县、区教育部门及乡教育委员会分管。1933 年 4 月，成立了中华苏维埃共和国赤色体育会，作为组织和领导全苏区赤色体育运动的领导机构。在基层，由俱乐部及其所属的"列宁室"负责体育的组织工作，俱乐部或列宁室在体育方面组织开展篮球、足球、乒乓球、双杠、爬杆、打秋千等活动。部队以师为单位设立俱乐部，以连为单位设列宁室，注意开展一些军事体育项目如射击、刺杀、劈刀、跑步、爬山、过障碍、爬云梯、木马、投手榴弹等，每逢"五一""七一""八一"等节日，常举行各种规模的运动会。机关干部的体育运动以篮球等球类项目为主。儿童团、少先队、共青团以及苏维埃大学、红军大学、通信学校等，体育活动都很活跃。苏区还经常开展各种体育竞赛，最大的一次运动会是 1933 年 5 月 30 日—6 月 3 日在瑞金举行的中华苏维埃共和国第一次运动大会，比赛项目有篮球、排球、足球、乒乓球、田径等。

全面抗战期间，体育工作遇到了严峻的形势。1940 年 10 月，国民党政府在重庆召开了全国国民体育会议第二次大会，蒋介石到会讲话，强调强国必先强身，充分肯定了体育的重要性。1941 年 9 月，又公布了《修正国民体育法》。全面抗战爆发后，教育部体育委员会随国民党政府迁到汉口，在汉口召开了第五届会议，后又迁重庆，于 1940 年和 1941 年召开第六、第七届会议，修订章程，改名为国民体育委员会，下设学校体育组、社会体育组和研究组。还在中央军事委员会政治部下设体育科，主管军队体育训练方面的事务；1943 年，又成立中央团部体育指导委员会等。

学校体育方面，全面抗战时期，由于学校大量内迁，体育场地、经费都比战前更为困难。广大体育教师为推动学校体育的开展，作了许多努力，采用了适当简化动作、自制教具教材、推行简便易行的运动方式，尽量利用自然环境搞登山、游泳、越野跑等运动。国民党政府也为此采取了一定的措施。1940 年，颁布《各级学校体育实施方案》，规定各校"应有合理之行政组织"，多数中学和部分小学设立了体育处或体育组。1942 年后，教育部组织人员编写了各种体育教材及体育参考书，到 1946 年，已出版中小学体育教材 13 种，体育参考书 10 种。1943 年春曾制定《学生体格标准》，也搞过小学生运动技能标准。不过，学生体质和运动水平仍呈下降趋势。

社会体育方面，全面抗战开始后，体育场活动大多停顿，为促其恢复，1939年修订颁布了《体育场规定》《体育场工作大纲》《体育场辅导各地社会体育办法大纲》。1942年，又颁布《分期设置体育场办法要点》，通令各省、市拟定设置计划，限期完成。1944年再将上述文件合并修正为《体育场工作实施办法》，通令全国实行。据统计，1944年全国共有公共体育场2029个，但许多乃是有名无实。1942年6月，《体育节举行办法要点》颁布，规定9月9日为体育节，各地应在这一天前后举办各种国民体育活动和运动会。国民党中央党部民训部还规定了12个体育节日，命令各级党部提倡推行，节日期间，都要进行相应的体育活动和比赛。12个节日是玩灯节、踢毽节、踏青节、儿童节、竞渡节、卫生运动节、游泳节、露营节、国庆节、室内运动节、狩猎节，基本上是每月一节。

抗日根据地也很注意体育运动的开展。党中央和边区政府的领导多次发表过提倡体育运动的倡议。1942年9月9日，毛泽东曾给重庆《新华日报》题词："锻炼体魄，好打日本"。朱德在1942年延安"九一"运动会期间曾题词"运动要经常"。为加强对体育工作的组织领导，1937年上半年陕甘宁边区成立了体育运动委员会，由边区政府主席林伯渠任名誉会长；1940年和1942年又成立了延安体育会和新体育学会，分别由李富春和朱德担任名誉会长。为适应边区体育发展需要培养人才，1941年还在延安大学设置了体系。这一时期，延安出版了《体育游戏教材》《手榴弹投掷教材》等技术书籍。当时在延安，几乎每个星期天，体育会都安排体育比赛（以球类居多），而每逢"三八""五一""五四""八一"等节日，也基本都安排大型运动会。1942年9月1—6日，延安举行了扩大的"九一运动会"，这是抗战时期革命根据地最大的一次运动会。由朱德担任会长，正、副总裁判分别为李富春和萧劲光。比赛项目有田径、篮球、排球、游泳及武装爬山、武装爬障碍、射击、投手榴弹等军事项目，此外，还有网球、足球、棒球、马术等表演项目，运动员共1300多人。在其他抗日根据地，八路军、新四军也注意结合军事训练开展各项体育活动。

　　解放战争时期，国内最重要的赛事是于 1948 年 5 月在上海举行了第 7 届全运会，共有 58 个队的 2677 名男女运动员参加了这次运动会。比赛项目，男子有田径、游泳、举重、拳击、足球、篮球、网球、排球、垒球、乒乓球等；女子有田径、游泳、篮球、网球、排球、垒球、乒乓球等；还有表演项目。这次运动会共打破田径和游泳全国纪录 17 项，创造举重新纪录 5 项，大多是港、台地区和华侨所创。但本届运动会也极为混乱，一是穷，大会需经费 450 亿，国民党政府只拨给 40 亿，因此，大会拼命弄钱，卖门票、作广告，甚至交通车都用来拉观众，而运动员、裁判员无车坐，有人戏称此次运动会是"钱运会"。二是凶，观众打观众，运动员打裁判，打风甚盛。一些地方省市也继续举办运动会。如台湾省曾于 1946 年 10 月、1947 年 12 月和 1948 年 12 月，分别举办了 3 次全省运动会。湖南省于 1943 年 10 月举行了第 16 届省运会，于 1947 年 4 月举行了第 17 届省运会。该省是民国时期最重视体育事业的省份。自 1905 年举办第 1 届省运会到 1948 年第 17 届止，尽管时局多变，但始终连续不断，对全省体育的发展有不少促进作用。

　　抗战胜利后，中国还参加一些国际性的体育比赛，其中最重要的是参加 1948 年在英国伦敦举行的第 14 届奥运会。总领队为王正廷，总干事为董守义，运动员 33 人，参赛项目有足球、篮球、游泳、田径、自行车等，但各项均未能进入决赛。可见与世界其他国家相比，中国当时的体育运动水平还很低下，亟待提高。

后　记

　　本书是国家社会科学基金重大项目"中共党史的民族复兴叙事研究"（项目批准号：24&ZD016）阶段性成果。虽然项目是在 2024 年立项的，但有些前期成果发表时间要更早，因此，可以说是长期积累的结果。

　　本项目的前期成果与阶段性成果部分内容以论文的形式在《光明日报》《河北学刊》《东岳论丛》《山东社会科学》《鲁东大学学报》等报刊发表，例如刊发在《光明日报》与 CSSCI 期刊的有以下 7 篇：《李大钊与中国现代图书馆》（《光明日报》2005 年 6 月 28 日）、《清末新型知识群体：从传统士大夫到现代知识分子的转型》（《人文杂志》2012 年第 6 期）、《梁启超父女与中国图书馆事业的开拓》（《河北学刊》2013 年第 6 期）、《李大钊对图书馆"公共空间"功能的探索》（《河北学刊》2014 年第 6 期）、《西学东渐与中国现代学术的建立——以清末民初中国现代图书馆学的产生为例》（《东岳论丛》2015 年第 7 期；《中国社会科学文摘》2016 年第 1 期转载）、《民国前期中国学术本土化的开启——以图书馆学、社会学与民族学为重点》（《东岳论丛》2020 年第 7 期）、《中国学术现代转型中的"三个会通"——以图书馆学、哲学与社会生物学为重点》（《山东社会科学》2021 年第 5 期）等；感谢危兆盖、户华为、翁惠明、王戎、王维国、把增强、廖吉广、赵慧峰等先生、女士为成果发表所提供的大力支持。

　　书中有几篇文章是合作的产物，署名情况已在相关部分注明；在本书出版之际，谨对参加成果合作的赵慧峰、陈会芹、刘虹、季翠兰女士，表示竭诚感谢！

最后，还要感谢人民出版社责任编辑，为本书出版提供的支持与付出的心血！

2025 年 5 月于鲁东大学